Police Powers
and
Politics

安全治理丛书

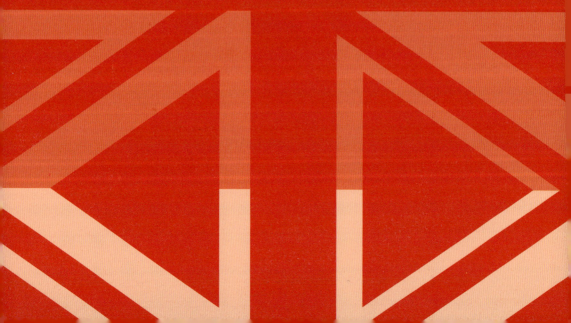

中央财政支持地方高校发展专项资金项目

First published by Quartet Books,1981

杨小虎　杨媚　**译**

但彦铮　**校译**

〔英〕罗伯特·鲍德温

〔英〕理查德·金西　**著**

Robert Baldwin
Richard Kinsey

英国警察
权力与政治

社会科学文献出版社
SOCIAL SCIENCES ACADEMIC PRESS (CHINA)

总序　安全治理与秩序的法律之维

——安全治理与社会秩序维护研究系列丛书总序

　　法律与秩序，是人类社会两个永恒的主题。

　　20世纪70年代以来，世界范围内确立的犯罪控制领域的所谓制度与思想模式，在进入21世纪初期之时，正面临着前所未有的挑战与巨大的变革压力。犯罪控制的制度与思想是由警察、法院、监狱等一系列国家机构所支配的，而所有这些国家机构在现代性来临时，就在安全与秩序的生产过程中占据了中枢地位。[①] 在任何时代和任何国家，有关犯罪及其防治的话题与主题往往不可避免地被卷入重大的社会与政治变革之中。尤其是自治理论在国内外兴起以后，有关犯罪、安全、风险与治理的理论及政策话题，不仅受到各国犯罪学、警察学（公安学）、社会控制、公共安全治理以及公共政策等相关学科理论研究者们的关注，更是各国政府在制定有关社会治理与安全治理方面的政策和法律时所重点关注的话题。有关犯罪治理、安全产品供给的话题，还涉及国家形象与能力（如"成功国家"与"失败国家"）的变化、公众对刑事司法的信任、公众对和谐稳定的社会秩序的期盼以及维护社会秩序、构建安全责任共担制、和谐社会的有序参与等传统和非传统社会秩序维护机制及其现代化重构问题。

　　当前，我国处于深化改革开放、加快转变经济发展方式的攻坚时期，如何有效地维护我国21世纪战略机遇期的社会稳定，成为当下政策制定者和学者们关注的重要话题。

　　平安是国家繁荣昌盛、人民幸福安康的前提。建设"法治中国"和

---

　　① 参见〔英〕麦克·马圭尔、罗德·摩根、罗伯特·赖纳等：《牛津犯罪学指南》（第四版），刘仁文、李瑞生等译，中国人民公安大学出版社，2012，第61~74页。

"平安中国"是在中国共产党第十八次全国代表大会后，中共中央总书记、中央军委主席、国家主席习近平最早提出的实现"两个一百年"奋斗目标、实现中华民族伟大复兴的"中国梦"的重要战略举措。建设平安中国，事关中国特色社会主义事业发展全局，中国特色社会主义事业需要在一个和谐稳定的社会环境中稳步推进。深入推进社会治理创新是建设平安中国的基本途径，对推进国家治理体系和治理能力现代化具有重要意义。促进安全和维护社会秩序需要成本，保障安全和维护社会秩序的手段措施和方式方法需要明确的道义上的正当性。企图不受限制地满足对更多安全的渴望，会对公民自由与一般社会生活造成严重的否定性的影响。① 要处理好改革、发展与稳定和秩序的关系，就必须坚持法治观、制度观和治理观。维护社会秩序和实施安全治理，不仅需要正确的理论指导，还需要科学合理的制度设计以及充分且多样化的实践。因此，需要理论与实践有机结合，全社会共同参与，坚持"古为今用、洋为中用"的理念，兼收并蓄，立足国情和当前实际并放眼未来，充分发挥法治的引领和保障作用，积极进行理论创新、制度创新和实践创新，创造安全稳定的社会环境。

安全和平安是人们在满足基本生存和生理需要以后最基本的需求，安全治理以及社会秩序维护是人类社会的永恒主题，任何社会任何时候都有正常的社会秩序和安全需求。随着治理理论的兴起，国内各个学科也开始重视运用治理理论拓展研究领域。本研究团队长期从事警察学（公安学）、犯罪学和社会治安问题的研究，追踪研究国外安全治理理论的发展与各国开展安全治理实践的最新动态，特别关注自美国"9·11"事件以来，世界各国在警察权和反恐立法及实践方面的最新成果，试图将国外犯罪控制、警察科学、安全治理、刑事司法等方面的研究成果进行借鉴与吸纳，并结合中国的国情和实际，开展以问题为导向的实证研究，为公安学的理论体系和知识体系建构，为21世纪国家战略机遇期社会秩序维护和平安中国建设提供理论支撑。

随着21世纪全球化的不断发展，国家在保障公民安全方面的方法和途径发生了巨大的变化，引发了人们对于安全对美好社会的作用以及保障安全

---

① 〔英〕麦克·马圭尔、罗德·摩根、罗伯特·赖纳等：《牛津犯罪学指南》（第四版），刘仁文、李瑞生等译，中国人民公安大学出版社，2012，第653页。

的机构等重大规范性问题的关注，也提出了如何界定安全和公共安全产品供应等具有挑战性的理论问题。国家治理（state governance）是自阶级社会以来最重要的政治现象之一，其本质在于通过其属性及职能的发挥，协调和缓解社会冲突与矛盾，以维持特定的秩序。关于治理的概念，让-皮埃尔·戈丹认为，"治理"（governance）这个词本身就是问题之源。他认为，"治理"有多种角度的解释，但"如果说治理是一种权力，那它表现为一种柔性且有节制的权力"；他还认为，"治理这个词从 13 世纪起就在法国阶段性地流行过，其最初的意思在很长时间内都可以和'统治、政府'（一直沿用至今）以及'指导、指引'画等号"。最新的研究成果显示，"在 17 世纪和 18 世纪，治理是关于王权和议会权力平衡的讨论所涉及的重要内容之一，而在那个时代，王权在实现过程中开始依靠一些新的原则，而从这些新原则中，诞生了公民权利和市民社会理念"。① 这一理念一直延续至 21 世纪，并有了新的现代内涵。治理是指对警察政策的形成与方向的宪法性、机构性安排。②

20 世纪 90 年代末以来，国内学术界开展了治理理论和实践的研究。随着研究的深入，西方治理理论与中国本土治理理论的错位现象逐步凸显，国家发展和治理的实践表明，治理理论只有在本土化的基础上才能实现理想的重塑。在运行意义层面，"社会治理"实际是指"治理社会"。换言之，所谓"社会治理"，就是特定的治理主体对社会实施的管理。在制度层面，国家治理、政府治理和社会治理的目标都指向在坚持中国特色社会主义根本和基本制度的前提下，破除一切不适应生产力发展要求的体制机制，创新释放生产力和社会活力的体制机制，以完善和发展中国特色社会主义制度。③ 面对 21 世纪全球化背景下社会转型的大趋势，必须探索出符合本国国情的社会秩序维护与安全治理的基本理论、制度和实践路径。

"安全治理与社会秩序维护研究系列丛书"正是遵循这样一种基本的逻

① 〔法〕让-皮埃尔·戈丹：《何谓治理》，钟震宇译，社会科学文献出版社，2010，第 4 页。
② 〔英〕麦克·马圭尔、罗德·摩根、罗伯特·赖纳等：《牛津犯罪学指南》（第四版），刘仁文、李瑞生等译，中国人民公安大学出版社，2012，第 651 页。
③ 王浦劬：《国家治理、政府治理和社会治理的基本含义及其相互关系辨析》，《社会学评论》2014 年第 3 期。

辑，进行知识谱系和理论体系的建构与实践验证：借鉴其他学科发展的历史经验，首先进行中西古今比较，以问题为导向，对当前我们在维护社会秩序中面临的犯罪问题、安全治理问题和其他社会治理问题开展实证研究，真正形成具有中国特色的社会主义社会秩序维护和安全治理理论。该系列丛书是西南政法大学安全治理与社会秩序维护研究院整合校内外资源，紧紧围绕"深化平安建设，完善立体化社会治安防控体系"这一目标，以警察学（公安学）为支撑，依托法学、政治学和社会学等相关学科，围绕"平安中国"进行跨学科研究的成果。①

为了全面、详细和系统地了解安全治理的理论渊源、制度变革及政策实践，本系列丛书包括三大部分：最新的警察学、社会与犯罪治理、安全治理的国外译著丛书；我国近代社会治理与安全管理的理论与相关古籍整理的勘校丛书；以问题为导向，对当今社会秩序维护与安全治理问题的实证研究和理论创新著述。

为此，我们与社会科学文献出版社合作，陆续推出了"安全治理研究"系列丛书第一批译著，包括《警察学百科全书》《警察学导论》《古罗马公共秩序》《冲突与控制：19世纪意大利的法律与秩序》《警察：街角政治家》《英国警察：权力与政治》《警务与警察权导论》《警察的行为方式》《风险社会中的警务》《可疑文书的科学检验》。今后还将陆续推出

---

① 安全治理与社会秩序维护研究院项目，起源于2009年11月28~29日，我在中南财经政法大学主办、刑事司法学院承办的"中国刑事司法改革与侦查理论研究学术研讨会"上，做的题为"安全治理理念的兴起与警察学理论转型"的一个简短的报告，认为司法体制改革应该从警务模式和警务观念的转变开始，关键是要配置好国家权力与公民权利的关系，并提出转型的具体设想（具体信息参见中南财经政法大学刑事司法学院新闻网，http://gaxy. znufe. edu. cn/A/？C - 1 - 272. html，以及物证技术学实景图像库网站，http://jyw. znufe. edu. cn/wzjsx/xwzx/200912/t20091202_ 21260. htm）。随后，我便开始着手社会与安全治理方面的"知识谱系"的建构。该科研平台项目自2010年开始获得西南政法大学中央财政支持地方高校发展专项资金的资助，2012年7月27日由重庆市财政局以《重庆市财政局关于下达2012年中央财政支持地方高校发展专项资金预算的通知》（渝财教〔2012〕154号），正式获得批准，2013年开始实施。其主要发展目标是为警察学（公安学）的研究和学科建设提供理论支撑、实践经验和国内外有关维护社会秩序及实施安全治理的"知识谱系"参考。"安全治理与社会秩序维护研究系列丛书"，是该平台项目的系列成果，主要关注国际国内维度的安全治理的理论及实践，包括与犯罪控制、社会秩序维护、公共安全服务等有关的内容，主要从警察学（公安学）基础理论、犯罪控制与秩序维护视野下的社会秩序维护与安全治理（包括反恐警务）、制度安全与现代国家制度建设、文化安全与文化国家建设等维度，进行理论研究。

《安全治理、警务与地方能力》《以使命任务为基础的警务》《警察绩效评估》等经典译著。该系列译丛，以警察科学的知识和理论体系的建构为主要内容，既有百科全书式的巨著，又有西方警察发展历史及警察学教材，还包括当代警务改革、警察科学理论以及安全治理理论发展方面的最新著作。这些著作的译述，能够帮助我们了解西方警察学的发展历程及最新发展成果。

我们又与知识产权出版社合作，推出了"社会治理丛书"，包括《警务发展与当代实践》《警察的政治学分析》《新警察学——国内与国际治理中的警察权》《21世纪的安全与通过环境设计预防犯罪（CPTED）——关键基础设施保护的设计与犯罪预防》《解读警察文化》《澳大利亚警政》《警察权、公共政策与宪法权利》《跨国法律秩序与国家变革》《德治：道德规则的社会史》等译著和著作。该系列丛书中的译著，主要关注各国运用警察学、犯罪学和相关理论维护社会秩序和开展安全治理活动中的做法，兼具理论与实践。同时，该丛书还包括部分以我国当前的社会治理问题为导向，进行专题实证研究的学术著作。

"读史可以明智"。"了解和熟悉历史才能把握现在；研究并洞悉现在才能展望未来。"警察在社会与安全治理的过程中，具有十分重要的地位。我国的现代警察制度肇始于清末新政时期，在民国时期得到长足发展。一批受过警察学专业训练的学者和实务人士在培养新式警察和进行现代警察制度研究方面发挥了积极作用，特别是他们以法治视角去观察和思考警政制度，形成了较为优秀的学术成果。这些成果既力图与当时的域外警察研究接轨，呈现对当时来说较为先进的理念，也致力于结合国情，总结中国式治理经验。为此，我们与法律出版社合作，推出了"民国时期警政研究勘校丛书"。该丛书收录了民国时期警政研究的代表性作品，是一套兼具警政研究学术价值、警察制度史料价值和警政实务现实意义的优秀丛书，丛书作者都是民国时期的专家。其中，有内容全面的《警政全书》，有给当代以学术滋养的《警察法总论》，也有关注特殊地域的《乡村警察的理论与实验》，还有梳理历史的《中国保甲制度·里甲制度考略》，等等，十几本著作各有鲜明特色。从这些著述中，我们能把握民国警政研究的基本面貌和内核。同时，我们还与知识产权出版社合作推出"中国近代社会基层治理勘校丛书"，通过历史透镜，审视近代中国乡村社会的村治历程及经验，为我们思考当今新型城镇化背景下的农村社会治理提供历史借鉴。

尽管时代发生了诸多变化，但是，近现代的实践和当时学者的思考、研究和建言，仍然具有一定的借鉴意义。有些做法，我们未必赞成，但足以引起思考；有些做法，值得我们借鉴，则更见现实意义；有些做法，已显得不合时宜，但反观其与当时时代的紧密联系，也足以给我们启发。尽管有些学者在当时所处的政治立场不同、身份特殊，但他们的观点不乏真知灼见。历史经验告诉我们，不仅要有科学的理论武装，而且还必须立足于保障"最大多数人的最大利益"，有正确的实践，才能取得治理的成功。"温故而知新"，我们还可以说"温故而创新"。希望这种"外译"和"温故"的工作足以让我们在当代警政研究和推进警政的高度法治化过程中"知新"，进而做到"创新"。"沉舟侧畔千帆过，病树前头万木春"，我们期盼这些著作的重新勘校，能让读者以现代的眼光审视这段历史中有关社会与安全治理的理论、制度及实践，从而做到古为今用、开卷有益。

我们深信，在全面推进依法治国、建设中国特色社会主义、实现"两个一百年"奋斗目标、实现中华民族伟大复兴的"中国梦"的历史征程中，通过对古今中外有关安全治理和社会秩序维护的理论、制度及实践的梳理，可以进一步提升理论水平，增强对中国特色社会主义理论、道路、制度和文化的自信。牢牢把握推进国家治理体系和治理能力现代化的总要求，主动适应新形势，切实增强理论研究的前瞻性，坚持立足当前与着眼长远相结合，发挥法治的引领和保障作用，积极推动社会治理与平安建设的理念、制度、机制、方法和实践的创新，为创造安全稳定的社会环境，提供国内外的理论借鉴与实践经验参考。

最后，本研究得以实施，得益于财政部中央财政支持地方高校发展专项资金建设规划项目，感谢支持该项目立项和为该项目获得批准而付出辛勤劳动的所有人员。该系列丛书中的译著得以翻译出版，要感谢西南政法大学外国语学院、重庆大学外国语学院的很多老师和翻译专业研究生的参与，要特别感谢他们的支持与谅解，尽管对青年学者及研究生而言，翻译国外著作可能是一种培育和鞭策，但同时面临着语言、专业及能力等诸多挑战，即便我们用尽了"洪荒之力"，仍有可能存在不足与问题，万望各界专家海涵并指正。对参与该项目的所有同事、学界同人以及出版社的朋友，对他们对本系列丛书能够克服重重困难得以顺利出版所给予的支持、鼓励和体谅，在此表示由衷的感谢！

西南政法大学

安全治理与社会秩序维护研究院　但彦铮

2015 年 12 月·山城重庆

导　言

　　法律与秩序是英国政治的一个核心话题。每当犯罪统计数据公布以后，各种媒体就聚焦于英国"不断上升的犯罪浪潮"的某个方面。违法犯罪现象一直是新闻报道的不错视角，而很多数据都有助于这类报道。然而，从某种角度来说，犯罪统计数据最主要的作用是满足统计需要。因此，当1982年3月苏格兰场发布了伦敦的犯罪数据后，很少有媒体在新闻头条庆贺"杀人案件从204件下降到103件"，相反，媒体的注意力集中到诸如抢劫和暴力盗窃（仅占3%）这类发案概率小（且在整个刑事犯罪中占比很低）的犯罪案件上升到第三位这种统计数据上。

　　不仅是媒体持续保持焦虑不安的状态。1982年大都会警察局对"拦路抢劫"这类犯罪的关注，更为这种公共焦虑火上浇油。大都会警察局局长助理吉尔伯特·凯兰（Gilbert Kelland）在发言中指出，犯罪统计数据反映的"最令人担忧的情况"是，有接近1/4的暴力犯罪的被害人是年龄超过50岁的老年人。大都会警察局还第一次披露了犯罪人员的种族构成，声称涉嫌拦路行凶抢劫的黑人是白人的两倍。警察联合会对全社会担忧的大环境（而不是杀人犯罪案件的降低或减少）做出了反应，3月16日在官方媒体（删除广告版面而专题发文）发出要求恢复死刑的消息。就在同一天，大曼彻斯特地区警察局局长詹姆斯·安德顿（James Anderton）对削弱警察能力以及通过民主程序选举警察管理者的这种为了一己私利而保持缄默的密约提出警告。对警察的这种积极政治性控制，他认为："如果没有这种有意义的事物（对警察的积极政治性控制），极权主义在这个国家可能最终实现"（《卫报》1982年3月17日）。

　　在使用犯罪统计数据的时候，无论媒体如何歪曲事实，无论运用犯罪数据多么困难，无论詹姆斯·安德顿的"狂言"受到多少批评，整个英国社会确实对犯罪率上升以及警方在降低犯罪率上所能够发挥的作用感到担忧。我们的办法是简要分析警方应对犯罪和控制犯罪（严厉的惩罚、不受制约的警务工作）的简便方式，探讨如何使法律与警察结合起来共同服务于社会、满足社会需要。

本书提出了"警察应该拥有哪些权力"的问题。例如，他们是否可以在没有任何合理怀疑理由的情况下扣留公民并对他们进行讯问，或者任意实施拦截与搜查行为，或者对居民的指纹进行分类管理以便排查犯罪嫌疑人？这些辅助侦查（aid detection）措施是否有助于调查犯罪，能否赢得公众对警察的尊重？抑或使公众在思想和感情上更疏远警察，从而使犯罪调查更为困难？

我们认为，解决以上问题并不像律师审视以往的政策后便制定简便易行的规则那样简单。我们首先要看法律（和其他监管系统）如何影响警方的工作。因此要了解警察的工作方式、奖惩方式、组织方式、管理方式和社会交往方式等。只有了解这些，才能回答诸如一项新的法律能否有效地管控警察行为、能否真正改变警察行为方式等问题。

即使我们真正理解了有关警察工作的最为重要的内容以及法律和其他规则在管控警察行为中的角色与作用，仍然需要解决另外一个基础性的重要问题：我们到底需要什么类型的警察？也许我们能够设计出许多在实践中切实可行但与现行英国警察系统完全不同的警务系统。例如，与公众对立的强硬式警务工作系统（hard-line regimes），或者是重视公众意愿的赞同式警务工作系统（policing with public consent）。我们必须坚持一直以来所追求的警务类型的理念，即我们赋予警察的警察权的种类，会影响他们履行职责的方式，反之亦然。我们认为，过大的警察权不可避免地导致警务活动遭到社会公众的对抗。

本书后面章节中反复出现的一个主题，就是那些被认为经过深思熟虑的有关警察权的改革问题，过去已经完成的那些改革被认为是完全脱离现实的。大众倾向于认为律师、检察官和警察就是刑事诉讼程序的专家，但是当他们以专家的身份行事的时候，却忽视了普通公众的权益。总体而言，更多的指责还是针对已经完成的法律制度的改革，政府在对监狱、医院、刑事犯罪程序方面的法律进行改革时，只征询"专业人士"的意见，而不考虑犯人（或刑事被告）、精神病患者和犯罪嫌疑人的想法。其结果是，为了迎合那些与法律改革直接相关的官方机构的利益，（刑事司法及警务制度中）"消费者的利益"因私利而被精心算计从而被忽略或搁置一旁。

本书特别关注的一个问题是有关警察工作的组织问题。因此，我们将主要精力放在研究警察与公众之间的日常关系，以及警察例行的街头执勤和调查工作上，而不是公共秩序和安全问题，或被媒体戏剧化报道的警察工作及如调查"约克郡屠夫"案件的那类警察工作上。[①] 我们不会详述警务工作或警察发展史，而是分析警务工作中能够或将产生重大影响的方面，以及监管警务工作的方式。例如，在讨论逮捕权问题时，不能仅仅在查阅警方和检察机关的有关文件后，就让律师来"阐明"法律，而应该考虑警务工作的政策，逮捕在警察组织中的作用，逮捕措施的运用在控制犯罪、侦查犯罪中的作用，逮捕给被捕者造成的影响以及公众对实施逮捕权的反应。只有全面审视警察权力的含义之后，才能实事求是地客观认识警察权在警察行为中所扮演的角色，以及在犯罪预防和犯罪调查中所起的作用。只有采用这种办法，才能消除一些不切实际、毫无意义的想法，如"警察权力越大，犯罪率越低"或"法律越严明详尽，违反法律的警察就越少"。

本书将从以下几方面对上述问题进行论述。第1章论述公众所期望的警务工作方式以及对警务工作的一般看法与实际警务工作的差异。第2章和第3章详述警察组织的两个重要方面：街头工作和调查工作。这两章将阐述警察在工作中所承受的各种压力，这些压力是授予警察权力的人和维护与警方打交道的公民的权利的人所不能忽视的。第4章论述地方警察局的责任和纪律，以及与正式控制系统并存且同样重要的非正式规则和共识。

第5章涉及法律问题。随着警务工作方式的改变，限定警察权力的法律由最初相对明确逐渐变得模棱两可、失去效力。随着警务工作的发展变化，刑事司法系统也在同步发生变化，刑事司法系统的真实情况是，确定嫌疑人无辜还是有罪的工作不是在法庭上进行的，而是在警察局完成的。

---

① 约克郡屠夫（Yorkshire Ripper），是20世纪60~80年代英国连环杀手彼得·威廉·萨克利夫（Peter William Sutcliffe）的绰号。在1981年，萨克利夫因谋杀13位妇女和伤害另外7名妇女而被判终身监禁，随后在英国布罗德莫精神病院服刑20年。2010年，英格兰高等法院驳回其上诉，再次确定他必须终身监禁，且不得保释。终身监禁是指将罪犯关押在监狱中直到其死亡为止的一种机制。在英国，这种机制于1983年开始实施，当时的内政大臣试图建立一套关于被宣判有罪的杀人犯在其被释放前必须关押在监狱的最低监禁期限的机制。参见维基百科有关约克郡屠夫的报道：http：//en.wikipedia.org/wiki/Yorkshire_Ripper。——译者注

在政府试图改革刑事诉讼程序时，可以发现实际问题被忽略的后果。第6章我们将看到苏格兰如何不顾公众的反对扩大警方权限，立法过程中许多本应面对的问题却被律师们有意忽略。第7章详述皇家刑事诉讼委员会在英格兰和威尔士采取类似狭隘做法的情况。我们审查评估了该委员会运作的基本理念后发现，尽管委员会有1189800英镑的财政经费支持，并进行了深入的研究，但仍然没能探究和揭示刑事诉讼程序改革的根本原则，而这些原则本应是其报告建议的基石。

在批评过去的法律改革者缺乏远见卓识的同时，我们将在第8章检视大多数人是如何看待与理解现代警务改革的影响以及未来的希望之源：约翰·奥尔德森①的社区警务哲学（the community policing philosophy）和斯卡曼在布里克斯顿骚乱（Brixton Disturbances）之后提出的改革建议。同许多人一样，我们认为从表面上看这些方法非常具有吸引力，但进一步分析发现，社区警务模式无法为我们所期望的警察组织形式和警察权力提供简单的

---

① 约翰·科廷厄姆·奥尔德森（John Cottingham Alderson，1922～2011年），获英国最高级巴思爵士（英国二等爵士勋位，Commander of the Order of the British Empire，CBE）和女王警察勋章（QPM，Queen's Police Medal），是英国资深警官和警察学与刑法方面的专家。出生于英国约克郡巴恩斯利市，毕业于巴恩斯利科技学院。1946年从军队退役后加入西部骑警队成为警官，并成为警方的拳击和橄榄球运动代表。1954年在国家警察学院接受培训并于1955年被提升为督察（英国警察中职位低于警司高于巡佐的警官），在经过法定最低服役9年的期限以后，于1960年晋升为警司。他于1963～1964年参加国家警察学院的高级指挥课程学习，并被任命为多尔塞特郡警察局副局长，1966年转任伦敦大都会警察局副局长（主管行政管理与行动部门），并在1967年成为伦敦第三区（伦敦东北地区）的二把手。1968年晋升为伦敦大都会警察局主管警察训练的第二副局长，1970年担任国家警察学院的校长。1973年重回伦敦大都会警察局担任局长助理（主管人力资源管理与训练），于1973年11月被任命为德文郡和康沃尔郡的警察局局长，在这个职位上直至1982年退休。在担任德文郡和康沃尔郡警察局局长期间，以其独特的敏锐思想成为最杰出的警官，并以"社区警务哲学"声名鹊起于警界及学术界。他于1974年获得女王警察勋章并于1981年被授予英国二等爵士勋位。他于1982年成为剑桥大学科珀斯克里斯蒂学院的学士（Fellow Commoner），1982年至1983年成为牛津大学纳菲尔德学院格威利姆·吉本研究中心研究员；1983年至1989年成为斯特拉思克莱德大学警察研究所的客座教授；1994年至2000年成为朴次茅斯大学警察与犯罪学研究所研究员；1987年应澳大利亚政府聘请担任澳大利亚联邦警察学术委员会委员；从1981年开始担任欧盟理事会人权事务咨询专家。奥尔德森经常在媒体上发表有关警察事务的评论，主要著作有：《警政自由》（Policing Freedom，1979），《法律与失序》（Law and Disorder，1984），《人权与警察》（Human Rights and the Police，1984）以及《警务原则》（Principled Policing，1998）。最大的理论成就是提出社区警务哲学理念，并致力于实践他的理念。他的至理名言是："我一生的追求是在警察与公众之间建立友好关系，企图运用强制力去控制人民是没有出路的。"——译者注

解决办法。

第 9 章回顾并评估了当前面临的选择，并得出了我们的结论。我们不提倡在警察权问题上采取过于严苛的法条主义方法进行控制，因此，本章有一部分论述了具体的法律建议，其余则论述英国所需要的警察组织形式和警务模式。

目　录

CONTENTS

第1章 口号还是政策？

在电视上，我党的成员试图在那些不允许使用口号的领域里按照标语口号式的方式行事，这让我感到忧虑。在本需要大量人力谨慎而理智地进行繁重工作的领域，这些人却在法律和秩序维持方面，直接采取简单的办法来解决问题，……标语口号……不会也不能解决他们自身存在的复杂问题。

（内政大臣威廉·怀特洛，泰恩提兹电视台，1982年1月10日）

当人们讨论警察问题时，使用口号而不是分析来看待这个问题，这是一个巨大的诱惑。部分没有经验的外行人很少对警察的工作细节感兴趣，除非他们自己被牵涉进刑事司法系统当中。因此，警方经常被人误解，人们认为警察有超人般的能力，因此对他们有着极高的要求。罗伯特·马克爵士曾断言："在所有的公共服务中，警察的工作最不受重视，也最被认为是理所当然的"。他怀疑"是否有千分之一的英国人能够对国家的警察组织机构、职责及管理控制的方法有大致的了解"。[①]

在对警察工作开始分析之前，必须澄清在本领域内存在的那些可能会导致众多混乱或困惑的、长期而顽固的争论。首先，必须摒弃"更多警力和更大权力"是应对"法律和治安秩序危机"的方法的所有观念。

这一观念的产生主要回应了人们对"黄金时代"的民间记忆（folk memory）。在"黄金时代"（第二次世界大战前后或战争期间的某段时间），即使是轻微的罪行也很少发生并鲜为人知，而现今这类轻微罪行却是数不胜数，人们已经习以为常。为什么会出现这种情况呢？有人说那时没有影

---

① Robert Mark, *Policing a Perplexed Society*, Allen & Unwin, London, 1977, p.20.

视暴力——实际上，那时没有电视；那时没有婚外情或婚前性行为——显然，那时压根就没有"年轻的一代"，没有所谓的"自由放任"。不像现在，那时的社会风气清明，对犯罪与恶行的惩戒富有效率，权威受到尊重。相比那时，现在的道德秩序面临危机，显著的表现是犯罪高发，尤其是目前年轻人的犯罪率急剧上升。在这样一个"复杂的社会环境"中，警察必须使用新的方法和在情况变得更糟之前及时采取非常措施来应对这一危机。

另外，犯罪记录的统计数据可能会夸大犯罪的本质和危害程度，并产生"道德恐慌"。① 因此，对这些数据的处理必须极为谨慎，其中的很多变量可能与街头犯罪的实际数量没有关系。例如，逮捕率与犯罪行为的报告数量会极大地受到警察人力资源的雇佣方式、法律变化和新的警务政策的影响。自相矛盾的问题在于，警务工作越高效，犯罪数据就越令人震惊。因为警察打击犯罪的活动越有力、与公众的沟通越高效（如更有效的电话联系方式），公众对某些犯罪的敏感度就会越来越高，这很可能会导致警察局收到并记录更多的案件报告。这也许就能说明为什么实际存在的犯罪不多，而犯罪率却急剧攀升。警力运用越多，犯罪率就越高，而犯罪率越高，要求增加警力的呼声也就越高，这就成了一个循环。

说这是犯罪统计数据游戏也好，循环论证也罢，我们从中都可以得到两个结论。第一，记录在案的犯罪数量的整体增长的稳定性，事实上并不能证明犯罪行为会急剧增加。第二，犯罪的社会史表明，犯罪记录的持续稳定增加与反复出现的社会信仰缺失和道德滑坡密切相关，而这些现象毫无例外地体现在街头犯罪和街头暴力行为的增加上。

1795 年，帕特里克·科尔奎豪恩（Patrick Colquhoun）在他的经典之作《论大都会警察》中用下面这段话作为开卷语：

> 如果社区中那些最邪恶、最堕落的部分成员剥夺了我们的权利，使我们无法在公路上自由地行驶，或者使我们无法从任何方向安全地到达伦敦，或者无法在天黑后免受攻击和抢劫的威胁，以及无法免受伤害或

---

① Cohen, S., *Folk Devils and Moral Panics*, Penguin, Harmondsworth, 1973; Clarke, J. et al., *Policing the Crisis*, Macmillan, London, 1978; Clarke, R. V. G. and Hough, J. M. (eds.), *The Effectiveness of Policing*, Gower, Aldershot, Hants, 1980.

谋杀的威胁，那么，那些我们自我吹嘘并引以为傲的自由——我们与生俱来的权利，都是徒劳无益的，就是一句纯粹的空话。①

1863 年，《科恩希尔杂志》（*Cornhill Magazine*）宣布："不管是白天还是晚上，伦敦的街道再一次变得不安全了。公众的担忧已经变成了恐慌。"②
以下引文来自关于《1980 年苏格兰刑事司法法案》的议会辩论：

> 我们的城市，实际上还有一些乡村地区，变得前所未有地危险。人们已经无法再安全地乘坐末班车或火车去单独旅行了，去看足球赛或去迪斯科舞厅则是绝对不安全的。
>
> 相比我们父母或祖父母的那个年代，现今的社会更加危险。我们该对此感到诧异吗？自 1945 年以来，一些心怀善意的、思维缜密的学者和改革人士就已经开始一以贯之地实践他们的理论及政策设计方案了，可他们常常受到混乱的政治思想和无能的政治行为的影响。因为传统的价值观和传统的标准已经遭到批判和抛弃，如今苏格兰的很多地方充满着邪恶、暴力和恐惧。③

值得一提的是，以上言论在 1980 年出现后，斯特拉斯克莱德地区（其人口占整个苏格兰人口一半以上）有记录的袭击和抢劫数量分别减少了 4%和 6%。这个现象也许有一定的启发性。

"警察越多，警务工作越高效，则治安越好"的观念不仅反复出现在政治言论中，还反复出现在二战后的警察计划中。该观念无处不在，20 世纪 70 年代初内政部发布的《人力审查报告》中就有所体现，报告说："对于'如何才能知道国家是否拥有足够警力'这个问题，唯一肯定的答复是，战争以来警力一直不足。"④

当然，说警力不足或警务工作"低效"很容易，但想要确定警务工作

---

① Colquhoun, P. , *Treatise on the Police of the Metropolis*, 1795, p. 2.

② Quoted in Clarke et al. , op. cit. , p. 4.

③ Bill Walker MP, House of Commons, 14 April 1982.

④ "Programme Analysis and Review 1972: Police Manpower", Home Office and Scottish Home and Health Dept. , 1973.

的最佳状况或警力资源的有效配置就不那么容易了。何时警力才充足？如何评价警务工作的质量？如何评估犯罪预防的措施？如何衡量社会关系及警民关系满意度？

政府部门、决策者和分析人士，对人们提出的过高要求感到无能为力，而对以上问题的困惑使他们表达出自己的无奈：

> 描述警察职能是一回事，评估职能履行的成效却完全是另一回事。皇家警察委员会在1960年的中期报告中提到"建立警察机构的标准应是警员数量能够提供足够的警力保护"。然而，足够的警力保护的标准是无法确切定义的。[①]

最终结果是，关于警务工作质量和效率这样关键的问题委员会都避而不谈，转而通过数据分析以寻求解决问题的方法。这是可以理解的，虽然"社会成本"仍然是政治观点和主观评价之间存在争议的问题，但毕竟摩托车、个人电台和警员的数量与成本是可以计算的。因此，重点便完全放在了扩大警力、提供更多节省人力和时间的精密设备上。

> 目前仍未找到解决问题的科学方法。就以往经验和目前形势来看，一旦找到解决办法就可以预料，科学研究及现代管理方法的作用就是能够改进和提升警务工作的效率。运用这些先进的设备一定能够提高警务工作的效率，而不必费力确定需要多少警察。[②]

于是解决这一问题的简单方法就是增加警察数量和警力输出，并且推迟——"至少是暂时推迟"——解决有关警务质量的难题。实际上，为此做出更多的努力既不是警察的职责，也不是政策规划设计者的责任，因为这是"社区"的责任，社会"应该做出决定，何种水平的破案率及何种程度的巡逻是可以被人们所接受的"。[③]

令人遗憾的是，这些结论没有让公众知晓，然而这也不足为奇。让政客

---

① Ibid. , para. 2. 3.

② Ibid. , para. 6. 7.

③ Ibid. , para. 6. 7.

到选区告诉选民"警力不足"，尽管这一情况符合现实，但政府不喜欢这个主意。不过有意思的是，1972 年内政部私下意识到，无论如何"社会"都该做出某种决定——尽管还不知道在未来该如何做这样的决定。当然，在实践中，所有问题最终都被归结为财政问题，从未有人要求决策者公开讨论他们的想法和推行的政策中潜藏的问题。结果是，过去三十年本应对警务工作质量进行的探讨，却沦为对增加警力的成本的讨价还价。

从图 1-1 和图 1-2 可以看出，自 1950 年以来，无论是英格兰及威尔士还是苏格兰，警力总体保持稳步增长，以至到 1980 年警察人数几乎增加到原来的 2 倍。舆论宣传制造的警员招聘困难和警员流失（提早退休）的印象使人们以为警察人数减少。这当然不符合事实。不久前警员流失确实较为严重，尤其在大城市警察局，但自从"埃德蒙·戴维斯报告"① 中的建议被采纳后，警察工资大幅提高，这个问题也就不复存在了。

在警力持续增长的同时，警方招聘的文职人员数量也显著增加。新招聘的文职人员使警察总数额外增加了 25%，因此有更多的警察可以维持秩序。警方从未有过这么多高素质、装备齐全的警务人员，然而 1978 年苏格兰皇家警察局

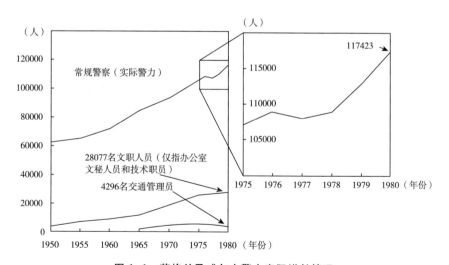

图 1-1　英格兰及威尔士警力实际增长情况

---

① *Committee of Inquiry on the Police*, Reports Ⅰ & Ⅱ（Chairman, Lord Edmund - Davies），Cmnd. 7283 and 7633，HMSO，1979.

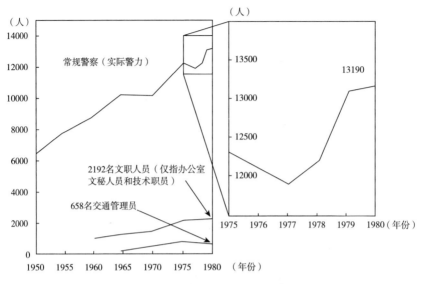

图 1-2　苏格兰警力实际增长情况

高级督察大卫·格雷（David Gray）仍然在他当年的报告引言中这样说道：

> 数据显示，1938 年苏格兰警察局有 6923 名警察和 88 名文职人员。现在的警员人数几乎是那时的 2 倍，文职人员数量也由 1938 年的 88 人增加到了 1978 年的 4482 人。实际上，在过去的 40 年里，警力增加了不止一倍。从 1938 年到现在，苏格兰的人口只增长了 10%，于是，人们会问警察都跑哪儿去了。

大卫·格雷提出的问题能够在 1945 年以来的警察机构内部重组和官僚化改革方案中找到答案。然而，深思熟虑的分析却再一次让位给了对黄金时代法律和秩序的信任。在这种理想中，一群快活的警察保卫着街道的安全，他们喝着茶，吃着霍维斯面包，唯一起威慑作用的武器便是耳边的对讲机。

在警务辩论中，另一个老生常谈的简单观念就是"友好的本地警察"（friendly local bobby）形象。以下内容引自 1908 年《泰晤士报》的一篇社论：

> 伦敦警察不仅是和平的守护者，更是伦敦社会生活中不可或缺的一个部分。在许多治安问题突出的街道和贫民窟中，警察不仅是法律和秩

序的代表，还是我们街区真正的能工巧匠，是那些没有"其他朋友和保护者"的广大民众的最好的朋友和保护者。①

从警务理论及其独特的历史来看，这一观念的形成过程既复杂又重要。"友好警察"本身就是一个自相矛盾的术语，这是一种非常理智的判断。隐私不应被友情所侵犯，而友情强调信任与保守秘密。然而，对警察来说，隐私对他们的工作是一种障碍。犯罪调查使私人生活公之于众；个人的责任、义务与人际关系不能影响工作时的判断力、职责和公正，而友情的要求却与此相悖。因此，警察工作本身就存在矛盾——在保护自由和隐私的同时，又不得不侵犯自由和隐私。

即便从历史上看，友好的本地警察形象也并不真实。研究英国警察的社会史专家 T. A. 克里奇利曾说，17 世纪的教区治安官办公室并不受重视和尊敬，那时人们认为治安官是"只适合那些年老体弱者、呆头呆脑的愚钝者和虚弱无力者从事的工作"②。据详细记载，18 世纪的人们，强烈而广泛并成功地反对任何形式的正式警察力量。因此，皮尔的《1829 年大都会警察法案》（*Metropolitan Police Act* 1829）成为法律，用克里奇利的话说，是"经过 75 年的争辩、怀疑和敌意后，正规的职业警察的概念才最终被接受"③。实际上直到 1842 年，《泰晤士报》还对乡村警察进行猛烈批评："我们欣喜地发现，全国各地普遍反对继续实行农村警察体制，许多受人尊敬的社会名士也反对该体制。"该社论总结认为，皮尔创制的警察体制是"对公民自由肆意侵害"的机器。

以上言论与前面提到的 1908 年的社论奇妙地并存着，后者充满了认为警察是"公众的朋友""街区的能工巧匠"等诸如此类的论调。然而，这种现象却代表了英国警察有史以来在处理公共关系上最为成功的实践。

友好警察的形象最初是皮尔刻意塑造的，并由他成功地用于消除工薪阶层和中产阶级对"新警察"观念的恐惧感。反对者认为皮尔及其早期的一些议案开启了警察"特务"、"密探"（agent provocateur，意指受雇于政府或

---

① *The Times*, 24 Dec., 1908.
② Critchley, T. A., *A History of the Police in England and Wales*, Constable, London, 1967, p. 10.
③ Ibid., p. 50.

警方，怂恿某些团体犯法以趁机逮捕或打压他们的卧底）和专制权力的中央集权体制时代。巴黎警察一直被视作对英国宪政自由的"诅咒"，提到"欧洲大陆方法"就足以让地道的英格兰人谈虎色变、不寒而栗。英格兰人甚至对"警察"这个词都很陌生。1763年，一本名字欠妥的杂志《英国杂志》发表如下评论：

> 虽然经过了许多大胆的尝试，想让"警察"一词获得稳固的地位，……但在伦敦，无论是这个单词还是警察本身都不为人所理解。我想"警察"需要相当长的时间才能从一个令人厌恶的法语舶来词变成一个受欢迎的时髦词。尽管一些以"警察"命名的事物已经在苏格兰出现，但英格兰的偏见使他们无法很快接受"警察"这个概念。不久前，我正在考文特花园（伦敦中部最时尚的潮流区之一）的澡堂里抱怨新颁布的法律，一个白皙的英格兰北部人告诉我，这是众议院为建立正式的警察组织所颁布的法律。我得承认，这是我唯一一次在体面的场合听到人们提到"警察"这个词，但我还是相信在《考文特花园》(Covent Garden) 杂志以外的地方（还要除去报纸上的报道），警察没法取得任何可观的进展。①

正如我们所见，直到19世纪末"警察"才被《泰晤士报》"带进时尚领域"。然而，皮尔在1829年就已经明显意识到对他提出的"新警察"概念存在的怀疑和不信任，意识到人们认为此项改革是对个人隐私的威胁和侵犯。为此，1829年伦敦警察局发布的首版《警察行为指导规范》强调警方的首要职责是预防犯罪而非调查犯罪。调查意味着"干扰"、侵犯个人隐私，而预防只需警察出现在街区等公共场所。因此新上任的警官被告知：

> 首先要明白，警察的工作目标是预防犯罪。警方所有工作都以该目标为导向。保护人身安全和财产安全、维护警察权威，比犯罪发生后调查犯罪、惩罚罪犯能取得更好的效果。②

---

① *The British Magazine*, Oct., 1763, p.542.

② *General Instructions to the Metropolitan Police*, 1829.

有人认为皮尔没有意识到"犯罪调查"的威慑作用，这是不正确的。皮尔明确强调制服警察要在大街上和公共场所执勤。警察制服独特、非军用，蓝色燕尾服外套、蓝色裤子（夏季为白色）和光滑的黑色钟形帽，确保了警察在新区域执勤巡逻时易被人们看到。这样人们就不会对警察在哪、谁是警察产生疑问，从而减少了对侵犯自由和隐私的担忧。不过，便衣警察开展调查是被禁止的。

除以上提到的行为准则外，警察还得遵守我们现在称为"公共关系维护"的详细操作指南。该指南要求警察"乐于助人，礼貌亲切地对待每个阶层的人"，"尤其要注意不要为了显示自己的权威，虚张声势地干预他人生活，或无事找事实施一些完全不必要的行为"，要能够"极好地控制情绪，绝不受到任何语言或威胁一丝一毫的影响"。但最重要的是在"目前警察制度初步建立的新时期，要特别注意不让警察对其职责和职权形成错误观念"。

警察被告知要极其谨慎地使用"干涉权和逮捕权"，只要有可能，就应尽可能与公众合作，按公众意愿行事，而不是运用正式的法律权力。

因此，警察的公共形象是值得信任、为人正直、政治独立的警官，是人们遇到困难时的帮手和朋友。正如克里奇利所说，从一开始警察就"与民同心、理解民众、融入民众，其权力取之于民"。

然而，与此同时，警方又要去监管他们辖区的民众。因此，警察在保护隐私与侵犯隐私之间从一开始就存在着矛盾。正如利昂·拉齐诺维奇指出的，为了增强警察在他们新的巡逻区内的公共存在感，警察局指南还要求成立新的"信息服务系统"，旨在让每一名警员"彻底了解他的巡逻范围、管辖地区，认识区域内生活的居民"。[①] 因此，不仅要让社区居民了解警察是干什么的，警察更应当了解社区居民。

尽管皮尔小心谨慎，可是在接下来的五十年里，社会公众对警察的反感和不信任仍然十分明显。"新警察"体制在全国各地的推广一直是热点话题。例如，在 1833 年"波佩风波"（Popay Affair）中，一名警察密探渗透进国家政治联盟成为卧底，这类事件更是使认为自由受到威胁的反对之声获

---

① Leon Radzinowicz, *A History of the English Criminal Law*, vol. 4, Stevens, London, 1968, p. 164.

得了有力证据。自"波佩风波"后，议会特别委员会专门批评了警察的工作方法，并且特别指出便衣警员只限于侦查无法靠普通方法侦破的案件。任何形式的警察密探都会受到反对，因为警察密探的行为是普通百姓从道德情感上最憎恶的行为，同时也是"与宪法精神最不相容的行为"。①

这类事件及观点对后来警察组织的发展至关重要，使得伦敦大都会警察局的便衣警察部门"刑事犯罪侦查局"延缓了五十多年才最终组建，而这违背了伦敦大都会警察局历任警察总监的意愿。1842 年伦敦大都会警察局的警探总共只有六人，而增加警探人数的讨论吸引了《泰晤士报》的评论："如果存在少数政府间谍是危险的甚至违宪的，那么整个大都会警察局拥有众多间谍将造成何种影响？"②

25 年后，伦敦大都会警察局仍然只有 16 位全职警探。直到 1878，中产阶级才接受警察这个概念，并同意建立专业的刑事犯罪侦查局。在接下来的十年中，情况发生了翻天覆地的变化：新成立的刑事犯罪侦查局的警官人数从 250 名增至约 800 名。到世纪之交，各郡新成立的警察队伍也如雨后春笋般迅速增加。

直到这时，皮尔创造的友好警察形象才与"帮助公众"观念联系在了一起。《泰晤士报》在 1908 年提出，警察受到工人阶级的广泛欢迎。现在来看其真实性有待证实。但毫无疑问，19 世纪日渐成熟的工会制度和高涨的工人运动使政治格局发生了变化，中产阶级对警察的态度来了个大转弯，他们转而支持警方。③

然而，我们需要认识到，就当前目的而言，刑事犯罪侦查局与制服警察是警察系统中完全不同的两个分支。制服警察直接处理"公共事件"，而刑事犯罪侦查局的调查工作只针对"罪犯"。罗纳德·豪这样描述这一状况："制服警察的工作对象是公众，他们在街头管理交通，巡逻执勤、处理街头犯罪。而刑事犯罪侦查局侦探的工作对象是罪犯……其工作就是抓捕罪犯。"④

因此，预防和侦查的根本区别由两个独立部门来体现：制服警察部门和

---

① Reith, C., *British Police and the Democratic Ideal*, OUP, Oxford, 1943, pp. 153-159.

② *The Times*, 2 Dec., 1845.

③ Bunyan, T., *The Political Police in Britain*, Quartet, London, 1977, ch. 2.

④ Ronald Howe, *The Story of Scotland Yard*, Barker, London, 1965, p. 171.

便衣警探部门——刑事犯罪侦查局。将两个独立组织和两种不同的社会范畴——民众与罪犯——相联系，缓解了民众的担忧。民众（按照警察的定义）不必再为其自由和隐私而担心了。

我们花了一些篇幅来探讨友好警察形象的起源问题，这是很重要的，原因有如下几点。首先，友好警察的想法象征着大众认可的协商一致的赞同式警务。"警务"这一概念强调警方与公众的相互依存与彼此尊重，强调警方为公众提供一种保护性的服务，而非一个脱离社会、控制社会的空洞的警察概念，强调尊重并保护公民的隐私是处于其他所有事情之上最重要的事情。因此，当可能会干涉公民自由与隐私的时候，警察必须获得公民的同意或许可，警察的权力必须受到"严格的制约"。强调对公民隐私的保护并赋予公民相应权利以限制警务的过度干预，为协商一致的赞同式警务提供了保证。

至少在理论上，隐秘的或强制性的警务工作方式都应服从公众意愿和开放的警务工作模式。因此，赞同式警务意味着警察基于公众毫无疑问的信任而获得了充分且广泛的权力。人们对友好警察的信任是出于对警方名声的认可以及警察权力受到的制约，而非出于警方拥有的权力。然而近几年来，赞同式警务的理念和友好警察形象面临着一个危险，即对他们的改造使其背离了初衷。现在，友好警察形象似乎暗示着警察应该且能够被授予更大的权力，以保证他们能做任何他们认为是合理的事情。

其次，与友好警察形象密切相关的是英国警方创造的官方神话，认为警员是整个英国警察力量的道德核心。公众普遍认为，英国警方的高效率、独特性、受人尊重都得益于普通警员的聪明才智、人格品质及经验。按照法律要求，警员个人必须对行使权力、履行职责的行为承担责任。1960 年，警长协会（Association of Chief Police Officers，ACPO）向皇家警察委员会提供的证词中这样描述警员的角色：

> 警察不是任何中央或地方当局、事实上也不是任何高级官员的代理人。警察个人对其所有行为负责，尽管他也是公民，主要行使公民的权利，但也同时行使由法律授予的和警察局任命的职位具有的其他法律权力；警察在行使其权力的过程中必须依靠自己的主观能动性对法律和事实做出判断，并对任何不当行为承担法律责任。警察的职权源于法律的

授权和警察局的职务任命，警察可根据实际情况自行决断，而非受人委托。①

后面章节会讲到，警察应遵从的法律让人难以理解，甚至连那些从事法学研究的人都摸不着头脑。可以想见，这种法律让普通警员陷入了不知所措的境地。我们采访的一名总警司这样总结警员面临的困境：

> 警察只有半秒钟来决定该采取什么行动。而这个行动后来却可能在法庭上接受专业人士的评判，这些法律专家有大把时间去查证和钻研法典专著，最后决定警察应该采取的行动。实际情况是，在紧迫的情形下，警察是根据直觉做出判断的，根本没有时间进行认真细致的思考。这对警察来讲是不公平的。警务工作实际要求年轻警察在瞬间做出决定，可事后他们却因此受到批评。人们希望他们恪守自己的职业承诺，但他们也只能认命，没法改变什么。确切地说，我们同其他人一样苛刻地对待他们。

年轻警察认为存在双重标准，这情有可原。但警长协会对该问题的看法非常明确，并向皇家警察委员会公开表示：

> 警长协会强调，警员的个人责任是英国警察体制的根本原则，是我们民主生活方式的根基和主干。②

我们必须明白这项根本原则的内涵，其中有两点需要特别重视。第一，警方行动的本质和标准建立在普通警察个人的诚实正直的道德品质上，在法庭上警察需对其行为全权负责。第二，对警察最重要的控制是外部控制，即个人道德和公共合法性，内部纪律的重要性则退居其次：

> 警察履行职责时需要高尚的道德情操。警察应具备高度的个人自律

---

① Royal Commission on the Police 1962, Minutes of Evidence: Evidence of ACPO, HMSO, London, 1962, p. 256.

② Ibid.

性，《警察职业纪律守则》只是个人自律的一种补充。①

以上言论冠冕堂皇——看似是一种令人称赞的理想。但如果我们将这个原则反过来看，就会看到另一层意思，即警察若未能达到所期望的要求，警察机关就不必承担集体责任，这一层意思极为重要。据此来看，所有违法行为或失职行为都是个人过失或个人缺陷造成的。追究责任、寻找解释时，不会牵涉警察政策或者警察机构，最多只会说警察局没有聘用符合公众、官方机构和高级警官等期望的、具有超能力的合适人员。1962 年皇家警察委员会的中期报告表明了这一观点：

> 在一个珍视自由的国家，不能轻易授予警察权或允许警察肆意行使逮捕权；当情况需要时，警察必须当机立断，谨慎、恰当地运用权力，与此同时，也绝不能越权行事。令我们满意的是，比起授权或者委派给堪比警察的任何专家或专业人士同样的责任，警察个人的职责更加繁重艰巨。因此，要恰当并合理地履行这种职责，需要高尚的道德情操和良好的判断能力。②

以上所言，对个人责任进行了夸张的假设和幻想。看看警察工作的实际行为和实际情况，就会发现警察拥有的自主权和选择权比理论设想的少得多。警察工作的特点、工作量超负荷、人力资源不足、警察组织地位低下——所有这些显而易见的因素综合在一起，严重地制约着警察在不同情况下能实施的具体决策。所有级别的警察都被要求为自己的行为和决定辩护，好像其决定和行为只是单纯的个人选择问题。这些都错误地表现了警务工作面临的问题，掩盖了问题的真正原因，如公众对所有警察的工作方式的反应。如果问题只是某个警察自己改变想法、做出不同决定，那么解决警务工作存在的问题就相对容易了。

对警察实际工作情况的有限了解使人们逐渐形成警察应该做什么的观念。以下引自 1960 年皇家警察委员会中期报告的一段话就证实了这一点，

---

① Ibid.

② Royal Commission on the Police, Interim Report, Cmnd. 1222, HMSO, London, 1960, p. 12.

报告提出了各种观念来定义理想的警察工作行为，最终这些观念都成为对警察实际工作行为的描述：

> 警察应当表现出权威、常识、勇气和领导力，以满足人们的要求。人们理所当然地认为警察应该具备这些素质：体魄强健、头脑机敏、诚实公正、周全机智、友善、礼貌以及幽默；这些品质是警察理所当然应该具有的，对警察而言，具备这些品质就是对他们的最好赞扬。[①]

詹姆斯·麦克卢尔采访了一名年轻的利物浦警察，他所描述的警察更为真实：

> 实际上警察可以好管闲事而不必担心。虽然大部分人不承认，但警察确实可以多管闲事却不会被人抱怨。警察的工作就是管闲事。虽然收入不高、环境糟糕，但我还是挺喜欢这份工作的。这工作给我带来——说不清楚——一种与众不同的感觉吧。你在现场，你就在那儿，大家都看着你。
>
> 警服带给我自信。看到一个美女，你会想：哦，真漂亮！有一次我看到个美女，跟着她走了大概两百米，最后让她停下来，跟她打了个招呼，闲扯了一会儿。如果是不上班穿便服，我肯定不会这么做。[②]

罗伯特·马克提供了一个更符合现实的例子，这是《警察职业纪律守则》关于如何对待嫌疑犯的另一种版本（详见第 5 章）。

> 我记得曼彻斯特有一个非常成功的高级警探，他在对待老练的罪犯时，有自己的一套"法官规则"。他的方法是，一上来首先就问罪犯，"你是要说话还是要挨揍？"如果罪犯拒绝回答，甚至粗暴无礼，就会立马被带到厕所倒吊起来，头被按在马桶里。一般两个人抓住他，第三个人不停地上下拉动链子，直到罪犯来回晃动脚，他们才会停下来，晃

---

① Ibid.
② McClure, J., *Spike Island*, Macmillan, London, 1980, p.29.

脚就表示罪犯服软了。然后罪犯就会在一份拟好的招供述书上签字确认，而招供述书上还有提醒不得强迫犯罪嫌疑人自证其罪的权利告知内容。①

马克爵士总结道："《警察职业纪律守则》极好地表明了执行法律和管理法律之间的巨大差异。"当然问题远比这复杂。人们认为警察很完美的想法实际上阻碍了警务问题的解决，阻碍了人们对问题的讨论，使争辩失去意义。由此产生的困惑直接造成很多明显的问题。

首先，警察认为大众对他们的要求并不合理。一旦警察达不到大众的期望，对警察不切实际的指责就变本加厉，这最终导致警察团结起来进行反击。一名苏格兰警察局局长说："我们每天都依法办事。如果法律要我们面对险恶的罪犯时照章办事或者自我束缚，我们会乐于遵从。但别指望结案率或破案率会让人满意，因为那永远不可能。"② 这名局长的话表明不可调和的矛盾激起了他们的怒火。由此看来，警方为满足人们的要求，在巨大的压力下不得不违背规则、违规行事。

其次，公众认为警察的所作所为都是必须的、合法的。这就表示即使警察违反法律，其所作所为依然是正当的，警察不会受到批评。例如，《1980年苏格兰刑事司法法案》规定警方在没有逮捕令和指控的情况下有权拘留嫌疑犯，这就明确使警方普遍采用的审讯行为合法化。

再次，警察的理想形象使人们在情感上拒绝批评。人们认为警察完美无缺，而对于完美的批评总是消极的。尽管大部分批评者会为自己的良好初衷辩解，但他们的批评总显得具有破坏性，最终不可避免地导致争论呈现两极化。

最后，认为警察能够变得完美无缺的想法本质上就是错误的。该想法不仅认为完美的理想可以实现，而且还存在一套能够得到大家一致赞成的标准。若真的存在这样一个乌托邦，那根本就不需要警察了。在现实的民主社会里，完美的设想通过否定警务的政治性来掩盖社会对政治性警务的需求。

以上所讨论的困惑和不切实际的理想警务，不仅阻碍对警察问题的讨论，而且破坏警务工作。对警察过多的要求导致了一个恶性循环：为达到人

---

① Robert Mark, *In the Office of Constable*, Collins, London, 1978, pp. 55-56.

② Ian Oliver, *Sunday Times*, 7 June, 1981.

们的期望，警察只能违背规则、越权行事；为了掩盖真正的短处，警方加强自我防卫，被迫退回自己的圈子里以远离批评。结果警方和大众之间交流不足，警务工作本身遭到破坏。而同时公众的要求却越来越高，这个恶性循环也越来越严重，使情况变得越来越糟糕。

警方与外界隔绝虽然表现在许多方面上，但其根源在于警察对"消灭"犯罪的责任上，某些情况下，甚至在于警方拯救社会的责任上。

实际上，警务工作的唯一目标便是遏制犯罪，然而大卫·麦克尼认为警察必须具有高尚的道德品质，以阻止所有犯罪的发生，这也正是大都会警察局局长所期望的。警察不能放任任何轻微的犯罪行为。尽管记录在案的75%的犯罪都是低于25英镑的财产侵犯，但是大卫·麦克尼争辩说，轻视这些轻微犯罪是错误的：

> 我认为这要取决于如何看待小事。不过我认为，很少有受害者会认为他们受到的侵犯是小事，他们中的许多人是社会弱势群体。很多人是犯罪行为的受害者——尽管这些伤害在心平气和的学术界看来微不足道——但这些伤害对那些社会弱势群体的影响却很难评定。[1]

事实上，人们向警方报告犯罪的行为表明了他们的担忧程度。对这一抽象观点，几乎没有人会反对。同样地，大量犯罪情况没有被报告给警方，也有力地表明社会可以容忍一定程度的犯罪行为，并采用其他方式进行处理。[2] 尽管对这一现象的研究有限，但是受害公众不愿向警方告发，说明警察的调查和起诉案件不像是表面上看来的所谓"无足轻重的小事"。我们非常肯定，在任何情况下，公众个人和社会都愿意拥有寻求警察帮助或者选择自行处理的自由，而不是无论什么事情都要向警方报案，要求启动可能产生严重后果的刑事诉讼程序。如果像警察局局长所要求的，将"所有能够有效处理犯罪行为的必要权力"都赋予警察，那么就不存在犯罪了，尽管所有历史证据都表明这是不可能的。但无论如何，社会都不会变得无拘无束。

---

① McNee, D., "Policing Modern Britain", in Stott, J. and Miller, N. (eds.), *Crime and the Responsible Community*, Hodder & Stoughton, London, 1979, p. 76.

② Sparks, R. F., Genn, H. G. and Dodd, D. J., *Surveying Victims*, Wiley, New York, 1977, ch. 6.

能够预防和消灭所有犯罪的完美警察不符合社会生活的实际情况。

总而言之，为了达到理想的效果，警察认为他们的责任是消灭犯罪而不是遏制犯罪，对他们权力的法律限制虽是民主政策的必要因素，却束缚了他们的手脚。他们认为法律是履行职责的障碍，只能通过不正当手段来规避其限制。而律师和立法者就成了与警察长期斗智斗勇的对手。因此，1965 年，罗伯特·马克称刑事审判"与其说是对是否有罪的审判，不如说是一场竞争……这就像一场跳高比赛，'选手'必须清除所有障碍才能最终取得审判的胜利"。① 律师寻找所有漏洞、运用所有手段以确保"罪犯无罪释放"。如果找不到法律依据，他们就采用贿赂手段。马克在 1973 年著名的丁布尔比演讲（Dimbleby Lecture）中提到这个问题时愤怒地说：

> 罪犯与他们的律师充分利用这些技术规则，他们竭尽全力寻找某些程序上的错误，以使罪犯逃避法网。如果指控犯罪的证据充足，辩护律师就攻击检控方的证人，尤其是如果证人是警察的时候，他们就指控警察作伪证、编造证据、使用恐吓胁迫手段或暴力取证等。这已经成为他们的惯用伎俩。如罪犯被发现藏有毒品、爆炸物或武器，最好的办法便是说他们是被人栽赃陷害的。这类谎言也是他们惯用的辩护手段之一。②

律师很快被视为警方的头号公敌之一：

> 经验丰富、受人尊重的大都会警察局侦探在犯罪刑事诉讼中，能够辨认出哪些律师对社会的危害远比他们的代理人还要大。③

但是，不是只有律师才会钻法律的空子，警察也这么做。大卫·麦克尼描述了警察的期望和行为，他说：

---

① Mark, R., *Sunday Telegraph*, 7 March 1971, in Bunyan, T., op. cit., p. 89.
② "Minority Verdict", the Dimbleby Lecture 1973, BBC TV, reprinted in Mark, 1977, op. cit., pp. 55-73.
③ Ibid., p. 65.

对警察的合理要求是警察必须具备高尚的道德品质，遵守他们所维护的法律。故意滥用职权是警察所犯的最恶劣的罪行，这是对信任的背叛。①

但是，麦克尼又接着说：

许多警官在职业生涯早期就学会了如何操纵法律为其所用，调查罪犯时使用的手段几乎都是各种诡计圈套或秘密行动。②

麦克尼认为，问题就在于警察理应阻止犯罪、调查罪犯，并将罪犯移送法院审判，但是"现行法律及司法程序并没有促进该目标的实现"。尽管这不一定都是事实，但他争辩道：

警察为了有效履行职责不得不依赖虚张声势或欺骗的方法和秘密行动，甚至有时使用武力达到目的，这是不正确的。能够有效处理犯罪行为的所有方式都必须符合现行法律法规。③

这些抱怨由来已久，大概在 200 年前，帕特里克·科尔奎豪恩就写下了这样的内容：

这是一个无须争辩的悲伤事实。尽管寄生在城市中的层出不穷的罪犯，绝大部分都因非常令人信服的证据被法官判为有罪并关进监狱，但同时每年也有大量在监狱中服刑的罪犯刑满释放，又回吐给社会，其中的一些人受他们逃避司法审判的经验的刺激或鼓舞，使用新获得的犯罪手段和经验重操旧业，甚而逃脱了法律的制裁。

他接下来所述内容和罗伯特·马克所言惊人地相似：

①　McNee, loc. cit., p. 85.
②　Ibid., p. 78.
③　Ibid.

然而，这还不是全部事实，那些犯罪手法熟练而机敏的惯犯利用自己从犯罪经验中获得的技能及手段常常能够逃脱法律制裁，那些声名狼藉的法律从业者以罪犯为媒介，也使用违法的手段；至于那些毫无经验的初犯，则通常会受到法律的惩罚而入狱服刑。[1]

当今不满观点的最新发展是，人们认为警察（事实上也只有警察才能够接触到这个体系“真实”的运作方式）本身因其特定身份而垄断了该行业的实践知识和专业技能，他们是这方面的专家。律师和立法者的失败（未尽到职责）是因为他们是“既得利益者”且“动机可疑”。他们的错误必须得到纠正，他们的职责也应由警察来行使。因此，罗伯特·马克为了改变这种状况而参加竞选，局促不安地踏入了政治竞技场：

> 除了警察，没有人能看出刑事诉讼程序总体上的失败，明白这一点非常重要。我们仅仅知道，有些罪犯没有被起诉，有些罪犯被保释，有些人明显有罪却被无罪释放。刑事司法理论与其实践之间存在差异，我们仅仅感受到了这种差异的集合效应，正是这种集合效应降低了警务工作的效率，减弱了公众对刑事司法体系的信心。英国警方逐渐意识到，公共利益要求他们收集这种信息并向公众披露，而不是只告知那些既得利益的立法者和法律工作者。[2]

这实际上意味着，警察所拥有的专业知识使其比议会有更高的话语权，人们也愿意倾听他们的声音。某些问题的细节过于专业和技术化，普通的立法者通过一般的立法程序无法很好地处理这些过于精细的问题。因此，当议会通过关于建立独立的警察投诉程序的议案后，罗伯特·马克评价道：

> 当首相告知下议院制定《警察法案》是议会的意愿时，他巧妙地

---

[1] Colquhoun, op. cit., p. 85.

[2] Mark, 1977, op. cit., p. 20.

省略了一点：如果下议院每位议员都必须做一份考卷，考卷是关于警察纪律部队工作的 10 道简单题目，并且规定只要有 20% 的人能够通过就行，那结果将令人失望，实际上可能只有不到 5% 的人能够通过。这就是所谓的议会意愿。[1]

如果说议员不喜欢马克的信心满满，那么陪审员对他所持观点的态度就更差了。以下是马克的看法：

在刑事诉讼程序中，如果有人在教育状况、职业培训和工作经验等方面最适合作出裁决的话，那么这个人就只能是法官，如果剥夺法官（做出裁决）的权力，转而授予那些随机挑选出来的 12 名陪审员，这些人多少有些对客观事实充耳不闻、充满自私偏见，那将是何等有悖逻辑。即使有千百条必须这样做的理由，只此一条就足够否定这一选择了。[2]

这种态度显然受到了技术效率和专业主义观念的影响。但这种态度同时也表现出警方更深层次的不满以及采取对抗立场的趋势。警方也逐渐感觉到了来自各个方面越来越强的攻击。在向皇家警察委员会递交的证词中，警长协会直接表达了这种感受：

警察的恐惧在于，只有警察和一小部分法律从业者（根据记录）会从执法的角度来谈论法律与秩序问题。另一方面，很多少数群体和在社会机构中有重要影响力的大人物——他们的动机可疑——提出了警察是暴力且冷血的这一说法供人们讨论，他们认为这种警察的目的就是给公众找麻烦或竭尽可能地给无辜者定罪。[3]

警察成了竭力挽救社会的典范，警察是对抗犯罪的最后一个堡垒；

---

[1] Mark, 1978, op. cit., p.161.

[2] Ibid., p.281.

[3] Royal Commission on the Police, 1962: Minutes of Evidence of Superintendents' Association, HMSO, London, 1962.

"复杂的社会"向警察寻求人们道德日下、公共生活质量滑坡的原因。罗伯特·马克以豪言壮语呼吁道:"我们不再是社会动荡的减震器或是减少社会摩擦的润滑油,我们现在是保障各阶层人士信心和安全的堡垒。"①

被围困的警察当局与现今的警察产生了共鸣。警察部门日渐被塑造成独立而专业的社会机构。这与战后警察机构集权化、理性化和专业化的发展特点极为吻合,表明大众对警察的信任。这一发展过程巩固了警察,尤其是高级警官的社会地位和政治地位,也使他们相信自己在为大多数沉默的民众说话。

正因为这些原因,警察要求法律改革,增加警员人数,建设更专业的警察队伍,要求拥有更大权力。因此,警察领导们似乎日渐与社会对立起来,这可以从麦克尼1978年向皇家刑事诉讼委员会提供的"购物清单"中看出来。麦克尼要求委员会赋予警察如下权力:审讯嫌疑犯可持续72小时,可拘留目击证人、设置路障、检查行人和车辆、采集社区所有人的指纹。如果公众与警方的合作程度没有让人不安的话,那么麦克尼的"购物清单"就不是猜想,而是其管理体系的一部分。

在第2章和第3章涉及不同警务政策以及由此产生的不同警察组织形式时,我们将有理由进一步思考警方与公众关系的本质。对于警务模式来说,最重要的是警方如何看待其与公众的关系,如何定义他们所管理的公众。我们提到的警察的孤立感、对批评的敏感、要求警察队伍的完全专业化以及警方阻止犯罪而非遏制犯罪的程度,这对决定警务工作应该采取的战略、战术以及将其付诸实施所应拥有的权力极为重要。

为了建立合理的警务模式,有必要对相关法律进行修改,对警察机构进行有针对性的改革。我们特别强调,警察的权限及其工作目标需要得到重新定义。有必要建立一套程序来详细审查权力运用情况,惩罚滥用权力者。必须充分保障个人权利、保证赔偿措施的实施,以确保治安管理工作得到公众认可。在警察的社会组织形式方面,必须重视警察的训练方法和职业结构;若想推进其他战略的实施,必须重视新兴的科学技术。在警察组织方面,警察职能没有得到明确定义,更别提警察组织应该具备何种职能了。本书将重

---

① Mark, 1977, op. cit., pp. 19-20.

点关注以上这些问题，因为过于频繁的批评使这些问题最终未能得到解决。一方面，人们认为法律不重要，因为警察在实际工作中几乎可以为所欲为（不守规则，曲解法律）；另一方面，人们（特别是自由主义者和律师）倾向于强调法律的重要性，而忽视了一些普遍性问题，如警察的工作环境和工作本质。当务之急是通过法律明确规定可以做和不能做的事项，提供一个法律制约的框架。不过警察工作的实际情况（如晋升的压力与限制、相互支持的责任等）与正式规则同等重要。

延展阅读资料

Alderson, J. C. and Stead, P. J. , *The Police We Deserve*, Wolfe, London, 1973.

Bailey, V. （ed.）, *Policing and Punishment in Nineteenth Century Britain*, Croom Helm, London, 1981.

Bottomley, A. and Coleman, C. , "Criminal Statistics: The Police Role in the Discovery and Detection of Crime", *International Journal of Criminology and Penology*, 4, 1976.

Clarke, J. et al. , *Policing the Crisis*, Macmillan, London, 1978.

Clarke, R. V. G. and Hough, J. M. （eds.）, *The Effectiveness of Policing*, Gower, Aldershot, Hants, 1980.

Critchley, T. A. , *A History of Police in England and Wales*, *1900 – 1960*, Constable, London, 1967.

Holdaway, S. （ed.）, *The British Police*, Edward Arnold, London, 1979.

Lewis, R. , *A Force for the Future*, Temple Smith, London, 1976.

Mark, R. , *Policing a Perplexed Society*, Allen & Unwin, London, 1977.

In the Office of Constable, Collins, London, 1978.

Martin, J. P. and Wilson, G. , *The Police*, *A Study in Manpower*, Heinemann, London, 1969.

Thompson, E. P. *Candlelight*, Merlin, London, 1980.

Whitaker, B. , *The Police in Society*, Eyre Methuen, London, 1979.

第 2 章　警察工作的组织 I：
"消防队式" 警务

一名警察应该礼貌亲切地对待每个阶层的人……他应该谨记良好地控制自己的情绪是警察最不可或缺的品质，绝不能因任何可能遭受的语言或威胁而受到一丝一毫的影响。

《大都会警察行为守则》，1829 年

上一章讨论了公众、立法者和警察局局长对警察工作的看法。本章及下一章将讨论警察作为"法律左膀右臂"的当代实践，即制服警察和便衣警察是如何工作的。当然不可能覆盖警察工作的方方面面，但是警务工作及警务策略中的两大重要举措将得到重点分析。首先，我们会考察"消防队式"警务（fire-brigade policing）的发展，并重新定义二战后制服警察的工作和组织。下一章将检视便衣警察工作的发展，以及地方情报收集对于"先发制人式"（pre-emptive）警务工作的作用。

如此阐述的目的不在于为警方辩解或责备其任何不当行为，而在于更好地理解警务工作是如何定义并组织起来的，以及它给警察局局长和街上的普通警员带来的困境和矛盾。

毋庸置疑，个别警察会因一己私利故意违反规则，当然也有腐败和刑讯逼供的情况，这些只是个别现象，应当被谴责。然而这类情况不是本章要讨论的核心问题。我们关注的重点是，在现有工作状况下警务工作无法照章进行的系统性、重复性问题。

在《皇家警察委员会关于布里克斯顿骚乱的调查报告》中，斯卡曼对近来对警察工作状况研究的不足感到遗憾。他特别指出：

　　矛盾的源头在于警察的职责是维持治安还是执行法律，警察自认为必须更加重视前者，然而以往的警务评论家却很少注意这一事实。[①]

　　尽管滥用权力和个人越权不可宽恕，可分析警务工作时，还是要从正视并体谅人类弱点的角度出发，毕竟警察也是普通人，不是圣人。我们知道有些人打法律的擦边球、歪曲规则、相互包庇。有些人在工作中偷懒，更多的则是在工作中发脾气，对公众感到沮丧不满。如同其他众多职业一样，理论最终让位于简便与实用。

　　在第4章我们会批判性地分析内部制约和外部问责体系。当然，个人渎职和越权在一定程度上是不可避免的。然而，可能导致集体渎职发生的情况是能够避免也必须避免的。不幸的是，就现今警务工作的组织情况来看，容易出现集体渎职的阶段已经到来。

　　尽管很多人极易将警察工作与"抓小偷"、逮捕罪犯联系起来，但若把这当作制服警察的主要职能则是不正确的。笼统地说，抓捕罪犯已经逐渐成为英国刑事犯罪侦查局（CID）的专属特权（我们将在下一章讨论相关问题），而制服警察的职能则被很宽泛地定义为街面防控和预防犯罪。

　　传统上来说，制服警察的工作是"保卫、守望和巡逻"。此模式由罗伯特·皮尔提出，并在19世纪稳步地实现制度化。不过，制服警察预防犯罪的职能逐步弱化，而其街头巡逻的职能则被定义为对公众的报警电话能够"迅速反应"。与此同时，明显的威慑功能也取代了同公众的联系功能。这可以明显地从内政部对于警察人力资源运用的分析中看出来。[②]

　　尽管意识到警察的运作职能会"模糊和重叠"，但内政部在规划和政策中还是将警察的职能分为四类：街面防控，占警力投入的50%至60%；犯罪侦查与控制，占20%；交通控制，占10%；其他服务任务。最后这一职能尤为有趣，因为从中可以看出，与其他威慑手段相比，犯罪预防的手段和方法更不受重视。因此，尽管超过50%的警力投入到"街面防控"中，《1972年内政部评论》还是表明"其他服务任务"的范围包罗万象、五花八门，包括"各种各样的次要职责"，如发放执照和失物招领：

---

① Scarman, *The Brixton Disorders*, 10-12 April, 1981, Cmnd. 8427, HMSO, 1981, p. 63.
② "Programme Analysis and Review, 1972: Police Manpower", Home Office and Scottish Home and Health Dept., 1973.

"其他服务任务"这一项还包含了传统意义上的警察职能，即在所有大小紧急事务中，热心地帮助需要帮助的人，行使调解社区关系及其他有助于加强社会联系的职能。①

需要强调的是，即使在普通的街头巡逻方面，制服警察也必须理性化、专业化。因此，二战后警察政策最显著的特征在于缩短回应报警电话的时间。结果是，对于"保卫、守望和巡逻"这一普通职能的关注越来越少，分配给案件调查的时间则相对更少。对于制服警察来说，"抓捕罪犯"无异于一种奖励。在我们采访的警察局里，一名警察每月参与抓捕行动少于 2 次，其中很大一部分是街头犯罪，比如扰乱治安或醉驾，偶尔也参与一些对入室盗窃或偷盗车辆的"漂亮的抓捕行动"。

对于大卫·格雷"警察都到哪去了？"的问题，也许还得加上"他们都在做什么？"。对于这两个问题的答案以及警署内外工作的强度和压力，估计很多人都会和我们一样感到惊讶。鉴于此，本章将阐述典型的基层警署开展"消防队式"警务工作的情形，在两个半月的观察期内，我们获准跟随警官参与其日常工作。其中一个月在一个繁忙的警察局里，我们得以观察到完整的警察换班情况。我们广泛听取了警察在录音中提到的意见。进行此项工作，是为了阐明对警察个人自由裁量权与责任的限制，为稍后分析法律和政治对警察行为的控制提供基础（因没有女性警察参与此次研究，后文将使用男性代词，请见谅）。

如上所述，市中心、人口稀少的乡村与综合居民区的警务工作的状况是大不相同的。然而，正是大型综合居民区存在的现代警务问题成了关注的焦点：这里依旧实行的是警车巡逻制度，警方与社区的关系最紧张，而且警察工作量严重超负荷。然而，也正是在这样的地方，对大多数公众来说，警务活动极为重要，在这种社区里，警方与公众的关系要么联系紧密，要么名存实亡、形同陌路。

在研究 1980 年代警务工作的状况之前，我们必须先了解当时的背景。我们会简单回顾 1960~1970 年警务模式的主要发展情况，即"警管区巡逻警务"的发展情况，这是今天警方遇到的许多问题的根源所在。这种制度

①　Ibid. para. 5. 17.

是政策制定者对警方人力不足和街面巡逻不足做出的回应。到 1970 年代初，该体系在警务工作中被广泛接受，被认为是极为有效的创新。

我们接着考察"消防队式"警务的实际执行情况以及警察工作的条件，正是这些使当代警务工作"处于最艰难阶段"，警察工作及其组织面临的突出问题更具有典型特征，面临的矛盾冲突更加尖锐。在描述和分析此类工作时，我们不仅要考察"警管区巡逻警务"的失败，更要考察已经从根本上改变了的警务工作及社会背景，这些在今后的政策制定与创新时都须加以注意。

2.1 警管区巡逻警务

这一理论很好……从某种程度上来说，它是打击日渐增多的犯罪、应对警员不足问题的权宜之计。其想法主要是把带有明显标志的车辆——巡逻警车——投入特定区域以展示武力。这就是巡逻警车的作用。

这一想法实际上来自美国……在芝加哥、底特律和纽约，警车的车身颜色是黑白相间的……很容易被人们看到。这就是为什么警车被叫作熊猫。

该想法就是让公众能够看到警车在辖区内以不超过 20 英里的时速巡逻……所以需要帮忙时，警车招手即停。尽管这主意不错，却不符合实际。

内政部总警司

警管区巡逻警务最早于 20 世纪 60 年代中期出现[1]，之后很快得到推广，到 1970 年代初就成了英国城镇居民区警务工作的标准模式。这种警务模式，从理论上讲简单新颖且很有吸引力，可实际上却带来了处理不完的工作量。

为了警务工作的需要，巡逻范围被划分为许多个"责任区域"，下面再

---

[1] *Police Manpower*, *Equipment and Efficiency* (Tavern Report), HMSO, 1967.

细分为若干个"分局"。分局层面的警务策略会根据不同分局的特点而有所不同。例如，市镇中心的警务方式，相较于大片人口密集的市郊居民区，则更强调警察步行巡逻。

在典型的警管区巡逻体系中，一个分局或警署还会被划分为 8 个"片区"。每两个片区配置一辆巡逻警车，在工作日内 24 小时巡逻。一辆警车由一名警察驾驶，并由分局总部（"警管区警务室"）通过无线电控制。这 8 个片区中每个片区任命一位"片区警官"（片警），他们居住在辖区内，并根据需要可以在他的片区内随意巡逻。片区警官对其管辖范围内的日常管理事务全权负责。即使他下班后，也不会被替换，只是由熊猫式巡逻警车①负责街头巡逻工作。片区警官享有更大的自由裁量权，可以决定自己的工作时间以及自己片区的管辖方式。警管区巡警与车巡警察没有固定的巡逻时间和巡逻路线，定点查岗已被个人无线电通话考勤方式所取代。

除了一名车巡警察和两名警管区巡警，每个警管区车巡队还有一名负责案件侦查的警官 24 小时值班，因此一个警管区车巡队由四人组成。他们执行的基本职能包括阻止犯罪、侦查犯罪、为公众提供帮助。对片区工作的监督则由另一个单独配车的轮班警长负责。

该系统一旦投入运行，其核心就是分局控制室。在这里，办公室值班人员（通常都是一名警员）通过无线电与外勤人员保持持续联络，在片区和中心警署之间交换信息、传达指示。巡逻警员则依照中心的指示到达事发地点。

采用巡逻车制度的根本目的是确保警方对紧急事故能够迅速做出反应，以便尽可能留出时间履行传统的"保卫、守望和巡逻"的警察职能。安排警察徒步执勤是为了弥补车巡警察与公众接触的不足，并在车巡警察繁忙时能够继续巡逻执勤；与此同时，更为费时的调查工作则由警察局侦探来负责。

信息的协调和上传下达工作由"情报信息传递员"（collator）完成。情报信息传递员由警官担任，其职责是"将巡警发来的信息进行分类、归档整理和分发传递"②。以前，本地信息和一般信息只向当地警官公开，现在

---

① 因为大部分西方国家尤其是美国和英国将警车的车身涂满黑白两种颜色，与熊猫的颜色很相似，因此一般人们将警车称为"熊猫"。——译者注

② "Programme Analysis and Review"，1972，p. 48.

因为工作任务被分解为不同部分，信息必须通过系统收集汇总并及时传达。这样，一个中央化的"区域刑事情报系统"就对全体警察公开了。这个情报收集系统起初只是为了提高工作效率，然而随着电脑化办公的发展，如今却成了争议的焦点。

总的来说，这种警务模式最初只是为了使警察专业化、合理化分配时间，以便增加街头巡警的数量，其重要性不言而喻。

> 该系统的目的：第一，通过更长时间的频繁巡逻，提高执勤警员的工作能力；第二，通过情报信息传递员定期提供的信息，提高警员的工作效率。个人无线电通信技术的发展和配备的大量警车使得这一系统能够运用于实际中，现在分队中的每名队员都能借助该技术开展工作。①

对于信息和装备的过于执着，忽略了警务管理的质量，这一点可以从情报信息传递员的职能中看出来，其收集情报的专门职能是以随意牺牲警察个人的知识和经验实现的。

我们将在本书中看到，"警管区巡逻警务"制度并没有如预想的那样取得成功。尽管这一体系在一个重要方面还算取得了成功，但这个成功是把双刃剑。其成功之处在于警方对紧急事件的反应速度大大提高——多数情况下，警方做出反应的时间减少到二三分钟。

基于几点原因，这一成功是重要的。第一，它彻底改变了公众的要求。尽管该体系现在受到批评，但今天的公众不可能对 25 年前的警务工作感到满意，正如下面的材料表明的：

> 因为有了无线电……现在很难逃避工作。以前警亭或者办公室都是使用老式的闪光灯系统，一旦有报警，警示灯就闪烁不停。比方说报警时间为 11：30，可能到 12 点 5 分我回来时仍然看见灯在闪，即使是我离开了也没有人知道。但是现在可就不行了。

> 我记得以前从警管区回到警务室时，经常发现有六七个人在等着……而且门缝下可能塞进来一些字条。你得决定先办哪件事儿，谁该

---

① Ibid.

等着，如果他们已经等了 1 个小时，那也只能算他们倒霉。（一位任职 26 年的警员）

第二，由于现在报警更容易，工作量不成比例地上升，对工作的要求也大大提高，虽然没法对增加的准确数字做出统计。

第三，快速反应已被当作衡量警务工作效率的标志——它是警务工作中少数能够准确统计，且通过内部调整即可提升的方面之一。不像破案率的提升主要依赖外部因素，包括是否有证据、嫌犯是否配合等，这也是该系统面临无法承受的压力的原因之一。该过程存在一个自我毁灭的逻辑：更快地处理更多的报警电话，招致更多的报警电话和更大的工作量。

警管区巡逻警务制度实行之初，没人能料到会面临如此巨大的压力和这样的结果。纯粹的工作压力——不论什么导致的——已经在方方面面阻碍了政策制定者意图的实现。

这一警务模式的成功与否主要依赖于片区巡逻警察、车巡警察和侦查警官的协调能力和团队工作能力。实际结果是日益增加的工作量已经严重限制甚至阻碍了该体系的正常运作。持续的警力缺乏已经使片区巡警的价值降低：如果片区其他地方有需要或人手不足，那么警管区巡警就是第一个被调离其正常岗位的人。由于警管区巡警要负责大量的日常管理工作，如送达传票、递交交通罚款通知单等，他根本没有时间去了解公众。执行逮捕搜查可不是什么友好的聊天场景。

警管区巡警面临的更深层次的问题是由工作岗位性质产生的。许多警员不想从事这项工作，因为他们觉得"跟中老年女士喝茶"不是"真正的警察工作"。斯卡曼在《皇家警察委员会关于布里克斯顿骚乱的调查报告》中表达了对这一问题的担忧，并举例说执勤警官与普通公众疏于沟通是造成警民关系恶化的根本原因之一。这可能有些夸张，因为一些极其爱岗敬业的片区巡逻警察从他们的工作中获得了极大的个人满足感。然而不得不说，这不是因为这套警务制度设计得有多么好，而是因为一些敬业的警官在其警管区内尽职尽责地做好了当班及其休班时的工作。一个车巡警察的观点代表了他的同事的普遍想法：

片警？懒人的工作。警察本来应该出去巡逻和面对公众，可他们倒好，他们出去找六七个常去的地方，上班下班来来回回、不断地出入同样的场所。本应该送达传票、与公众沟通、倾听他们的想法，而他们上门拜访时，只打个招呼表明"我来啦"，然后就闪人了。

他们中的一些人——那些敬业点的警察——也会到警管区自己的责任区域里，这里走走，那里看看，了解一下谁做了些什么事，谁又说了些什么事。他们会在读工作日志时说："哦，乔·布洛格斯被人修理了，我还不知道这么回事。"然后他们就会外出巡逻，到他们自己负责的片区去了解究竟发生了什么事。他们清楚地知道发生了什么，可以说了若指掌。他们能告诉你谁家买了车，谁被吊销了驾照，谁最近出手阔绰，谁丢了工作。他们还能告诉你很多……但其中非常优秀的警察却很少。（警员，任职 14 年）

随着社会的发展，现在的警管区巡警越来越认为他们是"被遗忘的人"。实际情况就是他们与车巡警察和侦查警官的工作班次不同，因此很少能够直接参与公众看得见的并被认可的警察工作（如追捕和逮捕罪犯等）。而且自相矛盾的是，正因为他们受到的监管较少、自由度更大，他们很容易觉得自己要么是多余的，要么就是被边缘化了。

这些难题并没有得到解决，常规政策要求年轻警察尽可能多地参与各种不同的警务工作以积累经验，结果是一个有 2 年或 3 年工作经验的年轻警察，在二十一二岁时当了 6 个月的警管区巡警。有些人享受这个过程，但大多数人认为这是浪费他们的时间："想在 6 个月内就了解一个区域是不可能的，再说了，片区里的小孩子有什么可了解的？"如此一来，大家都对这个岗位避之不及。

其他警察都乐意将不断增多的琐事交给警管区巡警，要求他们"以最好的方式处理"，"一鼓作气"地处理好。如此一来，警管区巡警自己和其他人都认为警管区巡警工作的价值进一步降低了。他们的工作越发变得吃力不讨好，警民关系的问题也越来越多。

在警管区巡警看来，职业化的警管区巡逻警务制度还存在着更深层次的弊端。因为犯罪侦讯由侦查警官负责，车巡警察和警管区巡警几乎从头到尾见不到一件"符合标准的"真正刑事犯罪案子。这一现状部分是由于团队中不同因素的协调难度和超负荷的工作量。结果是，警察极为看重参与抓捕行动，从而有参与热情过度的危险。

根据岗位设置，车巡警察比警管区巡警更有机会在犯罪现场抓捕罪犯，所以，警管区巡逻警务制度的又一特点是警管区巡警被视作类似影视作品中的"好人"，而车巡警察则被视作"恶人"，这一观念尤其受年轻人追捧。这样的标签会强化车巡警察总是"找事儿"的印象，并强化了采用熊猫式巡逻警车（而不是整个系统）反而导致警方与公众越来越疏远的观点。

20 世纪 70 年代末，该制度本身存在的问题已经凸显出来，警管区巡逻警务模式在工作的重压下全面崩溃。正如一位高级警司所说："不是我们的人没有深入公众，而是方式不对头。"①

2.2　实践中的"消防队式"警务模式

　　警管区巡逻警务是个好主意，但不奏效……因为要处理的事件与日俱增。报警电话已经应接不暇……一次就是三四个……不得不先处理更紧要的。很不幸，熊猫式巡逻警车不能再四处展示警力，而是开展"消防队式"警务工作……不停地接报警电话，一个接着一个。（高级警司）

"消防队式"警务，顾名思义，是指警察对报警电话迅速反应。与我们交谈的警察几乎无一例外地认为"消防队式"警务模式"不是好的警务模式"，而局限于用警车进行巡逻的警务工作也不是好方法。在城镇的大部分地区，仍然主要依靠警察步行巡逻，比如在市中心，用其他方式巡逻就不切实际。从某种程度上来说，我们的评论同样适用于步行巡逻，因为不论是在纪律层面、监督层面还是在工作种类的层面上，个人无线电的应用和上报案件数量的普遍增加都影响了警察工作的本质：

　　有了无线电，现在的监管非常严，很多年轻警察必须在城市里巡

---

① Chatterton, M., "Practical Coppers, Oarsmen and Administrators: Front-Line Supervisory Styles in Police Organizations", ISA Conference, Oxford, 1981.

逻。因为事故的数量日渐增多……所以固定巡逻不像过去那样严格地执
行了。在警察应报警电话出警的情况下，延续旧有的传统就非常难了。
现在警察要完成一次一个小时的巡逻而不被打断，几乎是不可能的。过
去你可能巡逻一圈也无事可做，现在这几乎不可能了。（高级警司）

不过，有两个原因促使我们选择研究熊猫式巡逻警车系统。第一，比起
跟随警察徒步巡逻、作为观察者杵在一边、被路人好奇围观，以"便衣"
身份坐在巡逻车里跟随警察处理事故更便于我们研究警务工作。另外，公众
会很自然地认为车里的"第三方"要么是囚犯要么是刑事犯罪侦查局警官。
尽管偶尔会略显尴尬，但通常表面上我们看起来还是正常的。第二，更为重
要的原因是熊猫式巡逻警车系统的现状是当代警务模式的病灶所在。

我们实地访谈的警务室并没有经过细致的筛选，只需符合两个一般标准
即可。第一，当地警察认为该警署或警务室最能体现工作中的问题和工作内
容的多样性。因为警察对其工作中的困难和矛盾的看法是研究的重要方面，
所以听从他们的建议是合理的。必须说明的是，没人要求我们必须观察某一
特定警署，当然也不会有人因为研究观察而有意掩饰什么。第二，这一警署
工作的区域具有多样性，应该能够代表全国各大城镇的情况。虽然做这样的
论断有一定的风险，但这一区域遇到的问题不可能与英国其他警署遇到的问
题截然不同。

我们所研究的区域的中心有一大片当地政府的住房规划区，房子已经明
显破败，有的条件极差。两侧有出城的主要道路，许多人都会经过这一规划
区，但很少有人会驻足了解。而那些驻足的人通常会惊异于在这个被普遍认
为富裕的城市中，竟然还存在着如此明显的贫穷与衰败。这是目前警察最重
视的区域，也是犯罪多发之地。这里的工作量占了警察全部工作量的 50%
以上，而警署就在规划区的中央。

南部和西部城区的生活水平明显更高。在这两个城区之间的一些中间地
带，是横七竖八杂乱无章分布的平房和私人住所。离南部和西部城区更远的
地方有两片简洁整齐的政府规划区。那里，商店橱窗没有安装铁护栏，游乐
场以及各种便利设施齐全。

再远处有一个老旧的村庄，现在修建了许多相对较新的房屋，其中大部
分居民是自住业主。而在繁荣的西南部就是城市的边界了，这里更具乡土气

息，分布着许多风光不再的"正在衰落"的私人住宅区。

这里正是我们所研究的目标分局的一个片区。另一个警署和两个更远的村镇警管区（有 12 个巡警，受北部警署管理），对总计管辖160000人口的分局全权负责。本片区管辖范围内的人口大约有60000人，其中 35000 人属于法定的公租房租住者。

我们首先面对的主要问题是警署有多少人手，可是对此却无法直接得到答案，因为警力是以分局为单位分配的，而不是以片区为单位。因此需要对整体的警力有一个大致的了解。

运营机构（operational establishments）负责每个分局的警力配置。每个分局再负责对各自街头巡逻的警力分配。批准的警察总人数（即授权招募警员的上限），是按警员人数与居民人数 1∶362 的比例进行配置。目前实际警力达到了授权编制的上限，因此从总量上来看，警力并不缺少。然而1∶362 的比例具有很大的误导性。首先，分配给各个部门的警力一旦允许实行内部借调以及为管理交通临时借用人员，在所研究的分局内的刑事犯罪侦查局警探与总部的以无线电通信指挥的制服警察人数与居民人数的比例就变成了 1∶625。

出于多种原因，短期的警力缺乏造成了难以预料的长期资源消耗，警方不得不竭尽全力才能确保每个片区基本的警力保障。从某种意义上来说，警力稳定问题很受重视，可仍然处于"拆东墙补西墙"或借新债还旧账的状况，仍旧很难维持警力的稳定。尤其像我们所研究的警署是一个非常繁忙的警署，他们一直尽力让同一个团队的警员共同执行任务。

基于以上原因，我们只能给出一个分局级别的警力目标数字。我们研究的这个警署的"最优"警员人数应该是 54 名左右，其中包括 1 名总巡官，1 名巡官，4 名警士，48 名警员。在同一警署工作的外勤人员，还包括 1 个刑事案件调查组，由 1 名警士警探、6 名探员和 1 名助理探员构成。然而由于刑事案件调查组从制服警察部门专门分立出来，他们通常不涉及首次出警和初步接警，很少参与警署的日常工作。该调查组通常还雇有 2 名文职人员。

由此可见，最初按照警员人数与居民人数 1∶362 的比例配置的警力，到了实践中就变成了 1∶1111。

乍看之下，警员 54 人对应 6 万人口似乎很合理。然而，如果想要在全天任何时候都达到这样的目标警力配置，那么轮岗体系还要把警力再分为4部分。如此一来，同时执勤的警察最多可达12名，那么以上比例就大约为1∶5000。[1]

为了大致与警管区巡逻警务理论相适应，管辖范围被分成9个片区，有4个车巡警管区。然而由于工作压力，9个片区不是由9名而是13名警察负责。警管区巡警与其他警察的班次不同。他们的工作时间更灵活，可以是早晨8点到下午4点或者下午2点到晚上10点。除非是顶替车巡警察，他们一般很少上夜班。大部分警管区巡警一般不会在晚上10点到早晨9点上班，不过周末必须有2~3名警管区巡警从晚上6点值班到凌晨2点。

我们可以看出，夜班最多有9名警察在岗，一名总巡官和8名巡官或警士。一名警察必须在警署留守（警署工作人员负责接听电话和传达无线电信息）。剩下的就是4辆分别由2人负责的警车，加上一辆单独由警长驾驶的警车，共9人在一天24小时内最忙的时间段管辖着6万人的区域。

需要强调的是，这是警署最乐观的情况了。平均每个月，超过100个工作日耗费在病假、出庭和其他任务上，所以每天早晨试图要同时兼顾这几个方面的事务总是捉襟见肘，有时只能勉强应付，实际情况可能更糟糕。在一个月的轮班过程中，我们发现任意时间（白天或晚上）实际在岗的制服警察（包括警管区巡警）平均有6、7名。如此一来警察-居民比例就从1∶362变成了1∶10000。因此，在这个全英国前10繁忙的警署中，通常夜班由6名警察、4辆警车来管理6万多人的区域。

还需特别指出的是，根据1980年的数据，英国超过三分之一的警察年龄只有25岁及以下。四班轮换制下，最常驾车巡逻执勤的8名警员里——他们很少同时在岗——两名任职四年至五年的警察分别是22岁和23岁，一名任职两年半的警察30岁，三名实习警察任职不到两年，还有两位警官较有经验，分别任职七年和十四年。

---

① 为了提供24小时警务服务，警察的工作时间每天分为三班轮换，每班八小时，每个轮班从早上6点开始。每个月需要轮换四个班才有一个休班。一个月里每班工作的轮换模式是开始连续七个晚上当班；当值一个晚班（晚上10点至凌晨6点）之后连续两天休班，之后进行第二次换班，当值两天午班（下午2点至晚上10点）、三天早班（上午6点至下午2点），然后隔两天后再一次进行换班（这两天是所谓"待班"，打破了其他三个班次的休班时间）。两天休息后，由值三天的早班转换为值四天的早班。在一个循环结束后休息三天，刚好在第四周完成一个月的轮班循环。在为期四周的轮班期间内，还有另外一个休息日。

4 位高级警官主要负责 4 个车巡警管区的巡逻，但是实习警察不得不经常单独或两人一组出外执勤（尽管总巡官在安排巡逻值班时会尽量避免连续当值）。目标计划是 4 辆车各配 2 人，尤其是在傍晚和夜里，总巡官驾驶第 5 辆车在辖区内巡逻以协助那些没有经验的新手，同时应对更为严重复杂的情况。在研究期间，目标计划只实现过一次，而且还是在白班时。

理论上来说，警管区的基本工作由车巡警察和片区巡警（制服部门）共同承担，将初步了解的情况报告给刑警以便深入调查。就这一点看，实际运行的系统符合警管区巡逻警务模式，但实际上相似之处很少，尤其是对于车巡警察，工作压力增大后，区域界限变得没有意义；对于车巡警察与片区巡警，"保卫、守望和巡逻"的传统职能已经让位给处理报警电话和整理报告。"一个小组负责一个特定区域"的理念被抛诸脑后，实践中车巡警察、警管区巡警、刑警构成 3 个完全独立的系统，"各行其是"。

我们将看到，数据几乎不能反映警察的工作性质和工作状况，因此必须谨慎对待这些数据。必须指出的是，尽管因为各种原因（尤其是时间不足），大量琐碎的事件没有也无法记录下来，但是数据仍有重要价值。

平均每个月，警署会派警车处理 600 多个"999"报警电话，同时还会接到大约同样数量的非紧急电话。为了处理这些报警电话，在 3.5 平方英里的巡逻区域内，每辆车平均每年行驶大约 5 万英里，目标是将反应时间控制在 3~4 分钟内。这就不奇怪为什么蓝色警灯如此常见，这种警务模式也因此被称为"消防队式"警务。另外，车巡警察每月会有大约 80 起逮捕，逮捕工作不轻松且重复得令人沮丧。警察用于处理交通有关的事务的时间也无法估计。诸如监控超速行驶或者酗酒驾车这类事情，只有在警察觉得实在是"闲得无聊"、必须"找点事做"的情况下，才偶尔上街去做。

平均每个月大约有 400 起案件被汇报给刑事调查部门。其中半数以上的案件（不太严重的案件）会交还给警管区巡警进行常规调查。每次案件调查都会对目击者和报警者进行多次访问。约四分之一的案件能顺利结案，每月约有 90 起抓捕行动。如前所述，每名警察平均每月的抓捕行动不到 2 次。

除了处理不大重要的刑事调查以外，警管区巡警每个月还得亲自送达约 300 份证人传讯通知或法庭传唤通知。这些还常常需要警察回访目击证人，对于高楼林立的辖区来说，这项工作实在是费时费力。警管区巡警还需处理大量琐碎投诉，如邻居噪音过大、恶意破坏公物等，很多都是车巡警察交给他们的（车巡警察恨不得越快摆脱这些琐事越好）。

即便如此，这些数据意义也不大。数据无法清楚地表现处理严重交通事故时的现场情形，无法表达警察搜查他人住房侵犯他人隐私时的心情（如父母与子女闹矛盾），无法表达在酒吧打架现场的那种完全清醒的冷静，也无法表达年轻警察试图处理那些与自己父母同岁的老人之间的家庭纠纷时的感受。

一个有20多年工作经验的督察巡官解释了工作是如何对年轻警察产生影响的。他的语言与刚毅的外表不符：

> 对大量的年轻小伙子来说，工作的头一年或一年半是他们加入警察队伍后经历的艰难困苦阶段。他们所见到的事情和不得不做的事情都影响着他们。大部分人能顺利地克服这些困难，但有些人无法适应这个职业。面对严酷的社会现实，那些不能适应的人就出现了问题：有些人离职了，有些人开始酗酒，有些人发胖了，有些人的婚姻破裂了……你就眼睁睁地看着这些发生。如果走到那一步，他们就成了坏警察，喜好发号施令，任性而狂暴，甚至有时候行为过激。当然，与此相反，另外一些人则可能逃避现实，离群索居，对任何事都无动于衷，感情淡漠。
>
> 当然，你必须压抑自己的感受，虽然有时还是会表现出来。这是肯定的，因为我在多年的工作中也压抑自己的感受。嘴唇一直紧绷着……从不哭泣，不表露任何情绪。你也知道，工作时，你并不是一般意义上的人。我认为直到你能够完全融入并适应这种生活，否则你无法开展正常的工作。

当然，反应因人而异，总不能让上级警官规定哪种场合该表现哪种情绪吧？当然，在这种以男性为主的职业工作环境里，这种情绪反应是可以随着共同条件的变化而得到增强、压制或被替代的。

对于警察个人来说，工作状况并不由自己掌控。尤其年轻警察可能对世事没有什么经验，而经验却是警察工作的前提，最后他们不得不辞职离开。如此一来，警察无疑会认为工作环境充满压力，而这反过来又影响了警务工作质量。接下来我们会分析破坏警管区巡逻警务模式的多种因素，它们共同造成了工作压力。在考察警署日常工作的经验时，我们试图探索哪些是警务工作的必要特点，哪些是由政策和组织结构造成的问题以及是否存在改善的空间。

警察工作统计数据的最主要的不足是，无法显示每天 24 小时内警务工作任务的分配情况以及不同时段的工作压力。需要强调的是，实际工作中无法进行数据统计，不能简单地以每天的工作内容都不一样为借口。当然，这不意味着工作不单调。说实话，有时候工作极其琐碎乏味，报警的情况总是那些，报警的人总是那些，但又没什么规律。有些工作可以一起完成，如递交证人传讯通知和执行逮捕令。这些工作都是由警察自己启动的，可以在他们认为对自己有利或方便的时间执行，绝大部分这类工作能够顺利完成。有些事则更可能在某个特定的时间内发生，如傍晚下班回家的人报案说白天有人入室盗窃、冬日早晨路况况糟糕等。但是这类事件是何时发生的以及发生的频率如何，我们无从知晓。对于车巡警察来说，他们可能一直在处理"999"报警电话，马不停蹄地出警。对在值班室的职员来说，他也可能会抱怨报警或者求助电话"整天都响个不停"。对下班的警察来说，可能整个晚上一个报警电话也没有。这些情况都是有可能发生的，所以车巡警察有时将相似的报警电话综合起来再处理。

因此，很难清楚地说明警察满腔热情地投入警务工作及活动的持续时间，也很难计算他们在不太常见的安宁与平静时期内所消耗的精神能量，即使在这样的时间段，他们也不能完全放松，因为没有人知道接下来会发生什么。实际上，如果某些事件经常"爆发"，那反而是对未知等待的焦虑的一种解脱，反而能够将那些浪费于无穷无尽的迁就迎合的谈笑以及恶作剧的精力，转而迅速地投入突然发生的警务工作中去。警务工作没有规律可言，就餐经常被出警电话中断，饱一顿饿一顿，冷茶凉饭导致消化不良等，都是警署生活的现实写照，这也是他们极力想摆脱的事情，但总是无能为力。谁也说不准哪天上班会比较忙、哪天会比较闲，因此也就无法按需分配人手。因此，警察必须随时做好准备，以应对可能会发生的任何情况以及面对任何时候都可能出现的资源耗尽的情况。

不言自明的问题是工作时间造成的压力会影响警民关系。警务工作的性质决定警察会优先处理某些报警电话。当然，在警察看来是日常琐事的报警，就只会在他们认为有空时才能得到处理，但报警者可不这么认为，因此他们对警察的延迟处理非常不满。通常警察对事件知之甚少，而接二连三的"紧急"电话事实上也被证明完全是一些令人生厌的毫无意义的"垃圾"电话。他们感到厌烦了，只想尽快结束通话以便接通下一个电话。结果就是，有的抱怨警察好管闲事，有的则不想了解他们的工作。

警察日常工作的绝大部分内容就是处理琐事投诉，尽管如此，工作还是可能让人应接不暇，几乎没有进行重新调整或适应的机会。工作中的突发事件可能导致警察沮丧和易怒。某个周六报告的两起连续发生的事件可以证实这一点。第一起事件是因家庭不和导致的用铁棍殴打造成的严重伤害和多处刀伤事件。警方在晚上11点后接到一个匿名报警电话，说发现一名处于半昏迷状态的受害人。警方赶到现场后发现血迹、呕吐物、排泄物等已经被清理干净，受害人已经接受了初步的急救，但是受害人拒绝陈述事实或提出正式的指控。两名警察奉命对现场附近无人居住的房屋进行搜查，因为这些地方可能藏匿实施犯罪的嫌疑人，但没有发现任何犯罪嫌疑人。当他们离开那栋楼后，又接到了一个报警电话，调度中心要求他们处理街角一家餐馆发生的骚乱，但没有提供任何详细的信息和线索。警察赶到现场后发现这是一起餐费结算引发的纠纷，不涉及任何刑事犯罪行为，可愤懑不平的顾客仍然要提起控告，指控的罪名是餐费太高，强烈要求警方介入，要求警察必须"做点什么事情"。对观察者来说，这两种报警电话的情形天差地别。5分钟前出警处理的事件，罪犯的残忍行径令人不寒而栗，警察尽管面临危险但是必须对犯罪行为采取必要的反应；而接下来的出警，面对愚蠢的控诉，虽然让人怒火满腔，却无处发泄。

大量的行政管理事务必须处理，进一步增加了警察的工作压力，这是愤怒和挫败感的一个主要来源（同样无法在统计数据中表现出来），办公室案头工作花费甚至浪费了大量的时间。例如，一旦受理某个报警电话，无论报案的内容多么琐碎、案情多么微不足道，在做出采取任何进一步行动的决定以前，警察都必须出警并详细记录相关情况：案件性质、地点、被盗财物或财物毁坏的情况、人员伤亡情况。警察必须记下可能成为证人的人的姓名、住址以及尽可能详细地记录下他们对案件发生经过的描述或陈述。一旦发现并抓获犯罪嫌疑人且提出明确的指控以后，应当立即将其移送至位于城市中心的中央主管办公室（Central Charge Office），由办公室的长官决定对犯罪嫌疑人采取保释措施还是在拘禁场所留置一个晚上。另一种情况是，负责拘禁犯罪嫌疑人的警察自行决定是否将嫌犯带回警署讯问，如此就启动了另一套程序。更有可能的是，如果出警的警察没有在现场抓获嫌犯，他或她回到警署以后，就得即刻联系刑事犯罪侦查局办公室，根据已经记录的详细情况填写犯罪报告。刑事犯罪侦查局再给报告编号，并将详细情况告知负责处理本案的刑警。至此，警察的工作仍未结束。最恰当的做法是将案件大致情况录入日常工作信息汇总日志里，便于下一班的警察了解或长官查询，还需要在车辆日志上进行记录。还有些案件要求警察整晚在现场工作，如火灾现场，警察需要确保财产处于安全状态后才能离开，有时候警察值夜班的几个小时可能就是为了等保险公司的联系人来。很明显，小事故对警察人力资源配置的影响都是很大的，而两三起严重事故就会导致没有警察上街执勤。

将纸质文件录入系统的要求也产生了一系列问题。为节省时间，许多警务工作根本没有记录，其结果就是没有警察工作完整情况的可靠指证（reliable indication）。因此，政策制定者和那些负责评估警务工作时间分配的上层管理者，也就没有可以依据的准确数据。如此一来，进一步增强了警管区巡警对警察总部或警署领导脱离街面工作实际的怀疑，认为他们“根本不了解警察实际工作是如何开展的”。这反过来又使日常工作中那些背离强制性命令或“规定”的做法或行为方式合法化。因此在我们所观察的这个警署里，某些事件——如轻微交通事故或伤害——通常被忽略。然而更多时候，这些被认为是“微不足道”的小事被一笔勾销了。必须指出，这与皇家警察委员会报告中认同的“良好判断”不符，即要求警察必须对时间和环境条件做出“良好的判断”。对此警察也感到难无能为力：

> 警员 1：我不知道其他警察是不是也这么做——好像我永远也爬不到山顶——很多应深入调查的事件仅仅草草处理了事。但是……你也知道……你自己都会说：“哦，不过是另一个标准的攻防侵犯行为，他们相互殴打了对方，就这样，他们会自行解决问题，不管了。”
>
> 警员 2：你知道该怎么做。你知道何时该深入调查，何时该草草处理却表现得已经尽力了。
>
> 警士：我们不得不这样做。如果所有事情都处理，警察就得全天在外，几乎没时间待在办公室里。年轻人——他们经验不足——很快发现，如果照章执行所有任务，会被压得喘不过气来。

对很多警察来说，反对办公室案头工作不仅是因为厌恶案头工作和官僚作风，还因为办公室工作与他们个人对"真正警务工作"的界定相矛盾，警务工作的基本目的应该是在街上巡逻并"抓捕罪犯"。

> 警士：警察工作就是这样，90%的工作都是重复无聊的，但就是那另外的10%无法预料。
>
> 警员：对我来说，没什么比得上能叫人一展身手的案子了……像开车追缉或徒步追缉那样的。上周一，我们抓了一个私闯民宅的人，感觉棒极了。虽然最后的结果可能是总部统计报告中的一个数字，记录着某人被抓捕归案，但我们都很有成就感。

如前所述，虽然符合标准的中规中矩的"漂亮的抓捕"行动极少，通常只对街头犯罪行为进行抓捕，而警察的"保卫、守望和巡逻"的职责以及维持街面秩序和街头威慑的作用，被纯粹的工作压力所转变。很显然，因为警察部能够提供和实际上提供的警务服务不足，导致总体上的警民关系紧张。然而警民冲突的本质及其产生的结果主要是由警务工作本身的性质决定的：

> 我得说这里（大量财物聚集的地方）绝大部分人都是文明守法的。我们很少与他们接触……我们主要面对的还是社会底层的垃圾。不过，当你有机会跟他们说说话，你会很乐意进屋坐坐、喝茶聊天的……你可以愉快地聊天，不会说些"我操""去他妈的""狗娘养的""贱货"等粗俗语言，你知道吗？要是你对那些在主要街道上闲逛的混混说："抱歉！请您离开这里！"，他们会站在那儿用蔑视的神情相望，并说"嘿！你会听他的么？！"……但如果你开车过去，摇下车窗，伸出拇指说，"赶紧给我滚一边凉快去！"，他们就会乖乖地逃离干道。事实已经无数次地证实了这一点。他们听得懂"滚蛋"，听不懂"请离开"。因此你必须用他们的语言说话，正如你到半山豪宅时，就应该说"是的，先生"以及"不，先生"。（警员，14年警龄）

维持街面的治安秩序，很快变成了"应付街道混混"的一种简单工作。很多不被官方认可的行为被付诸实践：

　　如果我是治安情况较好的辖区的警长，很多事情我都不会放过，对很多事情我都会加强管理。这里的很多做法我不喜欢，但是如果想做点事情出来……想要成功、想有个成功的样子，就必须那么做。我们得学会“抄近路”，便宜行事，用些在别处不被允许的手段。（警长，7 年警龄）

　　我们还会发现，除了案头工作令人抓狂，法律程序也使人头疼。法律要求记录信息时一切按照程序办理，对街头巡警来说，这无异于使他们的工作难上加难。基于这一原因，监督警官会容忍那些不符合证据规则的行为（只要不是明目张胆地公然藐视证据规则）。例如，容忍那些基于稳定高于一切目的的“秩序维护”行为（这些行为不符合法律或程序规定）[1]。警察违反工作规则——即使他们自有苦衷——导致民众对其不信任和怀疑的程度不断加深。

　　所有这些压力显然都对警察与公众的关系产生了影响。不过同样重要的是，不同的压力综合起来使警察团结起来形成一个团体，他们对团体非常忠诚，并自行界定哪些事情是能够做的，哪些事情是必须做的。而这也进一步加强了团体的独立性、排外性，不自觉地拒绝外来者的进入。

　　考虑到工作强度、心理压力和可能遇到的人身危险，警察队伍中很难不产生一种强烈的同志之情。不可预测的工作性质和不平衡的工作分配更要求团队协作。正如班次不同、工作量不同，每个分队也是如此。在所研究的辖区里，有一个车巡小组明显比其他小组承担的工作任务更重。正因如此，这个小组始终由两人负责，但即便如此，如果其他车巡小组未能在其需要时及时支援，尤其是其中一名警官陷入麻烦时，整个系统就会瘫痪。由此看来，一个小组要想正常运转，在同事眼中，责任感、适应能力和乐于助人都是必须拥有的重要的个人素质。在繁忙的警署里，大家在工作中都应该相互支持，否则“整个系统都会崩溃”。“好的轮班安排”以及监督警官的作用——尤其是警长——是至关重要的。

---

① Chatterton, M., “Police in Social Control”, in King, J. F. S. (ed.), *Control without Custody*, Institute of Criminology, Cambridge, 1976, pp. 104-122.

过去这里的换班情况非常糟糕。警长是个有29年警龄、什么都不在乎的家伙。他就快退休了，也就混成这样了。他从不上街巡逻，只是坐在办公室打打文件。结果那些年轻小伙子得出去执勤，独自应付遇到的情况。现在来了个新警长——一个年轻警官——整个队伍又团结起来、走上正轨，变得有效率了。

现在越来越多的警署里，警长也像普通警员一样，必须与大家打成一片。他的监督职能不再像过去那么重要。但是，从监督警官的角度来说，保持士气——考虑到外部的重重困难，这很难做到——成了容忍违反规则和不按规则"灵活行事"的绝佳理由。很难平衡好既照章办事又与大家打成一片这个矛盾。一方面，完全照章办事会招致反感；另一方面，违反纪律或非法行事又会给大家带来麻烦和不便。监督警官必须掌握好其中的平衡，否则就会功亏一篑。在警署里，我们研究了一项不成文的规矩。例如，不加区别地滥用暴力绝对不能容忍，如果一个警官被认为没事找事地使用暴力，那么他很快就会发现没有同事来支援他。不过，有些情况下使用暴力是合法的，是一项公众安全所必要的保障。再次声明，这是工作情况决定的，或者直白点说，是一种自我保护的需要。

我们有自己的想法、自己的规矩。没有官方规定说这个人可以打而那个人不行。当然你永远不能这么说出口。有时候几个月都没有一次，但这种现象确实存在。

我们上周抓了一些抢劫商店的孩子。我们照常办事……如果不老实交代，他们就等着在警署里挨打吧。但实际上我们绝不会动手，我们只是威胁他们、让他们知道我们已经抓住了他们、知道发生了什么。事实上，即使他们不供认，我们也绝不会把他们打得满地找牙。如果你真动手了，他们反倒打死也不说了。没有意义……反正下次还要抓回来的。

不过，还会遇到另一种情况，被逮捕的犯罪嫌疑人情绪失控或者发脾气。无论什么时候只要在警察局里显摆或者大发脾气——不管在哪个警署里——他们就没好果子吃。如果他们胆敢对警察动粗，他们就死定了。不用说，这时候就用不着跟他们客气了。

这样做的唯一原因是，歹徒殴打警察后逃逸的行为，最多只会在法庭上被判罚款 25 英镑（每周 3 英镑），压根起不到任何震慑作用，他还是会照样殴打警察。唯一的震慑就是他妈的把他往死里打，让他知道我们不是一个人——他要是敢殴打警察，将有两千多警察会寻机揍他！

警员和监督警官需要相互支持、相互负责，这一点已是公认的事实。这样在警署的日常运作中，一个受尊敬的高级警官才能相信他的手下不惹麻烦、不逾矩行事，以保全他的地位。另外，不照章行事才能"保证工作得以完成"，即使不情愿。这种情况下，忠诚至关重要，因为警察也认为不合法的行为是被迫做出的，所以警察的相互掩护是必须的、合理的，以保护他们免受局外人的质疑。

显然，上述情况给我们的研究带来了问题，我们观察的有效性也会因此受到质疑。尽管结果可能使人不快，然而只要目前的情况继续存在，对规则的适应和变通就必不可少。当被问及警察对外界的态度时，他们都觉得，工作环境和对他们的要求使他们置身于矛盾中：

> 在这一个月里，我们接受了你，是因为你是带着使命来的：致力于发现问题并与你的工作联系起来。回去告诉学生们现实的警务工作是怎样的。我们已经接受这些了。但是，越多外人介入，我们就越需要小心。我们很难想象一旦媒体知道了在实际工作中警察捕获犯罪分子以后，试图采取某种不符合法律规定的行为——或者表面上看起来合法的行为，书面形式上看来是合法的——将出现什么后果。我能想象会有怎样的结果，要是他们了解了实际情况，他们会强烈抗议。但公众意识不到我们是不得已而为之……这是唯一的办法，要完成任务别无他法。（警员，5 年警龄）

鉴于以上所言，我想提出两个问题留待思考。第一个问题：如果不这样做，警察是否还有其他选择？第二个问题：警察个人对其服务的警察系统负有多大责任？

2.3　后"消防队式"警务时代：计算机指挥控制系统

计算机指挥控制系统的主要作用可以归结为协助警力资源的优化配置。

为此，必须实现两个主要目标。

第一，设计该系统的目的是确保快速合理地分配警力资源，以应对紧急、重要事件。这种情况下，应当不考虑人为分配的管辖范围和界限以便加快反应时间。第二，确保将正确的管理信息分配给不同级别的管理层。[①] 当然，"消防队式"警务模式的崛起，不是针对警管区巡逻警务模式崩溃后出现的各种问题，不是在所采取的支离破碎的反应措施的基础上，刻意形成的一种政策结果。进一步说，除非对现有的警务工作目标及组织形式进行彻底的反思，否则政策创新和改革的范围，仍将受制于现有工作系统的要求，警务工作仍将面临接二连三的危机。

警务政策的三大金科玉律——更多的人手，更大的权力，更好的装备，已经失去可信度了。即使在我们所观察研究的那些警署里，增加人力貌似是解决问题的出路，而实际问题却更为复杂：

> 我们这儿做过一个实验，让4个警管区巡警去同一个片区，看效果如何。实验进行了3个月，产生了从没有过的数据。仅仅是因为常看到警察，人们平时不会找警察解决的事情这时也开始报警。于是我们想，与其4个人一个片区，还不如2个人一个片区，情况可能最理想。但后来，在一个我建议单人负责的片区，就因为一帮游手好闲的小流氓寻衅滋事，突然引发了一连串事故，上了头条新闻。（总督察）

警方十分了解这些问题，但是从很多警署的情况来看，利用计算机指挥控制系统来解决问题仍然是基于老式理念：每小时每个人工作量越多越好，装备越昂贵越好。尽管大型组织向来具有保守性，但仍旧可以得出这样的结论：在意识到问题的复杂性和新科技的运行费用的情况下，警方仍旧执行上述警务管理方式。实际上，"消防队式"警务模式已经成为一项政策。

计算机指挥控制系统基本上是"消防队式"警务模式的直接扩展，不同之处是其覆盖的地域范围更大，不再像过去那样对警署的警员按照警管区的情况由片区自己进行资源配置，分局级或者新的"区域总部"人力资源

---

① Ian Lund, Home Office/Electrical Engineering Association Symposium and Exhibition, London, 21–3 Nov. 1977.

配置呈现集中化的特征。然而警署警员效率低下不是唯一要解决的问题:

> 如果问题本身还不够麻烦,那么人们对电话的普遍使用、(受警察类电视节目的影响) 对警察快速出警的期待,在很大程度上使问题更加复杂了。控制室里的信息传递工作、无线电通信工作中的问题已经堆积成山。①

计算机至少能够记录所有资源并恰当安排出警。接到报警电话后,控制室的视频显示终端机 (VDU) 的操作员将所有信息录入计算机,包括报警者的名字和地址、事发地点、事件性质等。随后,计算机会自动显示附近交通警察、车巡警察和管区巡警的详细情况。VDU 操作员随即根据情况进行调度。计算机会接收到行动已经开始的信息,并准备接收下一个报警信息。

英国关于计算机指挥控制系统引入的讨论,最早是在 1968 年。警察科学发展委员会主席阿瑟·伯罗斯 (Arthur Burrows) 这样描述伯明翰市政议会在决定启用该系统时的情形:

> 议案最早由内政部提出……1968 年,当时是英国议会议员现在是欧共体议员的罗伊·詹金斯 (Roy Jenkins) 在海外访问时,注意到警察控制室已经开始使用计算机指挥控制系统。他被告知英国还没有任何地方使用这样的系统,于是询问原因何在。内政部决定试点,看看警署工作是否应引入先进的电脑。伯明翰市同意成为首个试点城市。②

伯明翰于 1972 年启用该系统。到 1973 年,格拉斯哥市使用了更为高级的系统,再之后,这一系统在斯塔福德郡进一步发展,能够进行城市与乡村的警务管理。1977 年,该系统在这些地区已全面投入应用,此后该系统如雨后春笋般在全国发展。在英国 51 个警察局里,有 13 个这样的计算机系统

---

① Ronald Broome, Assistant Chief Constable, West Midlands Police, in Home Office Symposium, 21-3 Nov. 1977.

② Arthur Burrows, Director of the Police Scientific Development Board, in Home Office Symposium, 21-3 Nov. 1977.

正在运转，另有 11 个在申请或建设中。

为了"反应迅速"，典型的计算机指挥控制系统需要具备几个标准特性，包括：

> 事故处理：所有报警电话由中央控制中心接听并记录详细情况。详细信息都记录在设备里，作为"管理信息"供后续使用。
>
> 街区索引：每当发生情况，立即找到相应的区域并给出地点编号。同样，相关信息会备案以便需要时进行分析。
>
> 资源利用：该档案记录着街头巡警的方位以及他们手头正在处理的事情。车内的"编码信号发射器"通过超高频无线信号直接向总部计算机传递方位、提供信息。目前这一系统的功能尚不完善，需要警察操作按钮盒才能发送信息。其改进指日可待，同时供徒步巡警使用、具有商业用途的超高频（UHF）个人无线通信系统也将很快面世。
>
> 自动提示：如果因为一些原因，一段时间内的报警电话都未被处理，那么显示屏上的提示器就会闪烁，要求某个警员或某辆警车更新他们的位置、情况和处理的结果等。

人们注意到该系统有 4 个优势。第一，可以更好地掌控发生的情况。他们无法被遗漏或"勾销"。第二，可以更有效地利用资源。在旧系统下，接警员根本不知道街上的实际情况，也不知道街面巡警是否已经在巡逻，更不可能随时了解和掌握巡警的具体位置。第三，提供了用于管理和规划的资源需求情况。第四，减少了文书工作，尤其是事件报告记录等文牍工作。然而最主要的目标还是提高警方的反应速度。警司弗雷泽（Fraser）描述了正在建设的默西塞德郡系统："默西塞德郡系统将在 1982 年投入使用。约 50 个显示器将被连接到计算机，可同时处理 6000 多起事故。响应时间控制在五秒以内。"[①] 人们会想，五秒只不过是电脑的反应速度，那些警察可没那么快。不过时间确实是整个系统的核心。

当然这也是矛盾的焦点所在。不管该项目多么广受好评，不管警察快速

---

① Fraser, G. A., "The Applications of Police Computing", in Pope, D. W. and Weiner, N. L., *Modern Policing*, Croom Helm, London, 1981, p. 215.

反应多么重要，要是人们花 25 分钟打电话，这种精心设计的系统所节省出来的几秒钟也就毫无意义了①，那么装备和资金是否用在了刀刃上也值得商榷了。若想使该系统发挥其重要却有限的作用，那就应该把更多精力放在预防犯罪上，而不是等着案件发生，同时还应将更多的精力放在维系警民关系上。因为公众不满意，就不会充分利用警方提供的服务。

认为警方应将注意力集中于指挥控制，是远离犯罪预防特别是融入社区的表现，这体现在两个方面。第一，扩大警署管辖范围后，对本地情况的了解就减少了。第二，人们对警察工作的期待，使得警方与公众因"消防队式"警务模式产生的问题更加复杂化了。

尽管不同区域对警力的具体安排不同，但在计算机指挥控制系统中普遍存在的基本观点是警力越多越好，至少是越多越"高效"。合理化需要"经济效益"。结果是为了便于分局和区域警方进行直接控制，片区警方调配资源的权力被剥夺了。实际上这就需要对警察队伍重组，特别是对城乡结合区域的警察队伍，正如南威尔士和诺桑布里亚的经验表明的那样。在这些区域实行的模式是将警察队伍分成一些大的运转联系区域，每个区域都设有单独的控制室（AOR）。这些责任区警署和片区警署将通过视频显示终端机（VDU）和电传打字机与警察局的计算机系统相连。国家研究中心报告称，只要控制提升到区域级别，那么还在运行的旧有分局和片区系统会变得越来越低效、越来越不重要："例如在诺森布里亚（英格兰东北部地区，由诺森伯兰郡、达拉谟郡、泰恩-威尔郡组成），为实现基本的控制，原有的 8 个分局和 22 个警管区将被废除，取而代之的是 3 个大区域分局。"② 当然，简单来说，基本行政单位必须足够大才能使现有科技得到应用。因此，按照他们的这个逻辑，计算机指挥控制系统无法获取地方信息，大众的参与也很少。除非这一系统能够服从于服务大众的目的，否则当代警务的困境只会进一步恶化。

另一个显露出来的危机与警察的工作环境和工作质量有关。对于快速反

---

① 堪萨斯城的研究表明，公民报告袭击的平均时间为 60 分钟（即每小时就有一通袭击案件的报警电话），而盗窃案的平均报案时间为 23 分钟（每 23 分钟就有一通案件报警电话），而警察对这两类案件的回应时间分别为 3 分钟和 3.5 分钟。Manning, P., *Police Work*, MIT Press, 1977, p.215.

② *State Research*, vol.3, no.9, 1980.

应的不满已经谈得够多了，而警察在此状况下的反应也同样值得考虑。

一直以来的问题是警察管理者和高级警官缺乏对基层警员的直接控制和了解。甚至可以说，连当值警长对当值巡警的了解与控制都很有限，他们必须依靠与巡警的关系进行管理。结果，警察队伍里强调个人责任和信任的传统成为了秩序和纪律的保障。这种情况的优势在于允许警察"平等交换"，正如我们已经看见的，这在当前情况下是十分必要的。罗伯特·赖纳（Robert Reiner）在对警察工作的研究中简要地总结了前人的研究，他发现：

> 在警察的发展史上，管理者设计出各种组织体系来保证一定程度的控制。但是正式的监督规则被警察文化过滤了，实际操作的程序恰恰由一些非正式的规则构成，明智的领导都很清楚这些规则。[1]

显然计算机指挥控制系统的投入使用杜绝了这些非正式的亚文化潜规则的发展。警察跟"按钮箱"能建立什么人际关系？一名拥有该领域的专业知识的高级警官解释道：

> 我明白，一些原来自治的小区域感到不满，因为现在他们被管辖着大区域的大警署管着……过去只要我看到有警察在警署里闲坐着，我就会要他出去干活。现在，我得先把情况报给中央控制处，尽管该控制处可能在二十英里开外，可它掌握着所有的指挥控制信息，要由它决定谁该去做事。所以这样看来，基层管理已形同虚设，还造成了大家的不满。很多基层警署都觉得被"专制的老大哥"管着。

这些缺点直接体现在了基层警署里。计算机无法区分每个人具备的不同能力。只有警长最了解情况，他知道某项工作谁去合适，谁最了解投诉的人，或者晚上哪里可能出事。而控制中心的操作员和计算机不可能了解这些。同时，个人的选择权和主动性也受到影响。因为系统有效地使警员非人化，他们只被看作一个个数字，作为人的警员反而显得无足轻重，每一步的决策过程根本不考虑他们的能力。这些变化无疑影响了警务工作的方式。

---

① Reiner, R., *The Blue-Coated Worker*, CUP, Cambridge, 1978, p. 188.

　　也有人说这些不满、沮丧和愤懑都是过渡时期特有的，随着新一代警员的培养、新模式的贯彻，老同事的那些糟糕的工作方式就会被遗忘。正如一个相当疲惫又愤世嫉俗的高级警司对我们说的，到那时，"我们就可以让他们卷铺盖走人了"。

延展阅读资料

Bunyard, R. S., *Police：Organization and Command*, Macdonald & Evans, Plymouth, 1978.

Cain, M., *Society and the Policeman's Role*, Routledge & Kegan Paul, London, 1973.

Chatterton, M., "Police in Social Control", in Kin, J. F. S. (ed.), *Control without Custody*, Institute of Criminology, Cambridge, 1976.

Holdaway, S. (ed.), *The British Police*, Edward Arnold, London, 1979.

Martin, J. P. and Wilson, G., *The Police：A Study in Manpower*, Hienemann, London, 1969.

Mervyn Jones, J., *Orgnisational Aspects of Police Behaviour*, Gower, Aldershot, Hants, 1980.

Pope, D. W. and Weiner, N. L., *Modern Policing*, Croom Helm, London, 1981.

Punch, M., *Policing the Inner City*, Macmillan, London, 1979.

Reiner, R., *The Blue Coated Worker*, Cambridge University Press, Cambridge, 1971.

Reiss, A. and Bordua, D. J., "Environment and Organisation：A Perspective on the Police", in Bordua, D. J. (ed.), *The Police：Six Sociological Essays*, Wiley, New York, 1966.

第3章 警察工作的组织 II：
地方情报

3.1 导论

关于偶尔使用便衣警察的问题，本委员会认为：申诉书中所强烈控诉的便衣警察体系是由警察局高层管理人员领导和管理，其设立目的被严格限制在侦查违法犯罪行为、防止危害治安的行为等方面，因此不应受到抱怨，否则该目的就很难达到。与此同时，本委员会强烈建议谨慎地维持对便衣侦查行为的限制性条件，坚决反对使用任何被人们视为间谍的手段，因为这类行为伤害民众感情，且违背宪法精神。

（议会特别委员会《关于弗雷德里克·杨等人申诉书的报告》，1833年）

按照传统和逻辑，使用警察间谍与"共识性警务"（policing by consent，也称"协商警务"或"合意警务"）理念是相矛盾的。在研究过程中，我们得以了解一些具体情况，在警察管理区域内至少有十分之一甚至六分之一的男性居民是秘密刑事犯罪情报活动的关注对象。

基于我们的采访和观察，搜集犯罪信息已经成为日常警务工作的主要内容，其重要性日渐提高，却是警务工作讨论中被忽略的一个方面，特别是在有关警察权的争论中未受到重视。在《皇家刑事诉讼委员会报告》（*Report of the Royal Commission on Criminal Procedure*）中，完全没有提及这方面的实践与发展情况，这是极大的疏忽。我们将在本章讨论这方面的问题，因为该问题对警务工作的法律定义与法律限制十分重要，对警务工作未来的发展也至关重要。

"刑事犯罪情报"（criminal intelligence）没有正式定义，也没有官方说明。因为搜集刑事犯罪情报的行为本身就不明确，所以很难对这种工作下定义。一方面，最初这些信息只是地方巡警在巡逻工作中积累下来以便自己使用的，现在则试图将这些信息记录下来以便所有警察都能使用。另一方面，这些对个人信息的秘密搜集、分析与传递是有组织的对个人隐私的侵犯。

乍看之下，这些信息的作用似乎显而易见。首先，它们有助于调查和侦查犯罪案件。这些信息包括能够提供众所周知的"流氓恶棍"的行踪下落、社会交往关系以及经常出入的场所等，同时还能提供有关罪犯的目前经济状况、所用车辆、与谁同住等信息。尽管有争议，但是警方仍然认为这些信息能够为案件的侦查提供直接的帮助。其次，这些信息在预防犯罪方面价值重大，在这些人还没有任何违法犯罪行为之前，警方就知道他们可能会实施什么样的犯罪行为。

大家都相信有些信息确实与警务工作相关，但是如果考虑到以下问题时，就出现难题：哪些人是情报搜集的合法目标？哪些是有价值的或者可以使用的信息情报？哪些只是恶意的流言？搜集多少情报才合理？情报的时限和有效期是多长时间？

以上是问题的根本所在，然而没有公开可信的资料能够回答这些问题。基于此，我们将再次观察情报搜集工作的实际情况以及作为我们研究对象的"警察部门"对情报使用的情况。因此，仅仅根据我们所描述的一些特定细节，不加思考就妄下定论当然是不明智的。不过毫无疑问，英国各地警察机关都有类似的情报系统和情报搜集工作。因此，要证明全国各地向"专门为警察部门设计"的计算机化情报信息系统投入的大量公共资金是合理的，也成了问题的关键。①

尽管很难明确定义"刑事犯罪情报"，但要说明它与什么无关还是可能的。警方掌握的材料既不是犯罪记录，也不是政治保安处（Special Branch，英国警察部门的一个机构，负责处理反恐、外国领导人来访等事务）对政治活动家的记录。搜集情报的常用方法没有涉及特别监视——刑事情报警官的工作不涉及电话窃听、窃听装置和政治阴谋。

---

① Fraser, G. A., "The Application of Police Computing", in Pope, D. W. and Weiner, N. L., *Modern Policing*, Croom Helm, London, 1981.

因此，如果说十人中有一人是地方情报部门"感兴趣"的对象，这并不代表这个人有犯罪记录。犯罪记录在地方警署和全国警察总署都有备案，但它们完全不同于刑事情报档案。有犯罪记录的人不一定会成为刑事情报感兴趣的对象，刑事情报的对象也并不一定要有犯罪前科。我们从作为研究对象的警署得知，情报对象中至少有一半甚至三分之二的人员没有犯罪记录。除此之外没有更精确的数据了，警方没有也无须对此进行精确的数据统计。

以我们的经验来看，值得一提的是，刑事情报没有明显的政治作用。政治保安处负责搜集持不同政见者的情报。也许两方会对同一个人感兴趣，但这不表明那个人会卷入某些犯罪案件之中。因此，政治活动或政治信仰不是一个重要的标准。

地方情报部门搜集掌握的信息既非机密，也无重大意义，绝对不会事关国家大计。这些信息主要来自闲聊、流言和道听途说。因不具有任何法律效力，所以其存在很少被公之于众。那些作为"情报对象"的人可能会惊讶还有这样的机构存在，惊讶警方还有闲情逸致对他们感兴趣。

因此，有必要强调地方情报和国家情报的区别。如果要公开讨论刑事情报问题的话，几乎总是与国家情报有关。设立国家犯罪情报机构的正当理由是，要有效地对付那些老谋深算的"出谋划策者"或"职业罪犯"，就需要使用专门化的手段或者非正统的方法。而地方情报的关注对象并非"老练"的罪犯，也没有用特别手段搜集信息。

只有关于严重刑事犯罪的情报才会在国家和地方警察部门保存。地方警察机关可以通过《警察公报》（*Police Gazettes*）利用国家情报信息，这些情报是对某些特别人士进行严密的组织化和系统化监视的结果。与此相比，地方情报则是由地方警察部门或者分局甚至警署的警察人员搜集和整理的。相比国家情报工作，地方情报工作没有组织性、较为松散。正因如此，地方情报工作称不上是"监视"，（对犯罪嫌疑人或可能发生犯罪的地方的）监视是基于某种特定原因对某个特定的对象所实施的有特定意图的持续观察，这种观察是为达成目的而必须有条不紊井然有序地进行的。地方情报的搜集过程与国家情报完全不同。多数时候，地方情报的搜集都是零散进行的、随意的、不协调的，只是因为今后可能"用得着"。所以搜集的信息的内容、渠道、对象不限。地方情报工作就是搜集、记录信息，而不筛选信息的内容和对象，可以说这是最低级的情报工作。目前信息的存储和检索问题导致其利用率很低。

即便如此，地方情报在警务工作中仍有用武之地。"皮尔的新警察"系统建立之初就开发了"信息系统"，要求地方警察对其片区内的居民"了如指掌"。然而直到近年，地方情报才变得"系统化"，警察的观察与怀疑才成为情报系统专门的信息来源。

近年来刑事情报工作全面发展、态势迅猛。警方刑事情报工作的专业化使巡逻警察的技能和作用降低，使情报警官的地位提升；警民关系的改变以及警方日渐背离"共识性警务"的初衷，已经影响到了刑事犯罪调查的特征，反而使得信息和情报的运用受到重视。情报信息资源的电子信息化发展使得警方重新定义了他们的角色和作用，他们不再与公众互相依存，情报信息工作的"专业化"反而使他们脱离了公众。

由于以上变化是孤立地发生的，而不是同时发生的或是某个不择手段的"阴谋诡计"的一部分，因此变化的结果必然存在着潜在的权力滥用风险。受访警察不否认，目前新置的计算机能够整合全国的信息，形成大范围的监视系统。然而，即使是现行的地方水平的秘密情报搜集活动，仍然是对"共识性警务"正统理念的根本挑战，也是对隐私与自由权等自由民主观念的巨大挑战。这种潜在风险是否会成为现实，至少部分取决于对目前的趋势及其发展放任不管或不受约束的程度。当然，监管的程度还得看立法者、政治家及其他人士是承认这些问题的现实紧迫性，还是仍然坚持认为这是遥不可及的幻想。

目前，对警务问题的诸多讨论已经耗尽了人们的精力。不是这些问题不相关，而是人们没有意识到近年在警察组织方面和技术发展的变化的实际影响。更为严重的情况是，事实上长期存在的警务问题被掩盖或者搪塞过去了。新一代的警察长期面对更为先进的计算机工作，怎么能称他们是"社区警察"呢？是对民众友善、还是将他们的私人生活记录下来？警察如何工作以及警务模式将受到新信息的哪些影响？这会导致更广泛地行使拘留权和讯问权吗？警方对自己掌握的信息的控制和依赖程度有多大？这些信息痕迹如何影响和改变警察与公民之间的关系？是否会产生新的责任问题呢？这些发展是否符合目前的法律规定以及改革方案？

我们将在本章末和后续章节对以上问题进行讨论。在此之前，我们将看看地方情报是如何搜集、整理和传递使用的。此外，我们还将谈谈新引进的计算机化情报信息系统的本质和作用。最后，我们将讨论更为复杂的评价问题。

3.2 地方情报的搜集：犯罪巡警

> 给我们提供最多信息的是商店老板。街上有个商店，百货商店，进去买东西的人形形色色。老板娘知道很多事，都告诉我们了。人们到店里聊天……多说一句，这个店常常被盗，所以我们有机会得到点消息。（高级督察）

有些警察被誉为"抓小偷的能手"。这些警察能够"嗅到"罪犯的气味。他们可以在一般人会遭遇沉默的场合与任何人交谈并捕捉信息。他们对自己工作的地区了如指掌，还拥有记忆名字、面貌特征、地点的神奇能力，甚至多年后还记得。这是一种非凡的能力，可以锻炼成为一种更为精湛的技能。

在路上遇上这样的警察真叫人不安。谈话或者讲笑话进行到一半，一般人没有发现任何明显的内在联系，但是这种警察会立马注意到并谈论起人群里的某个人，而普通人只看到周六下午大量的购物者。朝酒吧里扫一眼，警察脑中立即出现一串名字、地址和个人信息；注意到某某回城又和别人的老婆出了城；一件引起回忆的事情或者给人提示的事情，使得警察要回去与店主聊聊天、问问某人的情况。他们时常问一连串问题："什么风把他吹到这个酒吧来了？他平常都在城另一边的酒吧喝酒的。""他们周三喝酒的钱哪来的？他们两个月没做事了。""角落里那个高个儿小伙儿是谁？他不是我们这儿的人，但我见过他。"

这样的警察会成为地方警察局的传奇英雄。他们抓捕嫌犯的故事成了大家茶余饭后津津乐道的奇闻趣事，每个人都有与他接触的经历。这些警察可算是"警察中的警察"了。

在警察局非正式的排名中，这种警察有着特殊的地位。他们的技能是"优秀警务工作"的精髓；他们的能力和工作方法是年轻警察争相效仿的对象；他们不仅是奇闻趣事的储藏库和各种警务工作技巧无奇不有的资源库，他们所拥有的知识和经验使得他们成为那些受到公众欢迎和受到年轻警察信赖和依赖的对象。能被这样的警察赏识有助于事业的发展，有助于年轻警察受到关注，可以让即使是刚开始工作的年轻人也能分享一些荣誉。一个工作刚满四年的年轻巡警如此描述和这样的警察共事的感觉：

> 脱下制服与金杰这样的警察共事，真的很棒！他知道所有人的所有事。有时候真是不可思议，可他就是知道什么事要发生、谁做了什么……所以和金杰一起，有很多抓捕行动……你观察他，发现他和大家说的话没什么差别，人们都知道他、知道他是做什么的，可人们还是愿意和他讲自己的事，有些事那些人宁可和金杰讲，也不愿和他们的妈妈说……和金杰一起，你总能学到东西，这也是为什么让我们年轻人跟着金杰出警。（巡警，工作 4 年）

在我们研究的警署里这种特殊的技能被视作"优秀警察"的标志，但同时也逐渐"过时"。因为仅有这种能力还不够，现代警察还需要其他能力和素质。现代警察要通过"人类意识"测试、掌握人员管理理论、积累管理经验、积累刑事犯罪侦查局特别部门的工作经验、积累交通盘查经验、加强警民互动等。以前在大街上学到的凭直觉"抓小偷"的能力现今在"职业警察"时代已经成为过时的事了。在效率至上的时代，警察掌握的当地信息和具备的直觉判断力已经被取代了，更为恰当地说被技术和专家所替代了。自然而然，地方警务工作的本质也发生了转变。

在我们研究的警察局里，出于完全不同的目的，情报搜集工作已经分离出来，当然整体警务工作的发展情况也是如此。20 世纪 70 年代末，居高不下的商店偷窃率使得城区警力重新分配，一部分巡警成为便衣警察，在繁忙的购物中心巡逻执勤。他们后来被称作"犯罪巡警"（crime patrol）。

犯罪巡警必须极其注意他们的衣着。刑事警察的标准着装——短袖防水衣或蓝色风衣以及便装短大衣——被刻意地收起来，取而代之的是低廉而破旧的牛仔裤和工作服。一代衣着不整的邋遢警察就这样进入了一个传统上向来崇尚简洁干练、严守纪律的由退役军人主导的便衣警察领域。20 世纪 60 年代的年轻警察不后悔抓住了这个"看起来平常"的机会。警察在外衣上佩戴一枚 CND（Campaign for Nuclear Disarmament，英国反核运动组织）徽章作为装饰，这是一个受人欢迎的行为。

最初犯罪巡警大获全胜，很多在商店里偷窃的扒手被逮捕、定罪。可好景不长，消息传开后，恶棍们转移到更安全的地方为非作歹。这项工作注定是短命的。惯偷很快就知道哪些是便衣警察了，如果想让这种方式继续取得成功，就必须频繁更换便衣警察。很明显，商店扒手也有自己的情报系统。

不过，犯罪巡警的两大意想不到的优势很快便显现出来了。第一个优势是，便衣警察拦下并搜查商店行窃者更容易、更高效。这样民众就不必过分提防小偷和遭遇这种情况时的尴尬，对警察来说，不仅抓捕机会增加了，而且嫌疑犯更乐意"偶遇"犯罪巡警而不是制服警察（便于提供情报）。出现这种情况部分是因为犯罪巡警没有制服警察那么显眼，还因为警察可以在街头或酒吧里愉快地边喝酒边巧妙地交谈，而不引起怀疑。第二个优势是，原来大部分信息都是通过卧底警探获得的。商场雇用的侦探建立了自己的信息资源库，他们十分乐意告诉雇主他们与便衣警察一起工作，这样店主就很快向犯罪巡警提供大量信息，并逐渐将犯罪巡警视作自己的私人警察。

当然，某种意义上来说，程序没有什么新变化，只是重新利用了已经试验过的方法。重要的是实现这一目的促使了专门处理某类犯罪活动的专业警察队伍的发展。要想知道基本警务工作的重组是如何进行的，只需要知道1970年代刑事犯罪侦查局的工作量是如何随着制服警察工作量的增加而增加的就可以理解了。以前，刑事犯罪侦查局的工作就是调查制服警察部门报告的案情，如我们所见，当制服警察的工作主要变成接听报警电话后，他们就很少上街工作了。于是警务工作产生了很大的空当，不过这个空当由犯罪巡警填补了。犯罪巡警的工作既不是接电话，也不是调查案件，只是在小偷的作案地点工作，保持街头巡逻的职责。犯罪巡警的工作逐渐被重新定义，他们成了专业人士，在警察等级系统中有自己的位置。

> 我们不像制服警察那样在警署里工作、受警长管理……没有谁给我们指派任务，实际上我们是自己找活儿做。我们是刑事犯罪侦查局和制服警察部门之间的纽带。我们不隶属于刑事犯罪侦查局，不过我们经常和他们一起工作……主要是向他们传递信息。（犯罪巡警）

犯罪巡警最初的目的是抓捕商店行窃者，但很快这一目的就变得不重要了。犯罪巡警政策实行两年后，编制人数成倍增加，他们在全城各地的街道上执勤。现在对他们岗位的定义与最初的目的已经无关：

> 平常我们就是在街上执勤，发现并跟踪罪犯……尽可能地搜集信息，然后核查信息，出现在不能暴露警察身份的地方。我们和警察分局情报警官经常接触，我们告诉他需要的信息，他告诉我们犯罪形态和需要注意的事。不过很多时候我们都是自己决定要做什么……实际上很多时候我们都待在酒吧里，显然酒吧是罪犯的老巢，他们不在街上就在酒吧里。这样一来，工作成本就有点高。

尽管犯罪巡警的工作重心由抓小偷转为搜集情报，可他们的工作还是围绕着普通犯罪进行的。他们关注形形色色的街头犯罪，比如买卖盗窃物品、入室盗窃、偷盗车辆等，而且他们的抓捕率比制服部门高很多（在我们研究的警察分局，犯罪巡警每月有 40 次抓捕行动——平均一名犯罪巡警 5 次，而一名制服警察只有 2 次）。① 不过，犯罪巡警主要还是关注那些有可能在今后（即使是间接）犯点小罪的人和可以提供信息的人。

城区里有 4 个警署，每个警署都有自己的犯罪巡警小分队，2 个小组 8 个人，临时调派的最长工作时间可达 1 年。如果他们的数量能达到其他地方的人员配备水平，那么他们工作的重要性就很容易受到重视。前面一章里提到的警署里，能保证 8 名警察在岗是最理想的情况，当然这是英国最繁忙的警署之一。

犯罪巡警无疑看重这份工作的自由度，它没有那么严格的纪律约束。寒冷的冬天下午，他们可以选择去酒吧工作。对于大多数警察来说，这是职位晋升的梯子，特别是想在刑事犯罪侦查局里往上爬的。不过最重要的还是犯罪巡警的工作与"真正的警察工作"的模糊概念相符。犯罪巡警能够抓捕罪犯的机会明显多很多，与罪犯的接触也更多，而警察也被鼓励多接触案件，开拓情报信息来源。

可要是认为犯罪巡警的工作富有魅力而刺激，那可就大错特错了。平心而论，这种工作有点卑鄙无耻，容易激起怨恨使人反感，犯罪巡警需要具备某种"骗取"人们信任的诡计和才干，这样才能够误导人、蒙骗人、愚弄

---

① 我们研究的警察分局中没有女性部门信息员。

人并背叛他们的信任，还得常常操控和利用他人。

即便如此，这份工作仍然充满着邪恶的魅力。能够作为犯罪巡警在街头巡逻，就好像打探他人私生活的偷窥狂得到了许可，一方面能干涉他人的私生活，另一方面还能体面、道德地活着。相比之下，不管这种工作多么一无是处，犯罪巡警们还是认为这是能让他们与电视节目中流行的警探形象最接近的工作。

这项工作的大部分时间花在从那些糊里糊涂没有防备的人或不情愿的人那儿"仔细收集"和"套取"信息。警察常常会在商店、酒吧、彩票销售站转悠，循迹巡查，留心那些"偶遇"的常客。一天工作将结束时，警察将搜集的信息记在记事本（pott book）上，并交给警察分局情报警官。

警察会采取不同方式搜集信息。从人们那儿套取信息是需要点技巧的。常用的方法是提一些隐晦的问题。例如，警察会问店主"史密斯老太太现在一个人怎么生活"，希望店主能够主动提到老太太的儿子的情况。假装的担忧中一般都隐藏着其他目的。另一个方法是弄错身份和混淆事实。例如，为了确定一个与当地痞子有关的不明第三方的身份，会有这么一段对话：

> 犯罪巡警：你的密友是谁？
>
> 地头蛇：你去问他嘛。你不是很了解我嘛？
>
> 犯罪巡警：好吧！随你怎么说……（过一会儿又回到那个问题上）等等，我知道是谁了，就是想吃牢饭的那个吧。他和你一伙儿的，是不是？
>
> 地头蛇：开玩笑吧！你可不是这么想的吧！
>
> 犯罪巡警：你最好告诉我，要不你俩都得跟我走一趟。

不管警察多么了解情况，他骗取信任的能力总能让不情愿的人开口，最后总能得到信息，警察就像老戏骨那样表演得真像那么回事。

"关你一个晚上！"暗示着一种威胁，如果被讯问者不提供信息，就会在警察局待一晚（被拘留且不能被保释），这种暗示性威胁是骗取信任的绝招。这只能是基于违法者对法律的无知而做出的威胁。因为被威胁的人会被误导，认为只要提供信息，警察就会帮他们一把，不把他们关起来，而实际上警察从一开始就没有这么做的权力。

不过，在这种低层次的情报搜集工作中，潜在的信息提供者提供的信息不值得警方为其进行真正的交易（一般只有涉及重大案件时，警方才愿意与那些为求得宽大处理而向警方提供大量犯罪活动情报的"告密者"进行交易，这类罪犯希望通过提供犯罪信息获得免于起诉的处理）。然而通常情况下，警方都会故意制造他们实际掌握的信息比罪犯能够提供的信息更多的假象，因此警察在与罪犯进行交易时会提出，如果他们愿意提供重要的犯罪信息的话，警方会考虑减少或者减轻对他们的指控罪名。要想成功地"骗取信任"，其核心是警察表面上表现出可能会做出让步。也许更好的办法是事实上根本就没有做出任何让步，但表现出已经做出重大妥协了。

在大街上，警察常常使用"拦截搜查权"（即盘查权，stop-and-search power），行使这种权力的主要目的是查明形迹可疑的陌生人或者与已知罪犯有关的第三人的身份。一般情况下不会正式声明行使这种正式的法律权力，而是作为在必要时的备用手段，但是盘查双方彼此都心照不宣，警察的一般性盘查行为就是有严格法律要求的"拦截与盘查"。这种情况下，拦截搜查的唯一目的就是拦截并查明嫌疑人的身份。当然"骗取信任"仍然是优先考虑使用的方法，不过如果确实需要证明这种拦截搜查行为的正当性时，合法权力的使用范围能够为这种行为提供一定的理由，虽然实际上这种做法是靠不住的。然而通常情况下，警察援引的法律依据不是诸如《禁毒法》规定的正式的逮捕权或者拦截搜查权，而是根据授权范围更为宽泛的地方法律，比如《1839 年大都会警察法案》第 66 条规定，巡逻警察可以"拦截、搜查和扣押任何人……只要有正当理由怀疑某人以任何方式持有或者转移任何被盗物品或者非法获取的物品"。

斯卡曼在《皇家警察委员会关于布里克斯顿骚乱的调查报告》中，特别对都市警察广泛使用盘查权进行了批评。然而，很多城市中心贫民区的警察在执法时也利用了地方法律中的类似条款，斯卡曼批评道："我相信这一权力的使用对于打击街头犯罪是必要的。但只有在有充分理由怀疑被盘查人员时，行使该权力才可以说是合理的。"

第 5 章将围绕"合理的怀疑"的定义及其产生的问题进行讨论。然而，基于收集街头情报信息的目的，本章值得考虑的一个重要问题是在斯卡曼的分析报告中未提到的一种职能，即如何定义地方法律中规定的"可疑人员"。

以下是从实习警察的正式培训课程中摘录的一段话。该培训课程以给出"合理的怀疑"的定义开始，继而指导巡逻警察如何通过"盯视"（sightings）确定怀疑对象：

> 警察在大街上所拥有的一般警察职权，最主要的权限范围是，在某些特定情况下对某人进行拦截搜查或扣押搜查，而不是实施逮捕。如果你有合理的理由怀疑某人持有非法获得的任何财物或其他物品，那么，你就有权对此人实施拦截、搜查或扣押。你的怀疑必须基于合理理由或正当理由。比如，此人是否从近来小偷频繁出没的地方过来？比方说从车里出来或从商店后面来。或者此人与刚刚逃离犯罪现场的人的体貌特征是否一致？此人是否穿着特殊服装，比如戴手套或穿着运动鞋？

该培训课程接着指导年轻警察如何讯问嫌疑人。警察被告知核查犯罪记录"极为重要"，可以通过个人无线电通信设备进行核查："嫌疑人以前可能因欺诈被判过刑，或者没有犯罪前科但经常与有名的小偷来往。"

地方法律往往赋予警察更为宽泛的权力，即有权逮捕那些与小偷有往来人员，比方说逮捕在公共场所闲逛的某个人，指控其有偷窃企图。基于这种情况的拘捕，必须将合理的怀疑理由与"相关"的证据结合起来，即这些证据"证明"早前有人"看见"此人曾与已知的小偷经常来往、共同出入某些犯罪场所。因此受训警察被告知：

> 所有通过"盯视"得到的情报信息都必须汇报给警察分局的情报警官，该警官将相关的情报信息记录下来，并传递给警察总局的刑事情报部门。一旦将这些情报信息传递给刑事情报部门，所有警察就都能够利用这些信息了。不要自己独占与罪犯有关的任何信息，否则，与犯罪活动相关联的嫌疑人就可能被排除在警察的工作视线之外。

然而，这里我们不是要批评某些特定的立法内容或质疑其合理性，而是基于情报搜集的目的，指出需要法律提供宽泛的权力框架。在我们研究的警署里，实施"全面渗透"（saturation）警务（类似于在布里克斯顿骚乱中实施的"81沼泽行动"① ）的一个结果就是在刑事情报的搜集方面进行大量投入。

深入思考这种工作方法，你就会发现情报搜集的对象极其不成比例地集中于某些可疑人群，即"罪犯及其关系人"。实际上，这类人大多数是年轻的男性工薪阶层。基于之前给出的数据，似乎有理由相信这些人中有三分之一都是情报工作的对象。

犯罪巡警显然享受他们工作的自由和特权，可他们仍常常对自己的工作产生矛盾的看法。有时候他们也置身事外，后退一步以客观的态度审视自己的工作，认为自己的工作就像一个"偷窥者"和"间谍"一样，使用一种"合法骚扰"的权力手段干预人们的生活。显然他们怀疑自己搜集到的情报的价值，认为那些轻而易举地自愿提供的情报"绝大多数都是些垃圾"，都是"流言蜚语式的闲聊"。

进一步来看，尽管上文提到的上岗培训中有相关的指示，可实际中警察会将更有价值的信息留给自己，并确保只把这些信息透露给熟悉和值得信任的同事。这样做的原因简单明了：工作中存在的对抗行为与竞争使得警察会对自己获得的信息留一手，保护信息来源及情报提供者。我们已经明白警察十分看重抓捕行动，因此很少有人会花更多的时间培养优秀的告密者，这样做的结果可能是将自己苦心经营获得的线索指向的罪犯最终被抓捕归案的功劳拱手让给他人。因此，在不同的警察部门和警种之间存在着不平情绪和强烈的嫉妒情绪，尤其是在刑事警察与制服警察之间，不管是不是便衣警察。尽管警察当局采取了各种措施来阻止或缓和这种趋势（我们所研究的警署里就采取了大量预防措施），可是在绝大多数警署里仍然充斥着强烈的不满和嫉妒，这已经成为司空见惯的现象。这就导致传递给警察分局情报警官的信息大多是流言蜚语和道听途说的小道消息，尽管表面上看起来有价值，但对那些直接处理嫌疑人的警察来说没有什么价值。可以说，那些记录在案的某些信息没什么可信度，也没有多大用处。

尽管犯罪巡警心里偶尔会觉得矛盾，但他们还是喜欢与"罪犯、潜在罪犯、嫌疑人"和"小混混"接触。在重视抓捕行动的警察文化中，犯罪

---

① "81沼泽行动"（Swamp "81" operation），指有压倒性优势的打击行动，类似我国警方经常采用的"雷霆行动"。——译者注

巡警的工作被视作真正的警察工作。尽管抓小偷只是警务工作的一个方面，但其主要由犯罪巡警来完成。在其他警察看来，这就减少了步行巡警的工作含金量，并使制服警察的职能进一步削弱、地位进一步降低。巡逻警察再也不必发掘本地信息、保持与本地人的联系了。当然有些巡警还会继续履行这一职能，可是在犯罪巡警经常工作的大部分地区，很多警察都将制服警察步行巡逻的工作当作一种惩罚。"有点意思的工作"都被犯罪巡警接手了，制服警察除了接收无线电信号、回答路人的问题以外，几乎无事可做。步行巡警没什么事做，可又不像犯罪巡警那样自由，因此犯罪巡警几乎全都不愿回到制服警察的队伍里去。

二战后警务工作集中化、理性化和专业化的发展导致巡警的技能被削弱，警民关系遭到破坏。最显著的表现就是成立的情报搜集专责小组。以前人们还指望警察能够运用在一个地区工作多年的经验和直觉谨慎小心地做出判断，可现在情报代替了经验，一群初出茅庐的年轻警察用些没把握的方法搜集些干巴巴的信息。而在警察向上晋升的过程中，这份工作只是其中的一种经历。

实际上，岗位职责要求犯罪巡警只与那些可疑人员和潜在罪犯接触。由于警察与大众的接触减少，怀疑就逐渐成为了习惯。明显的危险是，如此形成的对公众的普遍怀疑导致警务工作的经验和性质必须被重新定义。很多警察意识到了这个危险，该危险实际上根植于警察工作之中：

> 怀疑？嗯，其实我们是……这就是工作吧。我们是被训练成这样的。我和老婆出去的时候，她叫我不要像工作时那样……可我还是会到处望望，看有什么不对劲的地方。即使是出去喝一杯，也总会找个能看见所有人的位子。所以大家都说这是个24小时的工作，一刻都闲不下来……可以说我们被洗脑了，被这工作洗脑了……你可别记下我这话啊。这都是工作经验带来的，没办法！（总巡官）

3.3 地方情报的组织：情报警官

> 我们处理的信息不是什么无可争辩的事实……这是自由主义者谈论的灰色地带。只要是有趣、有用的信息都会被记下来，主要是监视别

人。我这儿有很多信息，有些有用，有些就是垃圾：谁开什么车，谁在酒吧和谁说话，等等。(警察分局情报警官)

在我们研究的区域里，每个警察分局都有专门的"警察分局情报警官"(divisional intelligence officer)。该职位的重要性及工作内容使得情报警官有单独的办公室，相对于普通警察而言，这无疑是种特权。

大家普遍会认为，警察分局情报警官的办公室是警署里最具警察特色的办公室。墙上贴满了头像，随意贴着，一张贴在另一张上面。通缉犯的头像会被贴在门上。你会觉得对警察来说这才是真正的警察工作。

然而情报警官对犯罪情况的了解都是间接的。他了解的都是二手信息，这些信息来自文件，比如其他地方的警察报告、笔记和表格。他们将零碎的信息汇集起来，这样就能让有关外部世界的信息"为警察所用"。

警察分局情报警官"了解别人比了解自己还多"，在他们眼中，那些惯犯就像老朋友一样，不过他几乎永远不可能遇见这些人。他知道谁经常去酒吧喝酒，却无法说出此人喝的什么酒，也说不出来酒吧的壁纸是什么样的。情报警官的工作中全是卡片索引、照片和文件。情报警官就像松鼠一样始终在搜寻和储藏今后可能用得着的东西。

情报警官的工作起初起源于警察分局，是警管区巡逻警务系统的一个组成部分。然而，与警察分局情报警官不同的是，情报信息传递员负责"将巡警提供的信息进行分类、整理、归档、传递"，其目的是对由刑事犯罪侦查部门的刑警、警管区巡警和车巡警察的工作分工造成的当地居民和警管区民众接触不足和信息不足的问题起一种平衡作用。因此，他们从一开始就特别重视警管区巡警直接获得的信息，而不太看重犯罪巡警搜集的一般性的"低级情报"和从报告或文件中摘编而来的信息。

随着警管区巡逻警务模式承受的压力越来越大，一个越来越明显的趋势是制服警察再也不能够按照要求提供信息了。更进一步说，警管区巡警和车巡警察没时间、没精力将得到的信息写进文件里，因此常常用折中的办法解决该问题。警署将那些经验丰富的"老派"警察从街头调离，这类"警察中的警察"通常将自己掌握的本地情况和积累的经验作为信息来源，并将这些信息及时转录到卡片索引上。与此同时，另外一种可以替代的情报获取方式也确立了——那些整天坐在办公室里的警察，通过对制服警察提供的日常传票、犯罪报告和大量日常工作文件进行分析研究和筛选比对，以发现有用的情报信息，换句话说，他们现在已经变成一种负责法律责任与义务的情报警官了。

随着制服警察工作量日渐增加、警管区巡逻制度让位给"消防队式"警务模式，情报信息传递员的作用也随之发生了变化。情报信息传递员不再传达信息、协助警察分局警察的工作了，而是逐渐将"有用"的信息传递给刑事犯罪侦查部门的专门小组。于是，制服警察越来越没有理由运用该体系或为该体系提供什么了。到 20 世纪 70 年代末，警察分局的情报信息传递员就成了新设置的警察分局情报警官的首要信息来源。一名警察分局情报警官这样描述现在的情况：

> 首先要说明的就是刑事犯罪情报不是给普通警员用的。很多地方的警务工作很忙，巡警根本无法专门搜集情报。他们要开展很多调查工作，所以有意思的案件就由刑事犯罪侦查部门处理了。巡警处理的都是像打碎窗户这样的琐碎小事，所以他们也用不着检索犯罪情报信息。他们很少给我打电话，就算有，大多数也是制服警察里已经退休的犯罪巡警。

为了使侦查调查系统更加理性化，该系统在地方的运作体系也做出了改变。我们将在下一章讨论刑事情报的价值问题，这里要讨论的是该系统是如何围绕汇集信息的中心机构中央警察局运作而渐渐远离地方警察的需要的。尽管设置情报信息传递员最初的目的逐渐难以实现，但是警察分局情报的主要收集者的积极性却日渐增加，他们对刑事犯罪的调查和侦查的作用越来越重要了。警管区巡逻警务体系的初衷是管理某个地区的警察应该相互分享信息，后来情报信息传递员逐渐将信息提供给警察分局资源中心，再后来则提供给警察局的资源中心。警察分局情报工作本来是由服务于一个警管区的 4 人小组完成的，现在却成了调查二十多万人的工具。正如在上一个部分提到的，重新定义后的工作目标需要专门的情报搜集者。

情报警官的信息主要有两个来源。一个是犯罪巡警从街头得到的信息，另一个是由巡警日常工作的报告和文件得来的信息，大部分这类材料仍由情报信息传递员完成。

　　实际上，情报警官的工作很辛苦，没有计算机化、很机械。大部分时间情报警官要对大堆的文件和报告去芜存菁、搜集信息，再将其认真写入人工卡片索引系统，该系统按警署分类。大部分有基本的索引项，包括"名字索引"、"车辆索引"、"街道索引"和"其他索引"。名字索引包括警方感兴趣的人的常去场所、朋友、车辆、职业等；车辆索引按车牌号排列，每个车牌号对应车辆的颜色、车型、出厂厂家、使用者、最后目击时间、驾驶者等情况；街道索引包括常出入某地的人员、可疑交易、犯罪情况等；其他索引包括肤色、昵称、性别、联系人等信息。

　　收到一条信息时，警察分局的情报警官将其分别归入每一个合适的索引下，并仔细设置相互参照条目，这样通过一条索引就能进入系统的其他索引，找到更多的信息。例如，犯罪巡警可能报告说一辆车牌号为ABC123的车停在"X"的门外，警察对"X"有兴趣。如果该信息未被记录过，那么情报警官会访问位于亨登（Hendon）的国家警察计算机网络中心，录入车主信息。之后还会输入以下信息，先修改"名字索引"下相关的卡片（或建立新卡片）。被目击到的停车人的卡片会更新，表明此人驾驶可疑车辆经常出入某栋房屋，此人可能与车主有关。如有必要，会给车主也设置一张卡片，显示其姓名和住址（从国家警察计算机网络中心得来），表明此人的车受到警方注意，并与"X"有往来。在"车辆索引"下，会输入车牌号、车主详细信息和使用者。在"街道索引"下，会输入该可疑房屋以及常出入此地的人的姓名。之后情报警官会更新每个条目并将相关条目链接起来，最后将原有报告的副本或摘要发给警察总部的情报中心。

　　前面我们已经指出，那些被记录进刑事犯罪情报检索系统的人员，绝大部分没有任何犯罪记录。然而必须强调的是检索系统中记录了一些违反刑法的特殊活动。例如，我们了解到有个警署在名为"下流行为"的检索条目里就录入了诸如同性恋之类的详细的个人信息，其理由是"这些人对自己是个危险"。这是该系统令人警惕的地方，如果允许这种状况持续发展，那么情报信息传递员和情报警官，通常情况下他们都拥有治安官的权限，能够开展范围广泛的情报信息收集，获得更大的权力建立海量的情报信息库，而这种行为既不受外界监督，似乎也不受严格的内部审查。毫无疑问，这是在警管区巡逻警察制度下，最初建立情报收集系统时零敲碎打分散发展的后果之一，当时认为对于这套情报信息系统只要"警士和巡官进行监督"① 就足够了。但是，现在这套情报收集系统收集的信息范围及目的已经发生了变化，需要对其质量控制问题及关联性和实用性的标准问题进行严肃认真的思考。

在我们研究的警署内，警察分局情报系统是通过警察局总部的中央情报办公室联系起来的。当然建立一个集中化情报系统也有其道理。因为那些受到警方关注的人的活动范围不局限在某个特定区域。如果某个区域搜集到的信息无法为全国警方所了解，那么信息就失去了意义。然而，信息的关联性标准却相当宽泛，所以信息选择的问题也随之凸显出来。没有人清楚系统里的信息是否对他人有用，所以唯一能做的就是尽可能地搜集日常工作中遇到的所有相关信息。中央情报办公室会因为效率的原因而删除索引系统里那些"太具地方特色"和"太琐碎"的信息。而人工检索系统信息庞杂，检索速度非常缓慢。

警方情报系统由刑事犯罪侦查部门掌控。情报系统在 20 世纪 60 年代初就初具雏形，可直到 70 年代末警察分局情报系统在合理化改革和引入犯罪巡警后，才有了长足发展。目前该系统的信息涉及的人员约占总人口的 10%。不过，值得注意的是这一数据不包括警察分局和警署情报系统姓名索引中涉及的额外信息，所以 10% 可能比实际低很多。之前提到过，情报系统涉及的人员中超过 50% 都没有犯罪记录。

需要重申的是，刑事情报搜集的对象并不需要具备"特别的条件"。一名探长这样解释道：

> 即使很多人不是被判过刑的罪犯，我们还是得监视他们……因为他们有可能涉案。很难确定谁是罪犯，因此我们对把信息透露给谁很谨慎……这些都是为了工作。我们必须审查一切搜集得来的信息，然后决定是否关注某人。（刑事犯罪情报部，探长）

该解释明确表示了警方对搜集刑事情报的目标和存在的问题的看法。无法事先了解谁是可能涉案的人员是问题的根源。为了预防犯罪，警方预测潜在罪

---

① 警士和巡官（sergeant and inspector），英国警察中的警士和巡官（其职位低于警司而高于警士），在英国的警察衔级制度中是比较低级的，属于初级警衔的警官。由于这两种职级的警官层级低权力小，当然也就存在监督不力甚至监督流于形式的情况。——译者注

犯的行为貌似非常合理。因此，情报搜集的对象与以往的案件和判刑的罪犯无关，而与今后可能发生的犯罪和定罪有关。这也表明信息搜集的标准非常宽泛，只要是今后警方可能感兴趣的人，就需要搜集他们的个人信息，这相当于建立他们的个人档案。

> 这里所有记录了名字的人，都有详细信息。比方说，这个人六十多岁时被判刑，从那时起他的所有情况就会都被记录下来。我可以告诉你1969 年他和谁有来往、和谁住一起、现在他住在哪儿。我们记录了与他有关的所有人、之前的住址、开的车等信息，这些信息都可以通过交叉索引进行查询。（刑事犯罪情报部，探长）

过去十年的成果就是建立了一个严密的情报搜集、整理、分析系统，这些情报由地区性警察组织搜集处理后上传至中央情报办公室。我们已经提过，这些信息最好能够通过纸质文件记录下来，使得原来由"老派"的"警察中的警察"所独享的地方情报能够为所有警察共享。然而，合理化和中央集权化，意味着情报的收集或多或少是随机的，因为当地警察曾参照的标准已被遗忘。

尽管情报的搜集和分析工作很快就完成了，但是情报的发布却没什么组织性，因此警官们认为情报未得到充分利用。在警察分局，每日搜集的情报信息表会在局内传阅，区域情报信息表则是每周发布 3 次。在警署，情报信息传递员与不同班次的执勤警察的非正式接触更多。

区域情报信息表是以新闻形式发布的，一般有三四个紧凑的版面，其中"头条信息"可能有关其他区域某个臭名昭著、逍遥在外的罪犯，有一张该罪犯的照片，已被多人看到过，此人需特别监视。除此以外，还有近期监狱释放的犯人信息，通常会有他们被抓前的住址、罪名、联系人、常出入地点等信息。还有对时下普遍的犯罪形态、犯罪手段、作案地点、作案人员等的简短分析，之后还会专门列出可疑人员、同伙、车辆等信息。《警察公报》包含每个区域警方主要关注的对象，并面向全国警察系统发布。

警察会有兴致读读情报信息表，只是他们想看的显然都是最紧迫的事情。只有从事情报工作的警察才能接触到情报系统内的大量资源，因此情报信息系统要想发展、为警务实践所用，关键在于其信息能让广大警察接触到。培训课程强调信息的价值和作用，为达到年度警察工作报告的目标，提出的一个标准是看警察对情报系统的利用和贡献（见附录）。不过即便如此，警察分局情报警官和普通警察仍然时常抱怨无法充分利用情报系统。

目前，进入情报系统的难度体现在调取信息仅限于调查已经立案的罪行。利用该系统能够查到目击者提供的嫌犯的名字，将可能作案的嫌疑人押到警署审讯。情报常常有助于安排审讯，通过设计一串独特的问题来识破不在场的谎言。这一重要性不能忽视，然而后文我们将讨论的刑事情报系统的可接触性改变了调查罪犯的基本方式，偏离了基于合作和协同管理的程序，转为拘留和审讯。[①] 目前，定位为"先发制人"（pre-emptive）的刑事情报系统的潜在功能——监视今后可能会犯罪的可疑人员——在很大程度上还没有实现。

地方情报系统的电子化将解决接触情报系统的困难，所有警察会感受到其对警务工作的作用。目前对情报的利用非常粗浅，其非集中性导致沟通问题；警察分局和片区系统各有特点、互不相同，常常需要专门的警察分局情报警官检索信息，而人工情报系统又缓慢低效，特别是对制服警察而言帮助很少。实现情报系统电子化以后，警察就能随时随地轻松地进入情报系统了。

3.4　地方情报的计算机化

新建立的"犯罪与信息"（crime and information）计算机系统与"命令控制"计算机系统要严格区分开来。"命令控制"计算机系统提供警察资源和人力资源管理的相关信息，而"犯罪与信息"计算机系统则用于存储和检索公共情报。

同时还应注意的是，这些计算机系统是按地方标准建构的并且由个别地方警察部门控制使用，其功能与国家警察数据库的系统完全不同，大都会犯罪侦查部门的系统与位于亨顿的国家警察计算机网络中心的系统几乎完全不同。当然它们也有一些相似之处，例如，国家警察计算机网络中心除了存储有关车辆拥有者情况、被盗汽车等信息外，还保存了"通缉人员和失踪人员"姓名索引，以及列出了包括全国各个不同地区涉嫌实施"更严重"犯罪的人员的"犯罪姓名"索引。

---

① 见附录。

　　当前，地方情报的计算机化发展还未像命令控制系统那样普及。目前只有五台犯罪信息计算机可用，它们分别位于柴郡、伦敦、萨福克郡、泰赛德区和泰晤士河谷区的警署。还有 19 个警署准备引入或正在发展计算机化的地方情报系统。

　　以上提及的目前正在使用的五个地方电子情报系统，大多源自泰晤士河谷警署运营的"情报信息传递员项目"（collator project）。[①] 情报信息传递员项目顾名思义就是将原来人工的卡片索引信息输入电脑，使得人们获取情报信息更便捷。通过个人无线电和巡逻警车，警察能够让地方警署的视频显示器操作员与执勤警员联络，并能够直接获取索引数据库中 160000 人的信息（占该区域总人口的 10%）。到 1986 年，该数目有望增至 280000 人（占该区域人口的 15%）。在一系列的详细报告中，政治新星邓肯·坎贝尔（Duncan Campbell）已经表明，泰晤士河谷警署的大量情报信息的价值，与我们研究的警察分局的犯罪巡逻队收集到的情报具有相同的质量。坎贝尔举例说，道听途说的东西不外乎"小男孩儿的胡思乱想"，而记录的"违法行为"则未被起诉。坎贝尔还确定，姓名检索条目正在以每个工作日新增 120 个名字的速度扩张。

　　然而与"洛锡安郡边境警察计算机信息系统"（下文简称"洛郡警察信息系统"）相比，泰晤士河谷警署计算机系统则相形见绌。洛郡警察信息系统于 1982 年初开始运作，耗资 139 万英镑，使用期十年。洛郡警察信息系统是英国迄今为止最强大的地方犯罪信息计算机系统。因此我们以洛郡警察信息系统为例进行讨论。

　　这些计算机系统的功能并不仅仅限于对情报进行数据整理和信息分析。像指挥和控制计算机系统一样，它们经常将用于管理和其他操作目的的设备组合在一起。因此洛郡警察信息系统还有一些其他功能，比如信息交换功能能够通过各警署内的视频显示器快速地联系各警署，还有"失物招领"索引和"防盗报警器与钥匙持有人"索引。表 3-1 显示了全部功能和对这些功能的预计使用规模。在个人数据的情报和存储方面，两个特别令人感兴趣的指标是"姓名"和"犯罪报告"，这也是计算机系统中存储信息量最多的两个索引。

---

① Campbell, D., "Society under Surveillance", in Hain, P. (ed.), *Policing the Police*, vol. 2, John Calder, London, 1980.

表 3-1 洛郡警察信息系统：功能与预计使用规模

索引条目	记录规模（条）	档案规模（条）	保存期	来源	已产生条目数	次年预计使用规模（条）	平均小时数	最大小时数	响应时间级别
应用事务工作负载									
信息交换	2000	12000	48 小时	传递信息	43152	258912	30	234	D
				显示信息	133200	799200	90	390	A
犯罪报告	1200	162000	12 个月	制作记录	6000	16200	20	40	B
				更新记录	—	20000	23	60	B
				讯问	17500	5000	6	12	D
				未经请求产生的信息	—	27000	31	31	D
失物招领	250	30000	12 个月	制作（遗失）记录	22829	35000	4	20	B
				制作（发现）记录	26000	45000	5	15	B
				讯问	64000	80000	9	18	D
				未经请求产生的信息	—	21250	2.5	10	D
姓名	1000	50000	持续进行	制作记录	5000	5000	0.5	10	B
				更新记录	—	100000	12	48	B
				讯问	26000	200000	24	34	BC
				未经请求产生的信息	—	18000	2	8	D
PNC	—	—	持续进行	所有信息的交换	400000	500000	57	300	C
便签簿	2000	10000	持续进行	所有信息的交换	—	500000	57	300	A
全体员工	1000	12000	持续进行	所有信息的交换	42000	45000	5	30	B
手枪/短枪	500	17000	12 小时	所有信息的交换	8792	9000	1	30	B
关键检索引文	500	60000	持续进行	所有信息的交换	20000	25000	3	100	A
盗警	1000	4500	持续进行	所有信息的交换	8792	10000	1.2	100	A
重大事件报告格式进程报告	包含在便签簿中的文档规模以及信息交换率								

洛郡警察信息系统采用的是人们熟知的"自定义文本（全文）检索"系统（FTR，free text retrieval）。林多普数据保护委员会（Lindop Committee on Data Protection）在报告中这样描述 FTR：

> 对于这类系统，似乎没有办法通过参考所收集的信息的结构或内容、分析过程或产出的形式来进行管控。为了检测以自定义文本（全文）形式存储信息的目的，有必要就每一项特定的检索要求提出问题，以发现其动机……显然，在定义和控制自定义文本（全文）检索系统中存在着某些特殊问题。[1]

警方和各界人士常说数据的电子化并无实质意义。毕竟，所有信息都要以纸质文件保存，因此信息是否存在计算机里又有什么不同呢？答案是，信息存在计算机里大有不同。

简单说来，自定义文本（全文）检索系统能够让使用者直接存储任何信息，而不用事先对信息进行编码或分类，信息的存储只受限于数据库的容量，而数据库容量又相当大。如此一来，就不必像原来人工情报系统和简单计算机系统那样，需要建立复杂的交叉索引条目了。也不用对诸如犯罪报告和其他需要特别关注的信息进行筛选、提取。如果用户需要某个信息，系统会自动地为用户检索出该信息，因此也没有必要事先对信息进行校对整理。一旦将整篇犯罪报告输入后，需要使用时只需按一个键，就能检索出报告中的任一信息。因此，整个系统操作非常简便。所要做的只是将原始信息直接以自定义文本（全文）格式输入电脑数据库，无须分类或编码。

与旧的人工情报系统中使用的单独索引不同，计算机通过编程将数据与内置词库的关键词联系起来。例如，在一份文件里提到"一个秃顶的英国人和一只红狗"，这些内容将单独记录在专门词汇库中，与数据库中所有具有相同单词的文件存储在一起，一旦以这个词为关键词进行检索，所有的文件都会同时出现。查阅信息的过程与上述过程相反，除了能检索到原始信息外，还能检索到其他信息中出现的同样的词组。实际上，用户只要检索其感

---

[1] Report of the Committee on Data Protection（Chairman：Sir Norman Lindop），Cmnd. 7341，HMSO，London，1978，para. 3. 15.

兴趣的任何主题，计算机就会从原始数据中提取所有相关信息。

显然，系统能提供的信息量取决于所提问题的概括性。通过这种方式，如果用户愿意的话，只需输入一个宽泛的问题，就能浏览到所需的大量信息。正是由于这个原因，林多普数据保护委员会指出，为了明确以自定义文本（全文）形式保存信息的目的，有必要询问每一项搜索的特定问题的具体意图。

考虑到这些意见，显而易见，将计算机系统用于情报收集的唯一限制是存储的数据量。正如我们所见，犯罪报告是最受情报信息传递员和警察分局情报人员青睐的刑事情报来源之一。因此，以自定义文本（全文）检索方式实现的计算机化，简化了分析工作，使工作更有效率，从而使用户能够更全面充分地利用数据。如果我们现在能够更全面准确地了解犯罪报告中所包含的内容，我们就可以得到关于该系统的潜在用途的一些线索。表3-2将犯罪报告中涉及的内容按照不同的标题进行了分类。但是应当指出，就自定义文本（全文）检索方式而言，这种分类是没有必要的。

表 3-2　犯罪报告的格式

分局、支队以及警管区编号：	投诉的受理人：	投诉的处理人：
投诉日期：	惯用犯罪手法：	
投诉时间：	犯罪场所（自定义文本/全文）：	
犯罪日期：	作案工具、武器、机动车辆等（自定义文本/全文）：	
犯罪场所：	侵入方式（自定义文本/全文）：	
SHHD/HO 分类	犯罪特征（自定义文本/全文）：	

投诉人	证人	犯罪嫌疑人
姓：	姓：	姓：
名：	名：	名：
出生日期：	出生日期：	出生日期：
家庭住址：	家庭住址：	家庭住址：

受害人	可疑机动车辆	被逮捕/拘押人员
姓：	发动机编号：	日期：
名：	外观描述：	时间：

续表

出生日期：		场所：	
家庭住址：		提起指控/没有提起指控	
受害人陈述（自定义文本/全文）：		姓：	
身体伤害状况：		名：	
财产损失情况（被盗、损坏等情况）：		家庭住址：	
		被拘捕人陈述：	
		实施逮捕/拘押的警官：	
侦查调查日期备注（自定义文本/全文）：			

目前，对制服警察来说，撰写犯罪报告费时乏味。而且根据行政管理需要，警察部门要向相关部门分发多达 6 份犯罪报告副本。显然，地方情报的计算机化将极大地减轻文书工作的负担。事实上，对警员而言这也是系统的"卖点"之一。日后，警员只需向总部的一名视频显示器终端操作人员打电话告知其自己的需求，该操作员就会为警员打印出犯罪报告，这样一线警员就不用做大量文书工作了。

不过，我们必须清楚犯罪报告的作用，犯罪报告不只是记录指控罪行发生的日期、时间、地点等相关信息，还会不断记录调查进程，包括嫌疑人、目击证人、逮捕人员、拘留人员、被起诉人员的具体情况，以及在调查的不同阶段警察对案件的评价和想法。显然，这些信息对调查工作有直接的帮助。然而对于情报而言，同样重要的是提供这类信息供以后分析使用。因此，根据犯罪报告中的资料，可以确定某人曾经作为证人或嫌疑人卷入犯罪的次数，被警察讯问的次数，他或她被怀疑、逮捕、拘留和指控的次数，以及没有受到起诉的情况，这些信息都可以在起诉前就知晓。

目前洛锡安郡边境警署每年处理约 60000 份犯罪报告，计划到 1990 年处理 162000 份犯罪报告；届时数据库存储的年审讯数量也会由 17500 份增至 50000 份。然而，这里要记住的重要一点是，犯罪报告数据库存储的信息不包括"已经定罪罪犯和现行罪犯"。

"姓名索引"数据库存储的信息是有限制的，该数据库存储"已经定罪罪犯"的个人信息，这些资料目前在洛锡安郡边境警署刑事情报部的一份人工索引系统中保存。洛锡安郡边境警署强调说："我们不像其他警察局，我们向地方警察委员会保证我们记录的都是'服刑罪犯的真实信息'（factual information about convicted criminals）。"因此，他们的承诺是要求所记录的任何人的信息中不会有任何未经证实的流言蜚语，不论此人之前是否曾被定罪判刑。因此我们得知，为了计算机化的目的，目前存放在中央刑事情报中心的 80000 份档案（约占该地区人口总数的 10%）中，只有近 18000 份档案已经实现计算机化。但是，应当指出的是，在其他警署，如泰晤士河谷警署没有做出这种承诺。洛锡安郡边境警署将在一定程度上维持原来的人工情报索引系统。

姓名索引背后的数据很有意思。首先，数据显示刑事犯罪情报文件的计算机化程度，以每年新增 5000 份文件的速度，由 18000 份增长至 50000 份（需要注意的是这一增长不包括人工索引系统增加的文件）。预计新的情报和信息项目将以每年 100000 条的速度输入数据库。最为重要的是正在进行的计划：中央刑事情报中心的个案数目，将由目前的每年 26000 件增至约每年 200000 件。与犯罪报告一样，警察也能够通过自定义文本（全文）检索系统得到姓名索引的信息。表 3-3 也显示了姓名索引中包含的信息。

表 3-3　姓名索引的格式

档案编号：				
姓：	名：	性别：	出生日期：	出生地点：
SCRO/CRO 编号：	本地照片编号：		收集范围：	
别名/化名/绰号：				
家庭住址：	曾住址：			
职业：	现岗位：		现雇主：	
特征描述				
身高：	体重：		眼睛颜色/特性：	
头发颜色：	发型：		胡须：	
声音/口音：	其他显著特征（文身、疤痕等）：		生活习惯与癖好：	
行为习惯：	步态：			
作案手法				
地点与场所：	机动车辆：		经常出入的场所：	

续表

财物：	车辆号牌：	房屋：
侵入模式：	颜色：	家庭住址：
作案特征：	型号：	
	生产厂商：	

社会关系

姓：	名：	
住址：		
收集范围：		
检索编号：		
关注的原因：（自定义文本/全文）		调查报告：（自定义文本/全文）

  需要特别注意的是，尽管乍看之下姓名索引只与"现行罪犯"有关，但正如我们所见，自定义文本（全文）检索系统能让使用者浏览全部相关信息。因此，将已经定罪罪犯的同伙列入姓名档案时就引起了一些关切，特别是在将犯罪报告档案与交叉检索索引一起使用时，更会引起公众的关注。

  尽管姓名索引不包含流言蜚语和道听途说的东西，但是自定义文本（全文）检索系统能为警察提供"意见"和相关"观察"的报告记录（目击情况）。在排除谣言的同时，也就剔除了从第三方得来的间接信息，但不会排除警察直接从相关人员处获得的信息。

  现在可以看到，通过自定义文本（全文）检索系统，犯罪报告和姓名文件（nominal file）提供了大量的个人信息，这些涉及那些参与刑事诉讼的相关人员的个人信息，不管这些人与案件有多么的不相关，包括目击者、嫌疑人、被拘留者、被逮捕者、受害者等的记录和机动车辆的信息，这些信息都可以从犯罪报告中获取，而犯罪报告又可以参照姓名索引加以补充，反之亦然。

  目前，对这一数据库的管理和维护，无论是由警方或是由相关部门负责，都没有法律和相应的法规予以明确。尽管林多普数据保护委员会提出了相关建议，并得到内政大臣的保证，称政府"一旦有机会"就针对这一问题制定相关法规。但是到目前为止还没有人试图这样做。鉴于林多普数据保护委员会就是否有可能使用自定义文本（全文）索引系统进行有意义的审查持保留意见，考虑到警方不愿向该委员会提供使用刑事犯罪侦查部门计算机系统［该部门也利用自定义文本（全文）检索系统］的相关材料，并考虑到信息资源本身的性质，由一个独立机构建立一套适当的制度来监测对计算机系统的使用情况，这样的设想似乎很难实现。洛锡安郡边境警署的高级警官明白他们面对的问题和个人应当承担的责任：

> 坦率地说，记录任何事情——包括任何行动——都没有限制，有着无限的可能性。从某种意义上讲，事情能够得到极大改善。如果他们让一个独立的与此工作不相关的人员来运营并检查数据文件，并且最好是能随意接触文件而又没有太多的预先警告，那么确实能达到预期效果。不过，我真觉得这将是一个漫长且艰难的过程。如果人们对此的态度足够抵触的话，我敢肯定，在我们力所能及的范围内我们完全可以把想要隐藏的东西藏起来，让那些试图寻找这些信息的人找不着北。归根结底，现实中真正的问题都是信任问题。你知道，这就是所谓的共识性警务。

目前高级警官普遍认为，对新计算机系统上的信息唯一有效的管控，就是"警察纪律"：

> 当然，不需要太多的常识就能意识到，你可以欺骗一个监察机构或哄骗一位监察人员。唯一真正能阻止这种情况发生的基本事实是，警察队伍是一支纪律部队，警察工作有自己的纪律要求……我们已经做出了这样的承诺，我们不会去做，只要我还在这里，我们就不会那么做。

洛郡警察信息系统的自我约束控制机制，包括不将流言蜚语、道听途说和谣传的东西输入计算机化的档案文件，以及在向任何一个特定的人员开放该文件之前，警察局总部的一位侦缉总督察都会审查每一条信息资料，确保有关个人此前确实曾经被定罪判刑，可以被视为"现行罪犯"。然而，这些限制只适用于姓名档案/定名档案中的具体条目，而不适用于容量更大、信息量更充分的犯罪报告数据库。

由国家机构负责个人数据库的建设与发展，已经引起了相当大的批评，理由是这种做法存在侵犯隐私的可能性。同时，人们对信息的准确性和可靠性表示关切。对于该问题，前电视节目主持人迈克尔·巴雷特（Michael Barrett）的雇员简·马丁（Jan Martin）的案件被人们广泛引用。伦敦大都会警察局收到荷兰国家警察局提供的信息后，向泰勒·伍德罗公司透露，受到审讯的女士有可能与恐怖分子有关联。泰勒·伍德罗公司立即拒绝巴雷特和他的工作小组进入工厂，并告知巴雷特先生他们被拒绝的原因。通过马丁女士的父亲，一位前新苏格兰场的总探长出面证明了这些信息的来源是完全不准确的。[1]

人们不仅担心信息滥用，而且还担心信息安全。在许多情况下，国家警察计算机网络中心和泰晤士河谷警署的信息资源，曾经多次被在任和离职的警察滥用，而且警方计算机上保存的信息也可被外部调查人员获取。[2]

不应忘记所涉及的政治问题：有人指出，如果认识到这些数据可用于情报和监视，则可能会对这类资料的计算机化产生广泛的抵制。例如有人建议，国家警察计算机网络中心的运行是朝着秘密警务方向迈出的重要一步。邓肯·坎贝尔举例说明了国家警察计算机网络中心与位于斯旺西的驾驶员及车辆牌照中心之间的关系。一旦机动车辆的所有者改变了居所住址，就应当通知国家警察计算机网络中心。全国公民自由理事会的帕特里夏·休伊特（Patricia Hewitt）曾经这样写道："几乎不可思议的是，当时议会颁布了一项法律，要求所有公民在更换住址后，都需要告知警方。而现在，绝大多数成年人在没有任何法律规定的情况下，都已经按照这样的要求去做了。"[3]

此外人们还担心，对政治活动家和少数族裔群体的监视会损害民主结社和言论自由。并不是因为任何实际压迫的威胁，而是因为这些数据的"寒蝉效应"，以及个体因此不愿参与民主进程以及担忧"被参与"的后果。利用刑事情报对陪审员进行审查的具体事例只会增加这种关切。毫无疑问，这种焦虑既与警务工作的本质特征有关，也与更广泛的政治自由问题有关。

3.5　结论：警务工作中的动态平衡

警察工作合理化的所有方面的发展——专业化、集中化、理性化、电子

---

[1]　BBC, Panorama, March 1981.

[2]　See articles by Duncan Campbell in the *New Statesman*, 11, 17 and 25 Oct., 1981.

[3]　Hewitt, P., *The Abuse of Power*, Martin Robertson, Oxford, 1982, p. 50.

化——都是服务于提高每个人的工作效率这一个目标，以此提升整体的警力效率，其依据是更多的警察有助于更好地维持治安这一简单的警务理念。与此同时，二战后的警员实际人数与以前相比翻了一番。为达到这些目的而进行的改革已经使警务工作的质量发生了很大的变化，而且不一定是变得更好。"消防队式"警务，作为"单体巡逻警务"改革的一个不那么幸运和意想不到的结果，如今在一些警察部门的计算机指挥和控制系统中，已经制度化为一种常态。在提倡技术效率的口号下，这些只是让非人化、冷漠化的警察体制变得合理并取得合法地位。在地方情报系统的发展历程中，也存在同样的发展路径。巡逻警务系统中情报信息传递员的职能发生了革命性的改变。地方情报系统也经历了专业化、集中化的发展，以及目前正在经历的计算机化，发展的重点十分清晰。

没有人质疑从公众那里获取信息对警务工作的重要性。没有这些信息，警察就无法工作。但是信息搜集的方式却是多种多样的。在获取信息的各种方式中，有的信息是人们主动提供的，这种方式就是所谓的共识性警务。有的信息则是通过威胁、强迫或拷问获得的，这是警察国家的一种模式。不过，在这两种极端方式之间，还有其他方法可以获得信息。警方可以购买信息，比如雇用"告密者"、提供消息的线人以及"内线"。① 目击者也可以根据法律的强制要求提供相关的证据（《1980年苏格兰刑事司法法案》的一份草案赋予警方拘留嫌疑人和目击者的权力）。或者如本章所述，可以秘密但被动地收集信息或情报，或者鼓励警察更积极地参与。毫无疑问，还有其他方法可以用于搜集情报信息。然而问题是，获取信息的方式至少与拥有信息同样重要。任何时候，获取信息的方式都比任何其他指标或索引更能反映警察与公众之间的关系。事态的发展表明，现行警务工作在背离共识性警务理念方向上，已经迈出了实质性的一步。如果任其发展而不加以制止，这一趋势将变得更加明显。

实际上人们可能认为，警察与公众之间关系的恶化是为了更有效地侦查和预防犯罪而付出的小小代价。归根结底，侦查和起诉的确定性被认为是对犯罪行为最好的威慑。但是在实际拘捕犯罪嫌疑人方面，有效的侦查犯罪案

---

① 告密者（squeaks），类似于秘密举报人；线人（informants），警察发展或者控制的提供消息的人；内线（supergrasses），尤指本人也是犯罪团伙成员的人，主动或者被动向警方提供大量罪犯活动情报，以换取警察的宽大处理。——译者注

件需要公众的积极参与和配合，案件调查需要的信息往往是与案情相关的具体信息，所需的信息只有事发现场的目击者才能提供。因此，除了某些"自我报告"的犯罪行为，如"醉酒和无行为能力者"，以及"警察主动出击"而发起的逮捕行为（最常见是交通肇事）外，警察不太可能将案件侦破和逮捕罪犯全部归功于自己。

关于这个问题已经有大量的研究，最新的是曼彻斯特大学的迈克尔·查特顿博士（Michael Chatterton）的研究，我们在这里介绍一下他的研究成果。①

查特顿的研究对象是英格兰北部的一个警察局。他通过分析官方记录来确定公众在警方抓捕过程中的积极性和参与度。他发现大部分抓捕行动（67%）实际上是由公众"发起"的。有18%的罪犯（属于表3-4中"扣留或拘留"类别）是警方到达现场前，由受害者或目击者扣留的；15%的罪犯是警方到达时，由目击者明确地辨识身份的（"确定嫌犯姓名"）；另外还有11%的罪犯是在后续调查（"调查询问"）中发现的；6%的逮捕是在接到公众电话（"无线电呼叫"）后立即到达犯罪现场的警察实施的；7%的逮捕是根据证人提供的描述对周围地区进行搜查（"搜查"）后实施的，另有10%的逮捕是根据被拘留者（"涉嫌犯罪"）提供的信息进行的。

表 3-4　情报信息来源与导致逮捕的调查类型

侦查模式	刑事犯罪侦查部门（CID）		制服警察		案件总数（件）	百分比（%）
	数量（件）	百分比（%）	数量（件）	百分比（%）		
确定嫌犯姓名	155	25	50	7	205	15
搜查	10	2	85	12	95	7
调查询问	126	20	28	4	154	11
涉嫌犯罪	91	14	51	7	142	10
指纹	24	4	—	—	24	2
其他单位或部门	71	11	19	2	90	7
无线电呼叫	10	2	74	10	84	6

① Chatterton, M., "Police in Social Control", in King, J. F. S. (ed.), *Control without Custody*, CUP, Cambridge, 1976.

侦查模式	刑事犯罪侦查部门（CID）		制服警察		案件总数（件）	百分比（%）
	数量（件）	百分比（%）	数量（件）	百分比（%）		
警察发起	47	7	272	38	319	24
扣留或拘留	95	15	143	20	238	18
总计	629	100	722	100	1351	100

我们可以看到，这些信息都是针对具体情况的，而且在内容上也是相当特别的。我们可以说，这种逮捕是由警方所依赖的公众发起的。对于警察发起的逮捕，查特顿是这样定义的："逮捕不是根据公众的投诉或要求而实施的，如无线电呼叫或投诉，而是通过主动参与事件或与犯罪嫌疑人本人接触实施的逮捕（如前面提到的醉酒和无行为能力者、交通肇事等）。"在查特顿的研究中，这类逮捕在刑事犯罪侦查部门（CID）实施的逮捕行动中占24%。我们应该牢记一点，刑事情报被视为刑事犯罪侦查部门的一种重要资源，在制服警察逮捕的人员中，有38%的罪犯是通过这样的情报信息被抓捕的。通过指纹信息实施的逮捕只占2%。只有7%的逮捕不能从警察或公众发起的角度进行分析，因为这类逮捕行为是在接到其他单位或部门的请求后实施的。

研究表明，公众参与对警察工作有特殊重要性，即使是在目前的警察组织情况下也是如此。但是应当指出，在不同的司法管辖区和警管区内，公众参与警务工作的情况各不相同。在第2章中所描述的单元巡逻警管区，那里的警官欣然承认他们与公众的关系非常差，公众报告的犯罪结案率还不到全国平均水平的一半。事实上，正如我们所看到的那样，缺乏公共合作经常被认为是扭曲规则和把审讯作为调查犯罪主要手段的重要原因。在这种情况下，至少有理由认为这些做法会增强公众的不信任感，减少合作的可能性，从而增加警察采用其他方式工作的压力。

因此，反对普遍使用犯罪信息计算机系统的主要理由之一是，计算机系统里存储的信息种类不够全面，不足以用于侦查犯罪和逮捕罪犯。这一问题我们将在稍后进行详细讨论。在我们讨论这个问题之前，我们应当注意，不要将新技术的兴起简单地归结为警察与社区之间紧张的关系。如果这样归责的话，无异于本末倒置，因为在很大程度上，这一变化是自然发生的，不是由于警民缺乏合作而造成的。当然，其他因素也对这些问题的产生起到了一定的作用，主要是警方内部的原因而非警方外部的原因。其中一个因素就是警察文化。

我们已经注意到了实施"漂亮的抓捕"的"真正的警察工作"的理想模式，以及由此产生的威望和满足感。这本身并不特别令人惊讶，但在一个非常重要的意义上，"抓捕文化"及"真正的警察工作"的概念，与协商共同维持治安的共识性警务理念是背道而驰的。

"漂亮的抓捕"这一概念太宽泛，没法进行准确定义。最好是从执行逮捕的警察所拥有和利用的资源以及拘捕警察的足智多谋这个角度来思考。因此，警察凭借自己的积极主动性和拥有的情报信息资源，劳心费力地收集证据和不辞劳苦地开展侦查工作而实施的逮捕，被视为比由公众直接发起的或提供犯罪嫌疑人姓名而实施的拘捕或者其他直接指认而实施的逮捕更好。简单地说，越少利用外界信息完成抓捕行动，该抓捕行动就"越好"。

对"漂亮的抓捕"行动的重视，在不同层级的警察局内都受到了一致的重视。在研究期间，我们常常发现这种现象或听到这样的评论，年纪大的、在总部做案头工作的高级警官，常常后悔他们没能接触到"真正的警察工作"。一名警察在向刑事犯罪侦查部门移交了一个自己拘捕的"老练的罪犯"后，总部高级警官对此的反应让他感到既吃惊又满意：

> 太令人惊奇了！说实话，能抓到那家伙，完全是运气，正好那个点我在那儿，那天还是我做便衣警察的最后一天呢……我走进总部办公室时，副局长和头头们在那儿庆祝着……我真是一身邋遢！有个人说"就是他！"，然后就倒了杯没加冰块的威士忌给我。我就是他妈的英雄！能和那些头头们一起，感觉真爽！回到警署，我满嘴酒气地对高级督察大呼小叫……可他又没话可说！（一个已经工作了 5 年的基层警员）

值得注意的是，对高级警官来说，重视"漂亮的抓捕"行动不仅是他们的文化，也是投资昂贵技术和器材设备的一个理由，特别是可以公开地向公众表明由他们领导的"专业警察力量"的必要性和价值，这是他们自己社会地位的基础。

还应指出的是，警察队伍内部的专业精神本身，还进一步增强了警务工作只能由"专业人士"独立完成的观念，进而使警察与公众的关系更加疏远。实际上，对于像律师、医生、警察这样的专业人士来说，如果需要外界人士、门外汉、业余人士提供建议或资源的话，那就表明他们失败了，同时也是对他们职业地位的一种挑战。在高级警官中，这种想法已经占据主导地位，即在这个领域，应当由一支拥有专业知识或者"科学知识"的职业队伍来控制自己的资源，这样的专业队伍才是公众可以依赖的。这与依靠公众的力量开展警务工作的理念大相径庭。同样，否认警察的工作依赖于公众的支持所面对的压力是不言而喻的；把尖端复杂技术的吸引力作为专业知识的标志，所要面临的压力也是显而易见。

这种对警察文化性质的观察也许值得更详细的讨论。然而，就其现状而言，它们足以表明，在这种文化氛围中，计算机化已经被人们广泛接受，特定的部门也被鼓励多使用计算机办公。当我们将问题置于这种从未受到质疑的假设之下（现代警务问题的解决办法在于更多更好的装备精良的警察，以及警察的集中化和合理化），其结果是警察撤离社区，这也是理所当然的事。可以看出，一系列因素——文化、组织和技术因素——几乎共同导致了警察工作的发展越发偏离共识性警务理念的方向。

有人认为，情报信息的计算机化有利于警察主动发起的宽泛警务活动，有时这种警务活动被称为"先发制人式"警务。在这种活动中，相互依赖的关系被重新定义，以强调警察力量的独立性和专业性。不过，如果计算机系统所搜集的资料能够使那些受到冤枉的犯罪嫌疑人在警方的调查中被轻易地排除嫌疑并洗脱罪名，而让那些后来被证明是真正罪犯的人轻而易举地被逮捕，那么这种积极主动的"先发制人式"警务或许并不是一件坏事。

然而我们认为，警察所掌握的情报信息大多过于笼统，与具体罪行没有多大的关系。我们已经比较详细地论述了犯罪警察所采用的信息搜集方法和收集到的信息的性质和特点。我们也怀疑这些信息的准确性，因为这些信息通常不会比那些无根无据的流言蜚语和道听途说的谣传更有价值。此外，我们在前面的论述中已经提到，由于警察部门和警察人员之间的竞争以及渴望执行"漂亮的抓捕"，某些警察经常隐瞒不报相关的信息。然而更重要的是，有人指出，刑事情报系统的规模和组织的集中性，必然拓宽了相关性／关联性的标准：收到情报的警官不知道该信息是否与警察部门中的其他人有关、能否帮助其他警察，因此只好将所搜集到的每一种信息和任何事情都存储在计算机系统中。

从另一个方面来看，更重要的是，必须强调先发制人的警务策略，重视对犯罪的预测工作，特别是对那些有可能实施犯罪行为的人的行为进行预判。基于这些目的，所有的知识都是相关的，因为一个人掌握的信息越多，成功预测的可能性就越大。过去，由于旧的人工情报系统容量不足和作用有限，致使大街上的巡逻警察实际使用刑事情报的能力受到限制。现在有了新的计算机系统，其巨大的容量和超级能力使得获取信息更方便，这使情况发生了根本改变。

当然，整个社会不会因为这些创新而受到监视。实际上，与现在一样，警察活动更加关注某些阶层的人群。城市和村镇中工薪阶层居住区的居民，是报告犯罪案件最多的群体，因此会受到警方更多的关注。这种情况下，新技术和警务工作的合理化发展，对于警察的实际工作极为重要。如果城市中的某些地方比其他地方被施加了更高水平和更具有进攻性的警务措施，那么引发公众不满的可能性以及随之而来的各种问题发生的可能性都会相当的高。就警察预防犯罪和侦查犯罪而言，如果警务工作的效率不高，那么情况只会更糟。

先发制人的警务策略基于这样一个假设：那些犯过罪的人有可能再犯罪，即使他们还没有犯罪，警方也有权知道这些人的一举一动。托尼·班扬（Tony Bunyan）指出，刑事犯罪侦查局的特别小组和情报搜集工作的发展［地区犯罪侦查重案组、全国毒品犯罪情报局（National Drugs Intelligence Unit）、国家警察计算机网络中心］表明，这种警务模式已经在全国 70 多个城市发展开来。① 然而，"先发制人式"警务模式在地方层级的警署还远没有得到普及。可以预见的是，相关的警务策略和做法，在新的情报信息资源的支持下，将鼓励对更具侵略性的警务模式的探索。

刑事情报不仅为调查案件的侦查人员提供了一系列潜在的嫌疑人信息，而且还为他们提供了应该提出的问题。计算机信息系统还能够提供以前被怀疑、拘留、逮捕或指控犯有类似罪行的所有人员的名单（不论这些人是否被依法定罪判刑），它也确切地告诉一个案件的侦查人员还有多少悬而未决

---

① Bunyan, T., *The Political Police in Britain*, Quartet, London, 1977, ch. 2.

的同类罪行尚未侦破，以及这些案件的哪些信息与特定个人的具体情况相符合。从负责该项工作的警察的角度来看，在这种情况下，有效和明智的选择就是拘留并审讯潜在的嫌疑人。正如我们将要看到的那样，采取这样的行动需要修改现行的相关法律，根据《1980 年苏格兰刑事司法法案》第 2 条的规定，苏格兰警察已经获得了这一权力。同样，在英格兰和苏格兰，关于通过供词获得证据的可采性的法律标准已经逐步放宽，从苏格兰家庭和卫生部目前正在进行的研究来看，警察办案中已经越来越多地使用拘留和审讯作为获取证据的手段。

这种程序的内在危险在于，它们将被视为而且事实上确实是一种迫害，而不是起诉的一种方式，而且警察的角色也会发生变化。我们自己的研究表明，维持治安的警务模式已经发生了变化。除了犯罪警察外，有些地方的警察亦有从一些意想不到的地方获取信息资料的行为。我们曾经访谈过的一名地方警察这样描述自己的工作：

> 我们经常去学校。你从孩子那儿可以获得许多信息。他们七八岁时就开始明白我们是做什么的了，但是他们仍然喜欢夸耀他们的老大哥或爸爸的所作所为，所以我们经常从老师那里得到很多东西。

显然，将情报用于"先发制人式"警务，要求情报本身必须及时更新。据我们所知，如果一辆被国家警察计算机网络中心列为"可疑"的汽车，警察将其拦截下来后，检查发现该车的新车主是当地议员的妻子，那将是一件非常尴尬的事。在这方面，可以预见的是，诸如犯罪巡逻小组等部门的工作将变得越来越重要，而不是相反，因为随着姓名档案文件数量的增加，对更新档案信息的需求也增加了。为了达到这一目的，在街头进行"停车检查"——最近的法律支持该做法——的次数将增多，提出的犯罪指控必将增多，同时也将导致公众起诉警察骚扰的案件增多。

我们在这里所描述的情况只是推测性的。因此，也许可能有人会指责我们夸大了发生问题的可能性。然而我们发现，在警察的组织方面，一系列的行动使警察疏离公众的趋势不断加剧，这极大地不利于社区参与警察的执法活动。我们指出了可能造成的后果。不可否认的危险是，公众对警察工作方法和策略手段的转变、警察任务的合理化和集中化以及对警察文化和新技术的反应，可能结合在一起，再一次强化这样一种观念，即公众越发认为警察及其职能正在进一步地远离并独立于他们在社区的服务对象。警察面临的危险与公众面临的危险不相上下。

我们在上一章指出，现在对鼓励社区公众参与警务工作的计划重视不够及投入的人力不足。我们不太相信更雄心勃勃的"社区警务"项目计划能够有效地平衡我们前面所描述的警务工作的发展趋势。随着新的组织形式的制度化发展和新技术的运用，反应式警务（"消防队式"警务）和"先发制人式"警务模式的综合运用，证明这可能是一种远比人们所认识的社区警务策略（community-policing strategies）更为强大的警务策略。此外，不应忘记的是，虽然为了研究的目的，我们这里分别使用了反应式警务和"先发制人式"警务的提法，但在实践中，这两者绝不是相互排斥的。在英国的一些主要大城市，如格拉斯哥、利物浦、伯明翰、伦敦，大量的公共财政资金既用于打击刑事犯罪的情报系统的建设，又用于指挥和控制系统的建设。如果将这种警务工作创新，与在下一章中即将分析的对警务实际工作的适当的内部和外部控制机制以及第 5 章所述的法律发展一并考虑，我们就会发现，人们对警务发展的悲观看法并非完全没有根据。

在结束本章时需要做一个附加说明。虽然指挥、控制和犯罪信息系统都有潜在的危险，而且在目前的使用环境下，这标志着警务发展方向发生了质的变化，但我们并不是说所有的计算机辅助警务工作都是必须的，以及并不意味着计算机辅助系统本身是不好的。显然，一些计算机系统的部分用途是合理的，技术本身并不会导致我们所描述的后果。通过使用计算机对某一具体信息进行分析，显然可以促进对一个重大谋杀案件的调查。正如我们在最后一章指出的那样，警察对紧急呼叫做出迅速反应是非常可取的。显然，搜集这些资源是有用武之地的，如果说回避这些信息能够解决当代警务工作所面临的问题，那就像说要通过引入这些资源即可解决问题一样，都是十分荒谬的。只能说新技术的可用性会进一步促进已经存在的警务模式的发展与运转。如果不想要这种警务模式在今后十年中占主导地位，就必须改变警察的组织结构和工作方法。除非根据这些具体的改革情况对法律进行修订，否则任何改革措施都不会起到作用。改变警察组织和警察工作现状、修改法律以支持和强化这些改变，让新技术的发展符合社会的需要，也只有这样，警方与公众的相互依存关系才能重建，共识性警务的目标才能实现。

延展阅读资料

Bunyan, T., *The Political Police in Britain*, Quartet, London, 1977.

Campbell, D., "Society under Surveillance", in Hain, P. (ed.), *Policing the Police*, vol. 2, John Calder, London, 1980.

Chatterton, M., "Police in Social Control", in King, J. F. S. (ed.), *Control without Custody*, Cambridge University Press, Cambridge, 1976.

Mawby, R., *Policing the City*, Saxon House, London, 1979.

Pope, D. W. and Weiner, N. L., *Modern Policing*, Croom Helm, London, 1981.

Pounder, C. and Anderson, S., *The Police Use of Computers*, Technical Authors Group, Edinburgh, 1981.

第4章 问责制的地方政治

罗伯特·皮尔于 1829 年就提出了大都会警察法案,而英国警察在过去 20 年中才进行了巨大而深刻的体制改革。为取代组织松散的地方小型警察力量,自 60 年代初警方便齐心协力构建了现今遍布全国、组织严密、高度专业化、自治独立的警察机构。

1962 年的皇家警察委员会报告中提到英国全国共有 158 支地方警察力量。到 1972 年,这一数字已经减少了三分之二。因此,到 1982 年,除大都会警察局和伦敦金融城警察局外,英格兰和威尔士只剩下 41 个警察局,苏格兰只剩下 8 个警察局。目前,苏格兰大约一半的人口由一个警察局负责管理(斯特拉思克莱德警察局,管理的人口为 240 万),而且仍然面临着警察局数量进一步减少的压力。

这些新的警察机构正主导着英国警界的发展态势与发展方向。1962 年,除大都会警察局外,另有 8 个警察局每个管理着 100 万左右的人口,其中只有伯明翰警察局是城市警察局。城市警察局共有 23 个,其中 4 个警察局(曼彻斯特警察局、西米德兰兹郡警察局、西约克郡警察局和斯特拉思克莱德警察局)每个都管理着 200 万左右的人口。在大都会警察局管辖区域内,居住着超过 700 万的人口。因此,这 5 个警察局管理的总人口大约是整个英国人口的三分之一。这种情况下,期望地方警察机构对社区治安承担责任只能是一种奢望。

对合理化以及高效率的双重需求,使"消防队式"警务模式和"先发制人式"警务模式应运而生,这又直接导致"超级警察局"的诞生。而随之出现的一系列更深层次的问题使在街头执法的一线警察面临的问题更为尖锐。直截了当地说,实际上,新的警察管理体制既与民众太疏远,又与街头工作的一线警察太疏远。警察局局长的权力随着警察局人数的减少而增加,但他们并没有做出有意义的努力来使这一职位对地方层面的治安负责。因此政策制定已脱离地方民众的需要：在内部，警察集体的绝对力量和规模造成了管理和控制方面的严重困难；与此同时，内部纪律问题和公众投诉之间的矛盾也日渐尖锐。

任何规范警察行为的体系都要应对两个问题。一是如何将可接受的民主参与和有效的警务工作结合起来；二是如何确保经过协商一致后的警察政策在街面警务工作中得到有效落实。专注于对警察局局长的管控，虽然注意到了其中的第一个问题，但在确保对警察系统内部的有效控制方面，往往关注不够。

这两个问题不能分开处理。对外部问责和政策评估审查的任何考虑，都需要分析内部组织是有利于还是有碍于优先政策的实施。除非警察局局长能对基层进行有效管控，否则要求他们对地方治安负责是毫无意义的。因此在这方面，有必要将正式的问责制度与警察投诉制度和警察组织的内部政治有机结合起来。

4.1　地方责任

> 一个不受任何单一政党意识形态压力影响的警察部门，才能为公众的个人自由提供最稳妥可靠的和唯一的保障……然而，我确信有一个蓄谋已久的长期政治战略，正在摧毁经过实践证明有效的警察体制，并使其成为一个独裁政党的专门机构。①

大曼彻斯特郡警察局局长詹姆斯·安德顿（James Anderton）的上述言论表明，区分警察责任与警察的管控是多么的必要。虽然这两者在实践和讨论中可能会融为一体，但二者在理论上存在着重大的区别。问责制体现为做出决策后对决策承担的责任；另外，控制持续存在于受决策影响的地方，凡是决策持续产生影响的地方，都需要实施控制。因此，要求对警察局局长进行控制，就是要求在他们做出警务决定时有发言权；提议警察局局长负责，就是强调他们在实际工作中有决定行动事项的自由裁量权，同时规定他们有

---

① James Anderton, *The Guardian*, 17 March, 1982.

义务在事后证明这些决定是合理的。

现代警察局局长要对警察当局负责，警察当局是 19 世纪监督委员会（watch committees）的遗留。监督委员会对警务政策有极大控制权，有权解雇高级警官，可以而且经常要求下级每周报告一次。此外，他们还可以制定政策规定，警察局局长必须遵循这些政策规定［杰弗里·马歇尔（Geoffrey Marshall）① 举了个例子，在这个例子中，1890 年代的利物浦警察局局长威廉·诺特-鲍尔根据监督委员会的指示立即对妓院提起诉讼］。

1960 年出现了反对监督委员会的浪潮。前一年，内政部曾经支持诺丁汉警察局局长开普敦·坡普基斯（Captain Popkess）挑战监督委员会的警察监管权威，警察局局长一职不再只是监督委员会的"执行官"（executive officers）的想法也逐渐形成②。1962 年皇家警察委员会的报告详细研究了责任问题，认为警察局局长不应就执法政策对任何人负责，也不应听命于任何人。不过皇家警察委员会在提出上述问题后，并没有进而提出"在制定及实施有关……公众利益的政策"方面是否不需要任何监管的问题。③ 最后皇家警察委员会总结道：

> 我们认为，不能说我们所描述的这类职责要求完全不受外界影响，而这种影响在特定案件的执法方面，被普遍认为是必要的……在我们看来……警长应受到比现今人们开始认识到的监管制度安排更为有效的监督。

皇家警察委员会的报告发布后，1964 年《警察法》出台，却未能实现加强地方监管的目标。其主要作用是建立了新的警务督察机构（police authorities），即地方议会警务督察委员会。地方议会警务督察委员会的责任是"维持足够有效的地方警察力量"。为行使该职责，委员会需拥有一定权力，其委员构成也较为特殊，三分之二委员由地方议会任命，三分之一则选自地方治安官。时至今日，地方议会警务督察委员会还能够批准警察预算

---

① Marshall, G., "The Government of the Police since 1964", in Alderson, J. C. and Stead, J. (eds.), *The Police We Deserve*, Wolfe, London, 1973, p. 57.

② Marshall, G., *Police and Government*, Methuen, London, 1965, pp. 9-14.

③ Royal Commission on the Police, 1962: Report, Cmnd. 1728, HMSO, London, 1962, paras. 89-90.

（须经议会一致同意），任命警察局局长、副局长和局长助理（监督委员会任命所有警官），决定警察局规模（须经内政大臣同意），处理针对最高层级警官的投诉，提供楼房和设备，决定警察局局长的退休。尽管有年度报告，但对警察局局长管辖范围内任何关于警务工作的问题，地方议会警务督察委员会都可要求警察局局长递交相关报告。

然而在很多方面，警务督察委员会的监管还不如原来那样的监管体制有效。例如，正如休伊特（Hewitt）指出的那样[1]，内政部的薪酬条例规定，预算不需要警务督察委员会的核准，但 1979/80 年度的默西塞德郡的警察经费占了整个预算的 73%。同时，内政部直接拨付的经费也无须得到批准，如为泰晤士河谷警署的数据库建设拨发的经费。另外，警察局的合并也使警务督察委员会对地方警察力量的监管变得越发困难。杰弗里·马歇尔这样评价：

> 自然而然地，选举产生的警务督察委员会成员与其选民之间的关系越来越疏远，这也是不可避免的一种现象。一方面，真正的财政责任制已不复存在。联合督察委员会（joint authorities）向委员会中选举产生的督察专员递交年度预算报告，但我怀疑有不少选举产生的督察专员把预算报告作为评估警务一般支出水平的工具，或是当作仔细思考和谈论警察行政管理事务的工具……据我所知，实践中通常的做法是，及时向个别委员会成员或警务督察专员提供有关联合警务督察委员会的议程和备忘录，要求他们代表联合警务督察委员会采取行动。[2]

在警务督察委员会的作用受到削弱的同时，警察局局长的地位反而得到了巩固，英国警察局局长协会（ACPO）已经发展成为一个强大的集团，能影响政策制定。与此同时，内政部也加强了中央的集中监督功能。地方警务督察机构也不容易通过要求地方警察局提交报告来有效地行使其监察权力。1964 年《警察法》第 12 节第（3）项规定，如果警察局局长认为，这种报告的内容因涉及公众利益不应披露或为"履行警务督察功能所不需要"的

---

① Hewitt, P., *The Abase of Power*, Martin Robertson, Oxford, 1982, p. 60.

② Marshall, loc. cit., p. 59.

信息，他可以按照内政大臣的要求递交报告。

警务督察委员会的权力有限已让人担忧，然而数年来无法充分行使其权力的现状更令人担忧。工党刑事司法小组鼓励警务督察委员会成员积极行使他们手中的权力①。1976 年的一份调查显示，有 7 个警务督察委员会从来没有要求过警察局局长向他们提交报告，24 个警务督察委员会很少这样做②。同一调查报告还表明，英格兰和威尔士约一半的地方议会中警务督察委员会没有向议会提交报告，或在报告上标明"仅供参考"。

警务督察委员会采取这种温和的做法，也许表明了他们因纪律松弛而日益低落的士气。但是有一个人并没有气馁，她就是默西赛德郡警务督察委员会的玛格丽特·塞米（Margaret Simey）。近年来，她因与默西赛德郡警察局局长肯尼思·奥克斯福德（Kenneth Oxford）的观点不一致而声名远播。下议院议员杰克·斯特劳（Jack Straw）在他 1979 年提出的那个命运多舛的《警务督察委员会（权力）法案》的备忘录中，引用了塞米女士的一封信，信中这样写道：

> 多年来，为配合警察权力的持续扩张，警务督察委员会的作用始终在改变，不断地重新定位。对警察公共服务工作的民主监督（Democratic scrutiny）已减少到让人无法接受的程度……警务工作已完全变成了一种纯粹的职业责任。其重大的社会、政治影响正在不断扩大，警察部门已经完全掌握局势，而那些当选的警务督察委员会成员受到排挤，无法发挥作用。

她进一步断言，对于是否由警务督察委员会全体成员讨论警务督察委员会的议程备忘录问题，委员会自身无法做决定，做决定的反而是没有上诉权的郡县初级律师。

然而玛格丽特·塞米强调，警务督察委员会应更加积极地行使其权力，而非扩大其权限。也有人认为，很多措施都能加大警务督察委员会对警务工作的民主影响。当然，有证据表明，警察局局长如果愿意，他们可以使自己

---

① *Newsletter*, Labour Campaign for Criminal Justice, Winter, 1981.

② Hewitt, op. cit., p. 62, n. 16.

的行为免受警务督察委员会的审查，并能够降低警务督察委员会的地位。因此，当1979年西约克郡警务督察委员会要求警察局局长提供一份关于抓捕"开膛者"宣传活动拨款的报告时（警察局没有与警务督察委员会协商），在这份报告提交给警务督察委员会之前，警方就已经向新闻界披露了详细情况。最近，当默西赛德郡警务督察委员会的一位成员向警察局局长肯尼斯·奥克斯福德询问警方对吉米·凯利（Jimmy Kelly）死于拘留期间的调查细节时，警察局局长拒绝补充他此前已经向新闻媒体发表的声明。

在伦敦，警务督察委员会代表的是内政大臣，然而内政大臣与大都会警察局局长的交流从来都没有置于公众监督之下，这就使警务督察委员会履行其职责的处境更糟。我们最大的警察局的警务督察委员会，在涉及最具争议的警务问题特别是安全和公共秩序事务方面的问题时，只有在成为议会询问和辩论问题的情况下，才会成为公众讨论和问责的对象。内政大臣一直竭力回避该问题，并将这些问题贴上事务性工作的标签，由大都会警察局局长独自做出决定。

近年来，为使地方问责制更有效，各方在系统改革方面做了很大努力，却未取得什么显著成效。1979年工党议员杰克·斯特劳在下议院提交了《普通议员议案》（Private Member's Bill），试图为这种政策控制提供法律支撑。他认为，在皇家警察委员会1962年的报告中就提出了政策控制这一问题。他所提交的《警务督察委员会（权力）法案》，旨在赋予警务督察委员会在"一般警务政策"领域的决策权力。警察局局长必须按照这些政策行事，但有权推迟诉讼活动或将有关争端提交给内政大臣处理。此外，警务督察委员会还有权任命总警司和警司。

保守党政府不支持斯特劳的议案，议案最终未能成为法律。议案虽未通过，却激起了一场观点尖锐对立的辩论，甚至有些观点还充满了敌意。英国警察局局长协会会长艾伦·古迪森（Alan Goodison）认为，这只是冰山一角，是得寸进尺的开端，他警告说："一旦你允许政治影响力在治安问题上发挥作用……它就会彻底改变这个国家警务工作的性质"。然而有些人希望发生这种改变。工党在1981年一年一度的布莱顿会议（Brighton Conference）上通过决议，不仅解散了特别巡逻队（special patrol groups），批准建立了独立的警察投诉制度（independent police complaints system），而且还赋予地方警务督察委员会更大的权力。前内政大臣亚历克斯·里昂（Alex Lyon）议员警告说，唯一能够决定社区警务政策的是地方政务会议员，这是饱受暴乱蹂躏地区（如托克斯特思地区）的唯一希望。

从《警察联合会月刊》的编辑托尼·贾奇（Tony Judge）所说的话中就可以看出，有些想法在警察联合会中有多受欢迎。他认为，布莱顿会议的提案意味着政治"对警务管理进行赤裸裸的干扰，这会破坏警务工作的独立运作体系"。[①] 他说他并不是反对民主控制，因为这种制度已经存在于警务督察委员会之中，但是警务工作"不需要"政治干扰。同样，1981 年 5 月，《泰晤士报》的一位高层批评工党创建伦敦警察局警务督察委员会的提议，他认为，警察局作为不受政党干扰的机构难能可贵，而该提议无疑使警察局本已岌岌可危的地位更加危险。

关于问责制的提议似乎有两个问题。第一，在实践中可以在多大程度上加强对维持治安的警务政策的民主控制，而又不涉及严格意义上的业务运行事项。第二，呼吁加大民主控制的人是否能够准确地区分操作性问题和"更广泛的政策问题"（这些问题在 1981 年布莱顿会议的报告中没有得到充分的阐述）。在第一个问题上，正如杰克·斯特劳提出的温和的法案所设想的那样，在不进行全面控制的情况下，控制"一般警务政策"是可能的。例如，人们可以设想警务督察委员会可以就下列问题制定相关的政策，如是否增加巡逻警察的人数，是否加强对色情制品的监管，或是否应当实施社区警务策略。但是似乎可以通过"不保护这次游行"或"在下班时间总有一名警察在某街"等声明，来剥夺警务督察委员会直接指挥业务的权力。可以建立一种制度，使警察局局长可以就这些问题向指定的法院或特别法庭上诉，或将这些问题提交内政大臣处理。

第二个问题其实就是寻求哪种类型的控制。这是一个需要非常仔细定义的问题（对工党而言更是如此）。寻求一般的政策控制，如全面使用支持小组和监视政策可能是一回事，但试图对个别事件或犯罪的警务工作施加影响（不论是从实际运行情况来看，还是从竞选期间实施的警务政策情况来看），则可能是另一回事。

如果政党之间在正式责任方面（皇家警察委员会的沉默使该问题未能得到解决）出现政治僵局，那么还可使用其他办法解决问题。这种办法能够弥合警务督察委员会的监督审查与某些警察局和公众之间的非正式协商制

[①] *Police Review*, Nov. 1981, p. 24.

度之间的分歧。最近几年，约翰·奥尔德森提出了在地方层级进行警民磋商的建议，这是他的社区警务计划（community policing scheme）的重要组成部分①。同全国其他地方一样，在德文郡和康沃尔郡也设有警务督察委员会，但不同之处在于，这两个郡还设有社区警务协商小组。此外，警务人员亦会出席社区警务协商会议，并旁听协商会议上的辩论。1981年奥尔德森在向斯卡曼领导的调查委员会作证时说②，他提出的非正式协商制度安排必须建立在法制基础上、拥有法定地位。他还说，在地方政府层面上，应当要求警务督察委员会建立地方社区警察委员会，在城市的局部区域内设立邻里警察委员会（后者的职能将由农村目前的教区委员会执行）。奥尔德森认为，通过完全由选举产生的机构扩大对警察的控制，会产生潜在的政治控制危机（这也是他反对设立权力更强大的警务督察机构的原因）③，他的社区警察委员会计划试图避免不必要的党派偏见，成员有三个来源，三分之一的成员来自警务督察委员会成员，三分之一来自县或市议会议员，三分之一来自志愿组织提名的代表。

奥尔德森的社区警察委员会的工作将是"代表公众利益，并收集管辖范围内有关犯罪和警察问题的信息"④。社区警察委员会将有权询问该地区的治安问题和警务政策，并向警务督察委员会提出相关建议。他们将采纳邻里警察委员会或教区委员会的问题解决方案并执行其决议，还有权派一名观察员出席警务督察委员会的会议。伦敦可以设立大都会警察委员会以管理伦敦大都会地区，委员会分别由内政大臣、伦敦自治区和大伦敦市议会（Greater London Council）各自任命三分之一的成员。每个自治城市都有自治社区警察委员会（borough community police council），与郡级社区警察委员会类似。为了进一步扩大社区警务的政治基础，奥尔德森还提议，在中央政府一级设立一个社区警务咨询部门，由内政部以及卫生和社会保障部、教育部、科学和环境部共同发起成立。

然而，大都会警察局却有不同看法。威尔弗雷德·吉布森（Wilfred Gibson）是管理制服警察的助理局长，他给奥尔德森的想法贴上不切实际的

---

① 对非法定地方警务委员会的建议，see Marshall, loc. cit., p. 61.

② Alderson, J. C., "The Case for Community Policing: Submission to Scarman", 1981.

③ Hewitt, 1982, op. cit., p. 68, n. 25.

④ Alderson, op. cit.

标签。他认为，奥尔德森提议的中央政府咨询部门根本起不了作用，因为牵涉很多其他部门的利益和职权；至于新的社区警察委员会，普通咨询方法无法弥合的鸿沟社区警察委员会也无能为力。

然而在布里克斯顿骚乱之后，斯卡曼认为，警察和社区代表之间自愿协商关系的破裂，是发生暴乱的一个关键原因。其报告表明，在特勤巡逻队（Special Patrol Group）的频繁活动中，警方在未告知社区领导的情况下就采取了行动，然而在"81 沼泽行动"中，警方采取行动前，甚至连在该地区巡逻的本地警察也没有事先得到通知[1]。至于借助公共联络部门，斯卡曼承认许多警察机构已经设置了这类部门，但他说：

> 很多向调查组提供证据的人，都只将联络处视作公关部门。他们说，高级警官不愿与地方社区领导讨论警务工作问题，很多情况下甚至拒绝进行任何讨论。

斯卡曼认为，并非所有的接触都会受到"政治干扰"，他说：

> 社区参与警务政策制定和日常警务工作是完全可行的，不会削弱警察的独立性，也不会破坏那些必须保密的与打击犯罪有关的秘密行动。

他由此得出结论说：

> 我深信，问责制是成功协商和顺应社会需要的警务工作的关键。像布里克斯顿骚乱所显示的那样，完全依赖"自发"的协商机制是行不通的，它必须具有法律制度的保障。

斯卡曼与奥尔德森有一个观点是一致的，即责任与沟通协商之间缺乏充分联系，尤其是在伦敦这种联系"微乎其微"。斯卡曼说，问责制的三个缺陷让他明白了，治安法官只为警察委员会效力；对于任命高级警官，警务督

---

① Scarman, The Brixton Disorders, 10 - 12 April 1981, Cmnd. 8427, HMSO, 1981, para. 4. 37 （Scarman Report）.

察委员会的权力十分有限，而警察委员会也没有建立协商机制的职责。

斯卡曼说，解决问题的办法不是改变警务督察委员会的正式权力，而是让其更加积极地将社区意见反映给警察局。斯卡曼表示，如果法律赋予警务督察委员会建立联络委员会（liaison committees）的法定责任，那么这将鼓励他们采取更加有力的行动，发挥更加积极的作用——一个自发协商的组织没有什么作用，因为它在压力下会很快崩溃。他建议将这种责任上升为法律，他还同意奥尔德森的观点，提倡在伦敦大都会地区设立法定的地区级自治协商委员会，伦敦以外地区则在警察分局或其派出机构设立协商委员会。

毫不奇怪的是，奥尔德森将《关于立法建立协商委员会的提议》称为"提出的一项最重要的建议"。其他警察局局长仍旧反对这种正式的制度安排。英国警察局局长协会提出的观点非常有道理：反对民主监督是因其"政治色彩"太浓，然而非政治协商又太不民主！在《皇家警察委员会关于布里克斯顿骚乱的调查报告》（以下简称"《斯卡曼报告》"）发表后不久，莱斯特郡警察局局长艾伦·古迪森在向下议院种族关系和移民小组委员会作证时，陈述道：

> 建立联络委员会的提议相当不错，但是社区代表应该怎么产生呢？有些社区领导名不副实，有些人根本不能代表基层民众，他们自以为是广大民众的代表，可实际上他们根本不能回应民众的呼声……我们必须辨识出那些真正愿意帮助我们的少数群体成员。[1]

英国内政大臣威廉·怀特洛 1981 年 12 月 10 日在下议院表示，如果相关的讨论结果坚定地指向这一方向，他"不排除"设立一个法定框架，但他随后表示，"首先应当与全国所有的警务督察委员会的代表和警察局局长们共同就这一问题展开讨论"。英国警察局局长协会似乎极有可能劝说政府保留自主协商机制，而该机制受到斯卡曼的严厉批评。奥尔德森已指出，政府对斯卡曼提出的建立法定的协商委员会的提议表示了不满[2]。

---

[1] *The Times*, 15 Dec. 1981.

[2] 参见 1981 年 12 月 8 日《泰晤士报》的新闻报道。1982 年 6 月，内政部向所有警务督察委员会和警察局局长发出通知，要求各地设立警察-社区协商委员会（police-community consultative committees），并规定了警察-社区协商委员会的运行规则和指南。这类协商委员会本身并不具备《斯卡曼报告》中所谓的法定依据。（《泰晤士报》，1982 年 6 月 17 日）

4.2 关于问责制的结论

在地方建立法定的协商委员会，为每个警察局设立警务督察局（委员会），建立这样的双重监督体制有充分的理由。然而，建立协商委员会、设立警务督察局时，必须避免不同政党的政客对警方的具体运作细节指手画脚。基于这一点，我们提议保留警务督察局，但必须对权力和结构进行某种改革。警务督察局的成员应由地方议会选举产生的成员组成（如苏格兰的情况），同时不再任命治安法官（特别不可取的是，那些受到警方审讯的人被带到法庭上，并与警务督察委员会的委员们坐在一起，这尤其令人不满）。警务督察委员会应该有权为警察局局长制定"政策指导"，同时应当强化警务督察委员会要求警察局局长向其报告工作的权力。

警务督察委员会的另一职责是认真考虑社区警察委员会的意见，应赋予警务督察委员会设立分局和派出机构的法定责任。在这一点上，我们不会效仿约翰·奥尔德森的去政治化的提议，使这些委员会非政治化，并对其组织结构进行调整，以确保民间志愿组织的代表性等。因为，不管以什么方式操纵警务督察委员会和社区警察委员会的组成成员，都很可能会引起比这更多的困难。哪些人有资格代表民间志愿组织？哪些组织可以成为咨询机构？警察能够成为咨询人员吗？这样做能够避免政治偏见吗？

协商委员会（consultative councils）全体成员，可以按照苏格兰社区委员会或英格兰和威尔士农村地区的教区委员会的方式，通过选举产生。然而根据法律规定，警察必须与公众代表进行合理的协商，才能超越单纯的公共关系。为此需再次强调必须从法律上规定不同层级的人员在协商委员会会议上的代表权。因此，正如第 2 章所述的那样，来自地方警察部门的警察代表必须包括高级督察、督察、警司以及至少一名警员。这样的协商和审查制度就具有双重选举制度的保障。就此问题而言，那些大声疾呼不应"政治干预"的人应该放心，因为如果像皇家警察委员会所建议的那样，将起诉职能从警察手中剥离出来并交由一名独立的皇家检察官行使，那么政治控制的危险就会减少。另外，警务督察委员会政治偏见的危险可能被夸大了，许多人可能已经忘记，1962 年皇家警察委员会对这种危险不屑一顾，为消除人们的顾虑，皇家警察委员会在报告中写道："我们理解这些疑虑，但苏格兰、英格兰和威尔士的经验表明，这些担忧是毫无根据的。"① 近年来，苏格兰虽有很多政治抗议，但对选举产生警务督察委员会成员这一做法的异议很少。

也许警察局局长会反对使用政策指导，但我们可以预料，他们一定会抵制警务督察委员会插手警察局的日常工作。《斯特劳法案》（Straw Bill）中有条款允许警察局局长在某些特定情况下延迟采取诉讼行动或交由内政大臣处理。应注意，如果警务督察委员会的"政策指导"太过于具体、太具强制性而近乎直接的指示或指令的话②，法院是不会承认其合法性的，这样可使警察局局长免受不必要的干扰。法庭是不会让警察局局长受制于政策指导而无法履行其职责的，不会容许政策指导凌驾于警察局局长执行法律的一般责任之上。而从这个角度来看，指导制度实在是一项温和的建议。赋予警务督察委员会更多的权力、要求警察局提交报告——就像《斯特劳法案》中所规定的那样——也不会导致实际情况发生根本改变，它只会让警察局局长承担更重的责任，让他们在有限的时间内以书面形式证明拒绝向警务督察委员会提交报告的决定是正当的。如果警察局局长能够轻易地绕开督察制度、拒不向警务督察委员会报告敏感信息，那么建立这样的监督系统就没有意义。这样看来，以上所述似乎是合情合理的。

至于法定的协商委员会，斯卡曼的观点似乎是正确的，他认为协商委员会应当具有法定地位，这才会使它们更容易经得住像1981年布里克斯顿骚乱那样的考验。在"政党政治"方面，应该铭记的是，地方事务问题比党派政治更具优势，任何一个警务督察委员会的政治偏见都可能被另外一个警务督察委员会所抵消。而且在任何情况下，这些机构都不具有强制性，而只有协商性。在进一步评价奥尔德森式的协商委员会时还可以说，彻底的选举制以及问题较少的替代办法，可能会被明智的选民所利用，对此可以为志愿组织、教会团体等制定合理的代表制度。

---

① Bunyard, R. S., *Police Organization and Command*, MacDonald & Evans, Plymouth, 1978, p. 44.

② *Laker Airways v. Department of Trade*, ［1977］2 WLR 237 and article by Baldwin, G. R. in *Public Law*, 1978, p. 57.

4.3 对警察的投诉

市民对警方的信心和信任，在很大程度上来源于他们相信投诉会得到公平和有效的处理。然而直到最近几年，警方才对警察自己进行调查并决定对投诉采取何种行动的制度做了某些改变。《1976 年警察法》于 1977 年 6 月生效，规定设立警察投诉委员会（Police Complaints Board），但该委员会的职责不是对警察进行调查，而是在警察调查后发挥有限的作用。这一举措是在激烈的幕后谈判和讨价还价之后实施的①。警察联合会和警司们抵制这项改革举措，而警察局局长们则主张进行事后审查（ex post facto review），即在调查结束后，由独立人士查阅相关的调查文件，他们反对设立警察投诉委员会，认为这是对警察局局长行使纪律惩戒权力的干涉。

内政部在重要问题上做出了让步，以使警察联合会接受警察投诉委员会的建议。内政部承诺，投诉内容的副本将送达警官，且警察联合会有权使用财政预算资金起诉那些毫无根据的虚假投诉和恶意投诉②。当《1976 年警察法》经审议通过并正式生效以后，警察联合会声称，他们将"在必要时提起控告"，以阻止那些恶意投诉，但没有提到有多少有正当理由的投诉会被阻止。

即便如此，罗伯特·马克（1972~1977 年任大都会警察局局长）仍然不满。他说不会为新改革的制度服务，因此提早退休了。与其他人一样，他希望进行事后审查，并反对警察投诉委员会插手警察局局长的纪律惩戒和调查工作。他辩称，《1976 年警察法》设立的新投诉制度（除其他条款外，将由警察投诉委员会设立投诉审理委员会）不会允许他像 1977 年之前那样"清除"警察队伍中的腐败警官。他认为，聪明且腐败的警察会绕开正式的监督网络，而非正式行动可能更有效地迫使他们辞职（然而，德里克·汉弗莱认为，尽管这样的论点对腐败的伦敦警察局而言，可能很有道理，但它忽略了在其他地方建立一个公开和公正的非选拔的一般投诉制度的必要性）③。

那么新的投诉制度的运行情况如何呢？一旦有人提出投诉，警察局必须

---

① 关于《1976 年警察法》出台背后的细节，see Humphry, D., "The Complaints System", in Hain, P. (ed.), *Policing the Police*, vol. 1, John Calder, London, 1979.

② Home Office Circular, pp. 63, 77.

③ Humphry, D., loc. cit., p. 49.

详尽记录投诉内容和对投诉的处理情况。警察局副局长负责投诉事宜，记录投诉内容后，警察局必须尽快对投诉内容进行调查（如果警察投诉委员会在四个月内未收到记录副本，那么警察局必须对延迟递交记录做出说明）。《1976年警察法》规定若投诉表明确有违反《警察纪律规定》的行为，那么必须由一名来自其他警察分局（在大都会则由其他片区）的警司及以上级别的警官进行调查（大都会警察局则由总警督及以上级别的警官进行调查）。更严重的投诉，须由其他警察局的警官进行调查，但警察投诉委员会也表示，副警长对外部调查员的任命并不总是给予足够的重视①。

调查报告完成后，将呈交给警察局副局长，如果报告表明存在刑事犯罪的证据，则警察局副局长必须将报告转交公诉署署长②。如果公诉署署长决定不提起控告，或者没有刑事犯罪的证据，那么警察局副局长必须决定是否采取纪律处分。如果需要采取纪律处分，则由警察局局长决定如何处分，如果不采取纪律处分或对纪律处分存在争议，则由警察局副局长将报告副本递交给警察投诉委员会（有些情况下，结案后再将报告递交给警察投诉委员会）。只有在这最后阶段，警察投诉委员会才可要求进一步调查，建议给予纪律处分，或命令成立纪律处分审裁委员会或小组。

因此，警察投诉委员会无权对投诉进行调查。除了将投诉递交给警察局局长外，它不能对直接提交给它的投诉采取行动。警察投诉委员会亦无权处理公众投诉中针对警务人员提起的刑事诉讼。警察投诉委员会在1977年的报告中说：

> 在警察对投诉进行记录并调查处理完毕，并在必要时将投诉提交给公诉署署长后，警察投诉委员会才能发挥积极作用。警察投诉委员会不能质疑皇家检察长对刑事诉讼的决定。若警察局副局长决定采取纪律处

---

① Triennial Review Report, 1980, Police Complaints Board, Cmnd. 1966, 1980, para. 34.

② 公诉署署长（director of public prosecution），是英国于1879年建立的一种"公诉长官制度"，但公诉长官只就刑事案件的起诉制定规范意见，提供法律指导，而不亲自出庭公诉。英国是普通法的发源地，也是当事人主义或对抗制刑事诉讼的源头国家。在19世纪以前，英国奉行"任何人都可以起诉"的自由主义，刑事指控主要是由被害人承担，治安法官可以为被害人调查犯罪签发搜查令或提供其他帮助。19世纪以后，警察机关逐渐担负起侦查犯罪和起诉罪犯的双重职责。根据《1985年犯罪起诉法》，英国自1985年起建立王室检察院，在英格兰和威尔士实行由王室检察院提起公诉的制度。原来的"公诉长官"成为王室检察院的总检察长（DPP）。王室检察官取代了原来的出庭律师，亲自出庭公诉，并参与量刑程序。——译者注

分，警察投诉委员会也无权改变纪律处分的内容。在这种情况下，只有指控被否认时，警察投诉委员会才能决定是否让纪律处分审裁小组审理指控……不过，警察投诉委员会的职能并不是就投诉的是非曲直做出判断，或判断警务人员、投诉人是否有过失；投诉委员会也不能处理补偿或赔偿事宜。①

数据可以表明警察投诉委员会的影响力十分有限。1980 年，在 14984 例投诉中，警察投诉委员会只建议对 18 起投诉进行纪律处分。《1976 年警察法》旨在恢复民众对案件调查公正度的信心，然而收效甚微。警察投诉委员会在成立一年后，地方警察局向其转交的案例"比预想少很多"。不仅如此，《星期日泰晤士报》公布的一项调查也显示，案件调查的时间比以前长了，很多案件被拖延处理，有效的投诉也减少了。

导致以上情况的原因之一是，（内政部制定的）新程序要求记录所有投诉（即使是鸡毛蒜皮的小事）。以前投诉被记录前，投诉者会与高级警官讨论，决定是否撤回投诉。另一原因是，被拖延和被驳回的投诉都是对警察联合会做出的让步。警察系统内发行的《警察与公众：对警方的投诉》小册子令人灰心丧气，小册子说警察会收到投诉副本，并带有威胁性的警告，对错误、恶意投诉，警方会对投诉者采取法律行动。

斯卡曼认为《1976 年警察法》未能让公众放心，他说：

> 有证据表明……公众普遍对现行警察投诉系统缺乏信心，这种情况极为不妙。总的来说，人们不信任警方对自己进行调查的公正度。这样说可能对警方不公平，可除非该体系中非警方的独立组织能够发挥更大作用，否则公众的信任度还会继续下降。

现行制度的一个缺点是很明显的：无论是否在稍后阶段涉及警察投诉委员会，投诉的初步调查都是由警察进行的，而正如斯卡曼所说，这个制度是否充满活力也受到市民的怀疑。例如，吉米·凯利（Jimmy Kelly）在默西塞德郡警察局死亡后，在对案件进行的调查中，关于对警察进行选择性问话

---

① Annual Report, 1977, Police Complaints Board.

的指控肯定没有增加人们对该制度的信心①，警察投诉委员会也指出，对警察证人的询问并不总是像规定的那样严密和严格②。另一个令人不满的原因是，投诉内容的有效性（这不是偏见——据说投诉拖沓、烦琐）常常给混乱的局面火上浇油。不仅如此，斯卡曼被告知，投诉是如何常常直接针对个别警察而不是着眼于整体警务政策的不足。

也许对于投诉制度最大的不满在于禁止双重危险的"同一事不再审理"原则（double jeopardy rule）。原则上来说，如果判决已经发生法律效力，则被告不得再次因同样的罪名被起诉。帕特里夏·休伊特（Patricia Hewitt）描述了1975~1976年内政部和警察联合会是如何就此达成一致的③。如果皇家总检察长认为现有的证据不足以提出刑事指控，警察将不会受到纪律处分④。在实践中，这一共识意味着，由于公诉署署长（皇家总检察长）考虑到对警察定罪的困难⑤，起诉的可能性很低，采取纪律处分的障碍也很大。皇家总检察长关于不起诉的决定，具有宣告免除警官违纪责任的效果。⑥

可以理解的是，公众信心低下意味着人们倾向于把投诉视为浪费时间的事（斯卡曼说，人们"普遍不愿意"进行投诉）。正是公众对这种投诉制度的普遍不信任，而不是任何偏袒的结果，导致了对投诉制度的改革。1980年，警察投诉委员会提出建议：应当抽调部分警官成立一个独立的小组，回应独立的律师或法官提出的问题，并负责调查任何关于警察严重伤害案件的指控⑦。这一建议在提交内政部工作小组审议时（该小组由普洛登领导，他是警察投诉委员会的主席）被否决了。鉴于警察和检察官代表在工作小组中占绝大多数席位，这一结果并不让人意外⑧。

皇家警察委员会在1981年1月的报告中未提及投诉问题，于是内政部工作小组立马公布了自己的提议，即扩大借调小组的规模，来自不同警察局

---

① Hewitt, op. cit. , p. 72.

② Triennial Review Report, 1980, Police Complaints Board, paras. 60-62.

③ Hewitt, op. cit. , p. 73.

④ Home Office Circular, pp. 32, 80.

⑤ Triennial Review Report, 1980, Police Complaints Board, para. 97.

⑥ Ibid. , para. 100.

⑦ Ibid.

⑧ *The Establishment of an Independent Element in the Investigation of Complaints against the Police*, Cmnd. 8194, HMSO, 1981; "Police Fend off Reform of Complaints Procedure", *Rights*, May/June, 1981.

的警察将共同调查，警察投诉委员会主席或副主席也将监督对重大投诉进行的调查。

该一揽子计划中没有什么举措能够令任何人满意，因为依然是警方对自己人进行调查，警察投诉委员会的代表对重大投诉的调查情况的监督必须在高级警官的"协助"下进行。因此媒体不断呼吁，要求进行更加彻底的改革。1981 年夏天，《泰晤士报》披露了一份内政部研究室从未发表的报告，报告称对被指控人身伤害的警察进行的内部调查存在严重缺陷，而骚乱进一步激发了人们的不满，内政大臣威廉·怀特洛同意再次审查评估投诉制度[①]。经过深思熟虑，内政大臣决定在警察咨询委员会（Police Advisory Board）中成立一个工作小组，由内政部部长贝尔斯特德主持，对该问题进行研究。

1981 年末，《斯卡曼报告》初具雏形，下议院议员阿尔夫·达布斯（Alf Dubs）向议会做了 10 分钟演讲，阐述一项改革警察投诉制度的法案。他敦促由一个独立的警察督察专员（independent police ombudsman）和其领导的小组进行调查，并表示在过去的三周里，包括曼彻斯特警察局局长詹姆斯·安德顿在内，至少有 3 名局长表明支持设立独立投诉调查小组（好像警方已经提前从威廉·怀特洛那儿读到了《斯卡曼报告》的副本）。警察联合会一直反对成立独立调查小组，却在 11 月 8 日的申明中来了个 180 度的大转弯。詹姆斯·贾丁（James Jardine）说，这不是引入"独立的元素"，而是将投诉"一股脑儿地"全部交由一个新的独立调查机构处理。他继续说，投诉问题拖了太长时间，已严重地损害了警察与公众之间的关系。然而，设立新的投诉调查机构也不应以损害警察的利益为代价；作为一种交换，贾丁建议在这样的独立机构的整个调查过程中，应当增强警察的公民权利（包括法律代表）。但是这些权利又将导致纪律比目前更加难以得到遵守。

高级警官不同意以上观点。肯特郡的巴里·佩因（Barry Pain）代表英格兰和威尔士高级警官协会（Association of Chief Police Officers of England and Wales）认为，警察联合会的提议不切实际，他说："这似乎完全忽视了警察局局长及其下属警察队伍之间的纪律关系，我们也认为该提议无法实现

---

① *The Times*，31 July 1981.

计划的目标。"① 到此为止，争论已进入白热化阶段。一周以后，《观察家报》（*Observer*）刊登了题为《我们的警察是否风采依旧?》的文章②，并公布了一项观察员不对外公开的民意调查以及其他事项。调查显示，近年来，几乎每四个人中就有一个人对警察没有信心。

斯卡曼于 1981 年 11 月 25 日发表了著名的《斯卡曼报告》，受到公众欢迎。我们看到，他已发现现行投诉制度缺乏公信力，但也看到建立独立调查委员会存在实际困难，因为建立委员会就意味着每年将耗费 900 万英镑。他的"激进"提议是，建立一个新的独立调查委员会，不仅有权调查重大投诉，而且有权调查所有投诉。他认为，如果认为该提议不切实际，那么另一个选择是，在内政部工作小组中选择一名外行监管人（lay supervisor），在其他警察局警官的协助下进行调查，但有两个条件：调查重大投诉时，外行监管人有责任（而非自由裁量权）让其他警察局的警察参与调查，且独立督察员（independent supervisor）必须是警察投诉委员会主席或由主席亲自指定的人员。独立督察员应当参与调查，并有权指导调查事项③。此外，斯卡曼还建议设立一个法定调解程序（statutory conciliation procedure），根据这一程序，各警察局任命一名督察级警官参与调解，以作为对每一次投诉进行正式记录与处理的替代措施。至于"同一事不再审理"原则，他认为应该更灵活一些，这样才不会阻碍采取适当的纪律处分。

4.4　对投诉问题的结论

政府是否对投诉采取行动，取决于民政事务特别委员会（Home Affairs Select Committee）的结论，委员会虽然会慎重考虑，但是极易按照保守党内政部的方针做决定④。我们的观点倾向于斯卡曼的"激进"提

---

① *Police*, Nov. 1981.

② *Observer*, 15 Nov. 1981.

③ Scarman Report, para. 7.23.

④ 参见威廉·怀特洛（William Whitelaw）1981 年 12 月 10 日在下议院的陈词。附言：1982 年 6 月，下议院特别委员会（House of Commons Select Committee）《关于民政事务的报告》赞成任命陪审法官（assessors）来监督对严重投诉案件的调查（暗示警察投诉委员会可能会这样做），但大多数人反对由独立机构来调查投诉的制度。（载于 1982 年 6 月 2 日《泰晤士报》）

议，而该提议又类似全国公民自由理事会（National Council for Civil Liberties）向斯卡曼提供的证词中所建议的程序。全国公民自由理事会认为，调查小组成员不仅要从警察局中选调，还应从诸如海关和国家税务局等其他单位选调，以作为克服斯卡曼所设想的实际困难的一种方法。我们对此会给予适当的关注，任何有关从更多单位选调警员的安排，都应有利于公众信心的提高。

这类独立检控小组（independent prosecuting teams）不仅应有权在普通案件中采取行动，而且还应有权处理在法庭定罪至随后上诉期间对警察渎职行为提出申诉的案件。这个以正义之名成立的组织，长期以来一直在与警察做斗争，警察从投诉发生直到上诉裁决（而一旦上诉做出裁决，则一切为时已晚）之前都处于待审期（sub judice），警察倾向于拒绝对这些投诉进行调查。尽管内政大臣确实对"正义运动"（justice campaign）做出了回应，于 1977 年 4 月向警察局局长发出了一份通知，敦促对此类调查采取灵活的做法，但这种行政行为远远不能解决问题。任何独立的调查组织都应被赋予调查这类案件的法定权力，如果这类调查有可能对上诉产生影响，则应对这些调查给予高度重视。

最后，不应忽视所有投诉制度的首要困境。斯卡曼的议案中有这样一个程序建议，这个程序要求警务督察应该到警察局与投诉人见面，并"尽可能寻求与投诉人和解"。犬儒主义者担心该做法可能阻止警方将公众投诉记录在案，加上威胁要对错误、恶意投诉采取法律手段的宣传小册子，这种担忧也不无道理。因此，要想实行斯卡曼的建议，必须对投诉警察者的权利进行更加准确的定义，并重新起草内政部关于投诉的小册子，删除被德里克·汉弗莱称为"恐吓性"的言语[1]。独立调查员参与对投诉的初步评估将有助于处理这方面的问题，《斯卡曼报告》中也有这样的建议，即投诉应提交警务督察局、协商委员会、公民咨询局（Citizens Advice Bureaux）以及警察局。如果这些规定能够成为法律条款（具有法律基础），这将能够起到冷静调解的作用，对建立一个可接受的、公开的投诉制度具有重大贡献。

---

[1] Humphry, loc. cit., p. 63.

4.5　警察局局长的权力

除非能够真正精简警察机构、改变警察机构中的组织控制体系，否则我们对地方问责制度和投诉制度的改革建议就无法真正发挥作用。如果问责制度和投诉制度只能附属于现行组织机构，那么其作用将微乎其微。

目前，有关警务工作与警察责任的争论基于两个狭隘的观点。一种观点认为，在过去二十年中，警察局局长的权力随着其所能够自由控制的警察力量的增强而不断增加，所需要做的事情就是将警察局局长置于更大的外部监管和影响之下，这样就能够解决由此带来的问题。另一种观点认为，警察局局长应该做出他们认为合理的决定，因为他们是唯一有资格做决定的人。这两种观点都是片面的，都将问题归咎于高级警官拥有的权力过大，而没有考虑到该权力的基础。警察局局长制定政策的能力是由警察机构自身特点及其内部控制体系的特点决定的。在现代社会，警察机构及其控制体系的特点是非常明显的，那就是严格地限制政策制定者的决策权。

例如，如果需要重新部署警察并使其"回到街上巡逻"，这是一件令人称心如意的事情，那么就需要对各级警察部门进行改组。首先，必须增加巡逻警察的人数。为使警队力量平衡，势必减少原本分配给特别行动小组和特别小分队的警察人数。为此，必须扭转通过专业化实现合理化的进程。这又需要对政策优先事项进行审查（哪项工作应当重点关注和强调？应该有多少名警员执行一般巡逻任务？缉毒小组需要多少名警员？反欺诈小组需要多少名警员？许多问题都将接踵而至）。其次，更根本的问题是，需要重新定义职业结构、职业流动性和职位晋升标准（如何评估警察的工作能力和工作效率？职位晋升的标准是什么？高级警察的职责和作用是什么？）。同时还会遇到培训和监管方面的新问题（普通警员应该拥有多大的自主行动权和自由裁量权？如何定义普通职责？喝口茶的事儿①在什么样的情况下是偷懒、在什么情况下是为了工作？）。

正如我们所见，这些问题并不是单靠聘用更多警员去巡逻便可解决的。

---

① 喝口茶的事儿（a cup of tea），做喜欢而又会做之事，指去酒吧等休闲场所，可能是为了放松，也可能是为了搜集信息、调查案件。——译者注

真正的困难是，执行这些政策将破坏警察局局长和高级警官行使权力和进行控制的基础。直截了当地说，某些政策从一开始就是违反规定的。任何将决策权交还给街头一线普通警察的政策，都是对现行的警察组织和控制制度的否定。过去 20 年中，这种制度的明确目标是限制普通警察的自主决定权。虽然官方一直强调普通警察的个人责任，但现在只有高级警官才拥有对警察这个集体化机构的实质性管理权与控制权。这都是一系列内部改革的结果。特别是当监督与纪律、职业结构和职业流动性、工作规范和专业化方面的变化交织在一起的时候，街头警察进行决策的范围、多样性和能力就被缩小和削弱了。

控制的重点已从消极的限制转向积极的引导，即从简单地告知警察什么工作不能做，进而让他们循规蹈矩地继续工作，转向积极地指导警察在各种情况下应该怎么去做。于是命令变得非常具体，为警察在各种情况下提供了行动指南，这些情况包括飞机失事、拦截超速摩托车驾驶者，甚至具体到何时佩戴警察帽这类细节问题上。警察队伍中的每个职位——如地区警察、操作室警察、管理警司、训练警司等——都有明确具体的职责和常规职能（见附录）。

在警察机构设立初期，对警察工作进行这样的精细划分是不现实的，因为无法与街头巡警保持持续的接触与交流，而这种交流接触才是工作细化的意义所在。于是监管控制范围就受到了限制，最初的监管制度就建立在消极限制、定时检查的基础上，同时还有传统的军事纪律辅助管理①。最初，交流是通过哨子和喋喋不休地快速讲话实现的，后来警察岗亭电话使交流方式精细了一点，但是直到 20 世纪 60 年代应用了个人无线电技术后，警察内部管理制度的改革才成为可能。

对大多数警察来说，"叽叽"无线电收音机既是一种沟通联络的优势，也是一种劣势。无线电呼叫既是生命之线，又是一种束缚之线。无线电使偷懒的情况大幅减少，但与此同时，对呼救报警电话又须立刻回应。老警察常说无线电呼叫降低了年轻警察的积极性，减少了他们的常识储备。据说这种工作的"氛围"也发生了改变。在下面的谈话中，一位年轻的警员反驳了

---

① Chatterton, M., "Police in Social Control", in King, J. F. S. (ed.), *Control without Custody*, CUP, Cambridge, 1976.

两位年长警官的说法，即与 25 年前相比，今天的警察队伍缺乏纪律性：

　　警察一（23 岁）：你的意思是，当今警察队伍缺乏纪律性？我完全不同意你的看法。

　　警察二：到处都是这种情况。不管是在学校、家里，还是其他地方。

　　警察一：但在警察局不是这样吧？现在警察局的情况与很多年前不一样了。现在和过去不一样了……我们现在生活得更健康！

　　警察二：你工作几年了？四年还是五年？

　　警察一：我知道。我只是把我听到的……你和别人跟我说的都说出来罢了。

　　警察二：好吧。过去警察有更多……自由。

　　警司：过去他们常常想法子偷懒。

　　警察二：是的，但那时警察精神好。那时年轻警察精神好，有集体精神。

　　警察一：你瞧瞧！你不能一边说他们精神好、爱偷懒，一边又说他们更有纪律性！

　　警司：问题在于，那时警察没有个人无线电。这对工作既是好事又是坏事。很多时候，他们必须更加主动，因为没有无线电，就没法过问做什么；但从另一面来说，高级警官永远不知道你在忙什么。一旦你被警司看到就完蛋了，他看到的是什么就是什么。

　　警察二：那时工作更叫人愉快，比现在的满足感更强。不像现在这样被约束着。

　　警司：现在的工作与以前完全不同了。警察不像以往那样拥有自主决定权了，被管得更死。

引入计算机化的命令控制系统，就是为了进一步控制、限制普通警员的权力。由于控制系统发展得更精密、更完善了，对高级警官和警司管理、指导新警察的职责进行的改革也越发明显。警察培训已成为一项独立工作，不再需要老警察"带着新警察在警管区巡逻了"。老警察对这种改变也感到十分难过：

以前，你要指导新警察怎么工作。如果你不是特别忙，最好带他们去总部，看看刑事犯罪侦查局侦探的工作，看看犯罪记录，去法庭……让他们对工作有大致的了解。现在的新警察就没有这种机会了……首先，现在总部太远了，其次老警察要接听很多呼叫电话，时间紧，法律也很复杂……总之，现在的工作与以往很不一样了。（一位任职20年的警员）

工作指导的性质随之改变，基本的街头警务工作培训被直接管理所取代。指导警官的职责也逐渐减少，只确保警察履行职责，以及在正确的时间和地点按照指南的要求工作。

在某种程度上，这些发展是20世纪六七十年代警力缺乏造成的。警方后来扩招，致使现在很多警署里年轻警察太多，很多老警察对此也感到担忧：

现在的情况是，菜鸟教新手怎么工作。然而他们中的很多人对工作一无所知。其他警察要他们读读指南、照着指南说的做。所以真当他们上了街，不是与你一起坐在车里啥也不做、傻乎乎地盯着天、像是要逮住"超速"飞机，就是忙得团团转，见着个人、遇到个事都要管管，结果总是陷入麻烦，最后只能打电话求助老警察。（有15年工作经验的普通警察）

不过，缺乏可转任其他工作的经验丰富的警员这一现状，不太可能单靠招聘政策的改变来解决。我们早些时候注意到，巡逻警察的工作发生了变化，巡逻工作不再需要太多技巧，工作价值降低。而《警务工作指南》对普通警察的职责范围与责任义务进行了严格规定，将其局限在更小范围内。巡警逐渐成为高级警官指挥的街头棋子。莫文·琼斯（Mervyn Jones）（在职警察）在其所著的《警察行为的组织性》（*Organisational Aspects of Police Behaviour*）一书中这样写道：

以前的巡逻警察可以说是全能警察，他们能够应对诸如交通事故、青少年犯罪等各种情况。而现在，所有这些工作都由专门警察负责处理。结果是，与专门警察相比，巡逻警察的工作变得没什么意思、没什么挑战性可言。于是，一些聪明的巡警感到制服警察受到忽视，从而投入专门警察的队伍，因为专门警察的工作更令人满意。①

为此，琼斯给出证据表明，有经验的警察都逐渐离开了巡逻岗位，离开的人太多，以至于在街上步行巡逻的警察 90% 都是没有经验的年轻人。他公正地指出，该研究结果否定了"官方说法"，官方一直将"马路天使"（beat bobby，巡逻警察）的工作视作最重要、最受重视的警察工作，实则不然：

> 对警察最有效的处罚不是免职或辞退，而是威胁让其返回街头巡逻部门工作。对很多警察来说，巡逻不是最重要的警务工作，而是最郁闷的警务工作。②

巡逻工作的专业化及其地位的降低，创造了新的惩罚方式和新的职业体系控制制度。正因为巡逻工作的地位大大降低，该工作被视作极其枯燥无味的常规工作。虽然这也会影响警务人员完成工作的方式，但很明显，警务人员会承受相当的压力，警务规则要求警员服从、坚守岗位并"与上司保持一致"。下面一段话描述了一位年轻警官对他返回巡逻警管区从事巡逻工作的反应：

> 我知道迟早是要回去的。除非能晋升，否则还是得回去巡逻。但是我真的、真的不想回去。和驾车巡逻相比，步行巡逻真的太单调了。在冰冷潮湿的天气，还得走路巡逻……哦!!! 和驾车巡逻相比，步行巡逻真是无事可做。当然如果不怕辛苦，还是有事可做的。特别是在城区里……可做的事很多。有时候你会忙得不可开交，可是早班和晚班又闲得令人发慌。不过巡逻工作也有它的好处，与驾车巡逻相比，步行巡逻能更多地接触百姓、参与社区生活，即便只是与商店老板一起喝茶聊天。但至少人们知道你的名字，仅就这一点而言，也是相当不错的一份差事。不过，可能事后会有警司甚至因为你与商店老板喝茶而斥责你。

---

① Mervyn Jones, J., *Organisational Aspects of Police Behaviour*, Gower, 1981, p. 100.

② Ibid., p. 91.

（一位拥有 5 年工作经验的普通警察）

年轻警察显然对工作中所遇到的这种监督层级感到不满。现行命令对每一个岗位的职责都做了相应的规定，但有些规定与现实脱节，这可能是传统导致的，也可能是总部负责政策制定的文件起草者导致的。两名年轻警察（一名 22 岁，一名 23 岁）回忆他们初次接触巡警工作的情形：

警察一：以前有个警司只要逮着你喝茶，你就惨了。想想都觉得这不可理喻。

警察二：大家都会喝茶，上头也知道，可要是让他们逮着了，他们就会发飙。

警察一：真是不可理喻。上头有些想法实在愚蠢。我第一次在城里巡逻是夜班，但是 10 点到 11 点要与邻区巡警一起巡逻，之后再分开巡逻。我就奇怪了："10 点到 11 点由两人巡逻，肯定是怕酒吧关门以后出事……可现在就算到 11 点，客人都不会走，更别说关门了。""哦，是的……事情就是这样。部门的命令就是这样的。"你看看，大家都明白这多么不合理。好在上头最终做了调整。

警察二：我知道他们是怎么看我们这些年轻警察的，这种感觉很不好。就我看，有些事真是太死板了。那些经历过战争的人聚在一起，就回到了他们那个年代，还是使用 1939 年、1940 年的操作规程，这些规程与现实完全脱节。

警察一：看看总部。我们和总部的唯一联系就是刑事犯罪侦查局，除此以外的联系就是领新制服、领汽油或是在餐厅里喝咖啡。同其他部门（如计划部、局长办公室）则完全没有机会接触，感觉它们好像不存在似的。我没接到过他们的任何指令，他们也不知道我的情况。我都不知道他们到底在忙些什么。当然他们肯定有事可做，只是我不知道罢了。

警察二：我经常接触总部的一些人，和他们一起玩橄榄球和板球。可有些人太落伍了。他们在那儿待了五六年，就完全与外面的世界脱节了。警察工作对他们来说就是办公室工作。

警察一：所以他们压根没理由教我们怎么做，他们根本不知道实际情况是什么样的。我们这么说没什么恶意。如果他们就是想教我们怎么做，随他们好了。可糟糕的是，所有决定都是他们说了算，政策、操作指南，那些条条框框都是他们说了算。

警察二：我们还没准备好就开始执勤了。先在总部进行两周的综合课程培训，这培训真垃圾。就这两周，让我后悔进了警察这行，那时我真准备一走了之。然后又在大学接受为期8个星期的培训，很多人觉得这倒挺不错的，但是真当你上街后，会发现实际情况与之前学的完全不是一回事。理论上，应该有一名有经验的警察带着我们上街，但带我上街的第一个警察却是个实习警察。我们真的是没有得到任何引导。对此我很担心，因为到现在我都不确定该怎么行使我的权力……有个新手，他对要做的事完全没弄明白，他指控一个辱骂别人的家伙！可没有哪项条款规定可以起诉随意骂人者，可他就觉得自己做得是对的，这家伙在光天化日之下辱骂一名女士。因为他在电视上听过"损害名誉"这个说法，所以他觉得这么做没问题。可这遭到很多人嘲笑和批评……但谁都有可能犯类似的错误。

警察一：现在很多年轻警察为了减少麻烦，严格地按照规章办事。真的，有些警察完全就是教条主义。他们随意起诉他人，只是为了给上司留下深刻印象，以利于职业发展。这样做也确实奏效，可我做不出来。如果真是完全照章办事，别人会觉得你多管闲事，这可一点都不好。不过我们很幸运。我们的高级警司能看穿这些胡言乱语……反正我觉得他能看出来，老警察都说他可以。但是很多上司就喜欢下属时时刻刻"中规中矩地完全照章办事，完完全全地坚持依规依矩"。这就得看你的上司是谁了。听着，就我而言，我很高兴在这里做我正在做的事情，我喜欢我的工作。

随着这些变化的发生，警察队伍的内部纪律的性质也发生了变化。旧式的军事化纪律已经让位于更多的非正式性纪律约束。随着这台机器中的每一个部门各司其职各尽其责，人们越来越重视所谓的"团队合作"。当然，纪律守则仍然有作用，年长的警官仍然高度重视勤恳踏实的"老黄牛精神"和男子汉式马桶盖发型体现出来的"职业精神面貌"。但是这些旧有的警察精神现在所起的作用越来越小。在大多数警察队伍中，会举行更多非正式的"咨询会议"——至少每年为警官举办一次，每三个月为新警员举行一次——评估警官的工作记录，讨论"职业机会"，并对警员的总体业绩进行评估。警方高度重视警察的志向与抱负，以及继续工作和获得晋升的愿望。

在提供咨询服务的同时，工作满意度也是一个必须处理的问题。因此，许多警察部门逐渐发展出了人事及福利部门。然而重要的是，这类改革创新的方方面面都受到了高度关注。警官们显然更喜欢"柔性管理方法"。与此同时，毫无疑问，"人事管理"也具有集中纪律管理的作用。对表现好的警察的奖励，要么是晋升，要么是将其调离街头巡逻工作，调到一个专业化的警察部门工作。对那些不能适应当前警务工作的警察，对其惩罚的措施就是将其调回到制服巡警部门从事街头巡逻工作，或是调到更单调乏味和不那么具有专业性的专设部门工作。

鉴于这些变化，从基层看，如何使警察成为好警察的官方标准已经发生了变化。这是部分警察感觉痛苦的根源。对专业化的强调、对特殊培训和文凭证书的强调，与许多警察对自己的期望形成了强烈的冲突。尤其是工作了较长时间的警察对此产生了极大的不满情绪，因为他们感到在过去十年或十五年里，自己的工作正变得越来越无趣，对工作的控制力也逐渐消失：

> 现在警察局不是什么人都招了，他们不要像乔·索普①和他兄弟那样的普通人了。以前普通人都可以当警察，现在就不行了。现在招的都是大学毕业生、本科生，以及那些通过考试的孩子们。我告诉你，如果他们想要这样的警察队伍，那就得是军事化管理的警察队伍，警察都是进行军事化管理的"专家"，可这些人做不好警察工作。真正该招的应该是能用 90% 的常识和 10% 的法律知识在街上工作的人。这样的人知道什么事有问题，虽然他们一下子说不出问题在哪儿，说不出"这出自《1946 年煤炭工业国有化法》"（*Coal Nationalization Act* 1946），他们压根就没听过，但他们知道出问题了，知道该怎么做，他们先把人抓起来，再回警署查阅相关文件。他们不能一字不漏地说出所有法规，而那些大学生进了警察局，就开始研究法规，能把法规说得头头是道，但

---

① 乔·索普（Joe Soap），出自 1943 年约翰·亨特（John Hunt）和艾伦·普林格尔（Alan Pringle）出版的《军事俚语词典》（*Book of Military Slang*），是指那些"不会说话"或者不那么聪明的部队士兵。这些人表现出"过分愿意"的态度，因此通常指那些"唯命是从"的蠢蛋或傀儡。——译者注

他们处理不了问题。要是能回到原来警察做普通工作的时候就好了……还有，要想升职做局长或担任其他官职，你得够聪明。但是，一个警察局里有 2500 名警察，只有一名局长。所以，想爬到那个位置比登天还难！（一位 34 岁的普通警察）

因此，在现代警察机构中，警察受到一系列相互关联的管理规则、职业限制和业务操作规范的约束。为使该控制制度有效运行，必须扩大局长和高级警官的权力。然而，这种权力是建立在现行组织形式及采取的相关战略基础之上的，因此我们看到了"指挥和控制管理系统"与"消防队式"警务模式之间的对应关系。这种情况下，要抛弃"消防队式"警务模式，就需要对组织体系进行根本改革，而这种改革又会影响到警察局局长的权力。然而，不能夸大这一权力的范围，我们现在必须保持客观公正，审视工作中存在的制衡这一权力的力量。

4.6 地方警察局的权力制衡

与他们之前给我们配备的设备一样，这些无线传呼机也没什么用。以前是个人无线电、汽车无线电，现在是计算机。但不管怎样，我们总有办法避开它们的视线。如果我想从这儿消失一会儿，我就可以消失。不管他们用的是按钮、无线电还是其他设备，我都可以照样消失。而且他们永远阻止不了一名警察这么做。（一名警察局局长）

警察在私下说话时充满了对总部政策制定者的贬损：他们生活在"迪士尼乐园"的虚幻梦境之中，做着那些"敌死你"的工作——一会儿置身于一个环境，一会儿跑到另外一种环境中，传递着"奥运圣火"——他们永远都不想离开那里。也许他们就是典型的"蘑菇人"（mushroom men），即使把他们一直关押在黑暗中，他们也依旧感到快乐。

当然，并不是所有人都是这样。仍然有一些高级警官被人们赞誉为"实实在在的好警察"（good practical policemen），所以他们离开"迪士尼乐园"的梦幻泡影，"重新回到"基层警署这一"现实环境"工作时仍然备受尊敬。这些警察仍旧记得基本规则，这些规则使不够高效的制度得以运转，起码至少能让警察完成工作。他们能忍受某些权力滥用和违规行为，明白什么时候不能滥用职权，明白在什么范围内行事比较安全。他们还清楚，在警察分局和地方警署那边，还存在另外一套运行规则，使他们能够避免陷于工作和法律的麻烦。

警察，尤其是普通警察，对麻烦一直都很警醒，无论麻烦是来自街上还是来自"工作本身"①。警务督察局的监督和上司的严格监管是永远不能忽略的。能做什么、不能做什么都是有规定的，但正如所有规则体系一样，在规定范围内，仍有自由行事的权利。警察找到了能够应对工作的实际办法，为他们做认为该做的事开辟了空间。

但是使用这些非正式办法达到目的，常常使街头警察陷入与正式规章制度相矛盾的境地，因此高层赋予的权力到基层后，需在一定范围内重新协商。

一名警察如果陷入麻烦，不管其所作所为是否遵守了纪律准则、警察规范或法律，他的同事都会认为这是他自己的责任，绝不会让他把其他人也拖下水。如果要严格照章办事依规处置，那么有关人员都会受到牵连。没有人经得起太详细的审查，因此每个人都很容易受到牵连。正因如此，打破规则做事也须遵守相应的潜规则。年轻的实习警察必须学习并谨慎遵循这些潜规则。恰如其分地遵守这些潜规则，行为就具有了坚实的基础，能够得到同侪的信任与接纳；相反，不遵循潜规则行事，就会受到排挤。

对法律未明确说明或事件本身不好界定的情况，采用例行办法（practical routines）就能在处理情况的同时保护自己。尽管采取例行办法风险较大，但是警察局内外都能接受。还有些办法就更加隐秘了。

家庭纠纷就是典型的一类情况。一般警察都不希望接到有关家庭暴力的电话。法律对情感的处理就同情感一样让人摸不着头脑。因此警察就要采取不同办法处理该问题。如果丈夫醉酒，警察会将其带上警车兜一大圈，再与其步行回家，让其"醒醒酒，冷静冷静"，且不会进行起诉。另一种做法是，如果有迹象表明丈夫动粗，却没有目击者，警察会将其赶出屋，故意打

---

① Chatterton, M., "Practical Coppers, Oarsmen and Administrators: Front-line Supervisory Styles in Police Organisations", ISA Conference, Oxford, 1981.

破平静。如果问题能够当场解决，警察会有意摆出一副爱管闲事的架势，让夫妻俩和好，当然这种做法不对。这些做法存在极大风险，因为法律被破坏、被滥用，纪律准则也受到公然轻视。事情有时会错得离谱。

年轻警察必须学会处理问题的常用办法，明白怎么避免麻烦。下面是一名警察讲述的新来的实习警察的情况：

> 他来的第一天，整个警察局一片哗然。有两次，别人直接用头撞他，不到两周他就进了医院。只有他学会怎么和人说话，才能成为一名好警察。他本该说"嘿，别犯傻了"，结果他脱口而出"你再不走，我就拧下你的脑袋"。他必须学会说话。

实习警察要学会分辨什么样的暴力行为是合法的，什么样的强制力是违法的。从开始处理事情起，就得明白这一点。实际上，"训练"常常十分直观。有一次，一名实习警察目击了现场情况：

> 某天深夜，当地酒吧里的违法饮酒行为变得越来越严重。几名警察和民众都在场，街上很安静。无线电对讲机响起，一名年轻警察主动提出去处理一个小情况（不构成犯罪）。他说过会儿就回来处理这边的事。一名老资历的警察就指责说："如果你接到报警电话，你会怎么做？把你的同事撂在这、叫他一个人处理这烂摊子？记住，你要保护好自己；如果他不行了，你就得上。"

警察应在工作中保护自己免于麻烦，该规则也适用于街头执法工作。当然这会使一些人不满。例如，一名精明的警察在闻到驾驶人身上有酒味后，即使驾驶人是自己的朋友，也要叫他停车。如果不停车，到前面出了问题怎么办？司机肯定会说是警察叫他往前开的。这类情况下，基于自我保护的需要，警察一定要照章办事，免得惹上麻烦。

警察工作的其他领域则更容易引起争论。例如，人们对合法使用的暴力程度持不同的态度，对使用暴力的合法性有不同的看法。对一些警察来说，暴力总是最后的手段，以暴力手段为威胁但备而不用。有些人很乐意动辄"挥舞棍棒"，拳头满天飞，而另一些人基于"自我保护"（在这两种意义上）的需要而使用警棍。正如一名警探所解释的那样：

> 我不会直接打人，我会使用警棍。如果直接打人，很有可能因伤害而被起诉。使用警棍如果是为了保护自己，避免手受伤，并且事后会在备忘录中记下当时的情况，就不会惹上麻烦。（警探）

每个警察都有不同的工作方式。只要不违规，人们就能够容忍和接受彼此不同的工作方式。但那些以牺牲规则为代价，只为自己利益着想的警察，"他们随意侵犯他人的辖区及工作领域，并将他人置于不利境地"，就不会被同事接受。那些一本正经的"制服架子"① 也被排除在外，他们为了使自己免受伤害，一副公事公办严格执法的样子，这样子的警察是靠不住的，"一旦你遇到了麻烦，就别指望他们能够帮你一把"。另外，那些"务实的警察"了解并遵循各种规则（包括各种显规则和潜规则），能够为他的同事们所信赖。因此，在那些认为"变通规则"有必要且合法的警署和警队内，同事之间的关系更亲密，彼此提供掩护而不过问细节。正如一位警官所说，"你永远不会缺第二个证人"。高级警官也有这样的期望②。

很多研究揭示了不同警衔的警官之间进行协商的过程。普通警员希望他们的直接上司，即那些高级警官——中士、督察、总督察——对他们在街上的工作和表现感到满意，只要遵守基本规则就能完成工作任务，并避免不必要的麻烦。作为回报，他们希望上司默许他们采取"必要的越权行为"以及采取睁一只眼闭一只眼"莫管闲事"的做法。一名警士这样解释该制度在日常工作中的运作情况以及他自己对该制度的态度：

> 警士：我没什么麻烦。我管理的这个小组不错，他们工作团结，因此我就不必太费心。总体上讲，我的工作主要就是确保他们不违反规则。当然你得明白有些人就是不守规则，所以我会加以控制……但是不能管得太死，管得太死是不行的。必须确保年轻人得到正确引导。

---

① 制服架子（uniform carriers），本意是指那些（自身不受感染而传播疾病的）病菌携带者，这里是指对警务工作和警务文化不了解、照搬书本和条条框框、干不成事反而坏事的人。——译者注

② Reiner, R., *The Blue-Coated Worker*, CUP, Cambridge, 1978, p. 188.

问题：你觉得对上司的忠诚与对下属的同事感情，是否让你陷入两难境地？

警士：警士常常会遇到这种情况。但对此我毫不犹豫，我不会背叛自己的下属，但是我也必须执行上司的命令，确保命令得以执行。

问题：如果你和上司意见不一致，你会怎么做？

警士：我会和上司讨论讨论，但如果他们坚持，那就只能按照他们说的做。不过我和警督、高级督察的关系不错，因此如果确实是一派胡言，我会提出来。不过我是不会去打扰总部的上司的……因为我知道我的诉求得不到回应。最终确定下来后，一切都是白纸黑字的，你就得执行，年轻警察也会照做的。

问题：你们会经常保护警队里的其他人吗？

警士：嗯……会的，包括高级督察在内。如果我搞砸了什么事，警督会问"怎么回事呀？"之后也不会追究了。如果一名年轻警察搞砸了，他们自己会处理好，有时我也会亲自处理。我们都会保护其他同事。比如，不久前两个年轻小伙子看着别人正在偷车上的东西，却袖手旁观。他们觉得"那辆车飞不了，我们先去办好其他事，等会儿再来处理"。等他俩回来，却发现汽车的轮子都被偷走了。我们想把这事摆平，于是高级督察亲自出马处理了这事……我们很少会把搞砸事的警察臭骂一顿。警察系统就是这样，如果有人真犯了错，全组的人都会说他不过是个办事不牢靠、撒尿都要打湿裤子的家伙，这样他就不会再出这种事了。

因此，普通警察非常重视"最佳搭档"和"优秀的高级警官"，因为他们知道"街头警务工作是怎么回事"。他们能和更高级的警察协商，以改变现有体系，至少能够发表一下对工作环境的意见，这极其重要：

我们认为自己是精英，是这一带最好的小组。这个组尤其不错，当然这都是我们努力的结果。我们无法选择上面分配下来的警察，但是我们很幸运有这样的上司。当我们听说有人员调动时，我们一般会和警司说一下，让他知道我们想要和什么样的人一起工作。然后他会说服警督和高级督察，这样一路下来，最后我们就能得到想要的新同事。不过得

说明白，本来是不该这样的。在有些警署，这种事想都不敢想。（普通警察）

麻烦的来源有很多，比如来自同事、上司、公众和法律。法律规则不仅常被视为司法判决的绊脚石，更被视作警务工作的绊脚石。但在我们研究的警察部门中，几乎没有迹象表明他们拥有的权力不够或受到了较大的限制。有人抱怨法律的规定不清晰，警察"不知道他们该采取何种立场"，在处理文件的同时，还需要准备出庭作证，这些工作占用了他们的大量时间，也令人相当不满。法律遇到的最大障碍就是糟糕的警民关系以及民众对警察的不良印象，尤其是证人拒绝作证。对此，必须采取相应的办法，可结果就是，按照相关规定，这些办法不仅是违反纪律规定的，甚至还是违法的。这些办法都有赖于隐秘性和对行事程序较好的理解。然而需要指出的是，警察行为是受限制的，他们的所作所为都是受约束的，不可以"构陷"犯罪嫌疑人。为取得口供，警察必须对嫌疑人施加压力，但前提是警方必须掌握确凿证据。否则，逼供的风险就太大。明智的警察则会"等到下次有机会时再行动"。

与法律有关的问题将在下一章讨论。下面的对话反映了警察对这一领域相关问题的看法。我们一直谨慎地选择相关的对话，这些对话的观点在研究小组内有关广泛的共识，根据我们自己的经验和我们交谈的警官的意见，这些陈述都具有典型性，代表的是跨部门的观点：

警司（警察总部投诉部）：令我们最担心的是，我们收到大量对警察态度的投诉……投诉警察态度傲慢，对那些公众中做了错事的受人尊敬的成功人士使用了咄咄逼人的言辞……如果你问我，一名在加入警队之前从来没有过工作经验的 18 岁年轻人，是否能够使一个发怒的人冷静下来，让其理性地对待警察的询问，比如一名成功商人因为违反交通规则被警察拦截盘查，我的回答很肯定：没几个人年轻人能镇得住。

现在的年轻人傲慢自负。年轻人都是这样，对别人冷漠麻木。但我们必须招年轻人，他们受教育的程度比我们高，学历比我们高。

警察一（22 岁）：投诉一直在我们脑海中盘旋，投诉实在是太多了。收到投诉那会儿会担心，不过……

警察二（22岁）：我们的座右铭是"就算不符合规定，也要坚持做正确的事"。问题是，公众一般不这么想。每天收到的大多数投诉都是鸡毛蒜皮的事。可能你迟了半小时没接电话，他们就会说"你到底躲哪去了？"就算你告诉他们是怎么回事，他们还是不乐意。这就是公众的无知了。他们不知道我们工作压力有多大……还有那些经常投诉的人，不管你做什么，他们都会说你偷了他们的钱，或说些子虚乌有的事。不过一般我们会忘记他们说的，因为他们压根没证据，纯粹是说瞎话。

行动指挥室的警察：年轻警察总是忘不了那些投诉。我认为这些都是公民言论自由造成的。其实，现在完全可以对自由言论一笑了之，不必太过在意。如果我们发现投诉部的警督上这儿来了，我们会笑着问，"哦，这次来是找谁的麻烦呀？"我们知道，接下来又是一堆废话。

警察二：唯一担心的是你真的做错了事，并且人尽皆知。不过我从来没犯过这样的错。

警司：警察可不是天使。警力可能有点过剩，两个警察对付一个人，那么这人可能会挨揍，不过出现这种情况就很麻烦了。现在的情况就像是调查两人之间的纠纷却找不到证人。

警察：成立独立的投诉委员会？他们知道怎么搜集证据吗？搜集证据来对付我们？哼，真是自找没趣，我们才是搜集证据的行家！

警司（警察总部投诉部）：要是能设立独立的投诉委员会，那我很高兴，但必须是独立的。我可不希望委员会里都是些民权主义者。与警察一样，他们也代表不了社会各界的利益。不过就算设立了这样的委员会，情况也好不到哪儿去。如果这个独立机构成立，我会坚持我们的权力。因为到那时，很少有警察会坚持自己的权力，而且我们一般会从他们那儿得到详细消息。我看不出有什么理由给予他们比他们依法应有的更多的合作机会。对这个组织来说，他们的运转是非常困难的。除非他们能够与我们所抓到的那个人达成合作，否则他们也就只有抱怨抱怨而已。

警察一：我们的工作可以利用人们对法律的无知，但我的意思并不是说没有正当理由就可以随便抓人，不过正是因为人们不太懂法，所以总能利用这点抓人。比如，有时候我们无权进入他人的房屋，但我们还是进去了，如果户主抱怨，我们就继续查下去，总能做点什么。虽然过去五十年来我们一直这么做，不过没人因此被捕……不过有时候你知道有人在房子里，你很想进去，可是无权这么做，这么做太冒险了……不过一旦你有一点经验了，任何情况你都能应付。你知道什么不能做，对什么得躲得远远的。

警察二：例如，对一项新法规拿不准，就可以试试其他办法解决问题。比如，让某人从房子里出来，给他安个罪名。

警察一：如果法规真的很复杂，比如像《租务法》这样的法律，你就说"根据《租务法》的相关规定，我们将对你提起控告"，再随便编些指控的理由。你还可以说"其他罪名可能比该罪名更严重"。你就当场给这家伙安个罪名，回到警察局后再查阅相关法律法规或询问警长。如果罪名成立，就坚持下去，如果不行就把他放了，再观察观察。你总能在抓他的那会儿想到个罪名。

警员：我收到的报警电话大多是关于家庭成员之间的打斗的。他们总会说"我要去法院告那个混蛋"。不过我总是建议："我明天再来看看。如果你想上法庭，就要找到对你兄弟不利的证据，这样才能受理你的案件。"不过要是真想受理案件，当下就会受理而不会这么说了。不过真要受理也是白费劲，因为半年后在法庭上，兄弟俩可能又和好如初了。

警长：你会听到很多关于警察怎么诬陷人的故事，可是我认为这些都不会发生。我从来就没见过这种事，也没碰到过贪污的情况。二十年来，没人向我行贿。当然，有时候你会为出庭想方设法弄些证据，因为总有间接证人……之后你碰到他们，他们会说"你撒谎"，不过他们还是愿意这么做，不是吗？毕竟他们确实这么做了！

警长：理论上说，法律制度都是健全完善合情合理的。按照法律规定，在审讯时，警察不能向嫌疑人施压。但是，也许这听起来可能令人不舒服，如果一个人是无辜的，而你对他施加压力，他却什么也不告诉你，这显而易见就是不合法的做法。

问题：如果对审讯过程进行录音，情况是否会有所不同？

警长：上有政策，下有对策。

警员：这对我们的工作不会产生任何影响。你会先在警车里或其他地方审讯嫌疑人，弄明白他会说什么后，再把他带到警察局。比如你抓住了一个入室盗窃的男孩，用比较强硬的办法审讯他，最后他开口了。这时你才会正式告诉他，开始审讯录音了。

问题：你们必须常常向嫌疑人施压吗？

警长：对难对付的人，就必须施压。

警员：是否施压要看抓的是什么人。抓到小毛孩，他一看到怒气冲冲的警察，马上就哭了，会说："对不起！我不是故意要这么做的。"但是有些人，不管你跟他磨多长时间、施多大压力，他就是不供述，一句话也不说。

警长：相关法律规定警察不能在街上进行审讯。可如果你一直都是老好人，你就什么也做不成。那些人看到你就会想："他就是个软蛋，我会安然回家并放心地睡我的觉。"你必须施加压力。在城里可就不同了。对于普通的商店扒手（小罪行），只用把他带到警察局就行了。被警察抓到就足以把他们吓到。但对于有经验的罪犯，就要改变办法了。

警员：他们了解我们。他们能够判断一个警察的能力，正如我们能判断面前是一个什么样的人。他们可以感觉到"这警察是不会对我怎样的"。也许一名年轻警察……

警长：传统的"红脸黑脸"的办法还是最好的。但是那些人（本地有名的小偷团伙）一旦知道警察掌握了他们的情况，他们会与警察碰面并回答问题。可如果他们处于有利地位，你就什么也别想得到。

警员：如果你能从罪犯嘴里挤出信息，那么你就能知道你是否白费劲。然后你就知道是该用强硬办法、简单办法还是其他办法对付他。

问题：你们当中有没有一直扮演强硬角色的警察？

警长：（笑起来）你已经见过他了！

警员：有许多警察抓到一名罪犯，那么罪犯就是他们的了。我不喜欢其他人干涉并殴打我抓到的任何犯人。因为如果有人投诉，要负责的人是我。因此，所有的事情都应当由我做决定。

问题：违规行事时，是否遵守法律的可采性规定？

警长：真正发生的事和写成文件的事往往不同，当然不是说描述不实。我们不会诬陷任何人，但是方法不同。写在纸上的东西都必须符合法律规定。

问题：那么严格来说，你们在法庭上的陈述有多少是不可采的？

警长：很多。你也知道，我们为了搜集一点证据真是费心费力……证人是不会主动出现的。不过如果能找到一个证人或者足够的物证，我们就能在警告嫌疑人后，让其陈述事情经过，然后我们就安心了。我们会把这些记入讯问笔录，并希望他们认罪。

警员：这就是为什么在法庭上要一直逼问嫌疑人，直到他们承认自己所陈述过的话。

问题：嫌疑人很容易被逼出实话吧？

警长：一名好律师将满载而归。

警员：进法庭前，必须对自己要说的东西了如指掌。如果没事先做好功课，到时候就是傻帽一个，只能等着出洋相。在上法庭前，我会花整整一周的时间仔细研究报告，细读两三次，直到对自己要说的话了如指掌。我不会没弄清报告内容就上法庭，必须保证报告提交时没有错误。

4.7 结论

巡逻警察的权力是有限的。现行体制中，警察局局长和高级警官对普通警员施加实质性和普遍的控制。有人提议对他们的权力进行管控，使其直接对公众负责。然而这种管控又很特别。因此，必须认识到现代警察机构的内部机制与"消防队式"警务和"先发制人式"警务之间有着直接关系。

这两种警务模式都基于警察机构内部的合理化和专业化发展进程而产生。因此，除非进行体制改革，否则现行问责制度和投诉制度的改革都无法从根本上改变街头警务工作现状。加强监管控制只会适得其反，使警察间及警民间的不信任感增强，从而使现行体制变得更糟糕。只要一直回避问题，一直不修改法律，警察对外部监管的不合作态度就会成为众所周知的事情。因此，局势将变得更加复杂，对抗将螺旋式上升。

那么该如何应对这些问题呢？在组织方面，应精简警察机构。然而警察机构对改革的抵制使得精简机构在短期内无法实现。在权力方面，现行体制需进行大幅的权力下放。在警务管理方式上，也必须进行重大改变。我们将在第9章讨论上述问题，在此之前会看看其他代替"消防队式"警务、"先发制人式"警务的管理模式是如何运行的。下一章我们将看到另一个对警察行为最正式的限制——法律控制。如果警察机构的内部监管得到加强，那么法律对其进行的外部监管就会减弱。

延展阅读资料

Baldwin, J. and McConville, M., *Negotiated Justice*, Martin Robertson, Oxford, 1977.

Bordua, D. J., *The Police: Six Sociological Essays*, Wiley, New York, 1966.

Cain, M., *Society and the Policeman's Role*, Routledge & Kegan Paul, London, 1973.

Hain, P., Humphry, D. and Rose-Smith, B., *Policing the Police*, vol. 1, John Calder, London, 1979.

Lundman, R. J., *Police Behaviour*, Oxford University Press, Oxford, 1980.

Manning, P., *Police Work*, MIT Press, Cambridge, Mass., 1977.

Marshall, G., *Police and Government*, Methuen, London, 1965.

McClure, J., *Spike Island*, Macmillan, London, 1980.

Reiner, R., *The Blue-Coated Worker*, Cambridge University Press, Cambridge, 1978.

Skolnick, J., *Justice without Trial*, Wiley, New York, 1966.

Wilson, J. Q., *Varieties of Police Behavior*, Harvard University Press, Cambridge, Mass., 1968.

第 5 章　警察与法律

前面两章阐述了各种因素是如何限制法律在控制警察行为方面的重要性的。然而，法律规定对警察以及对刑事诉讼程序的改革仍然十分重要。本章将阐述近年来法律的发展情况，这些发展反映了英国警务制度的某些改革，这些改革值得我们关注。尽管我们认为立法者不是有意调整法律以使其适应改革后的警务工作，但我们还是能够找出某些可以进行比较研究的地方。例如，警察组织是集中式的控制体系，所以我们认为，法律是建立在个人责任而非共同责任的基础上，并假定每一名警察是孤立的个体。"警务工作受到法律监管"的法治观念认为，警察在政治真空地带起到了一定作用。同样的道理，正如警察机关越来越多地迎合"警察主导"的定罪制度（如警务工作的计算机化和与公众的对立）一样，我们也看到法律似乎为这种转变提供了便利。[①]

我们必须提醒读者，只要讨论涉及警察权力的法律，就难以令人满意。因为这方面的法律规定简直是一团糟。我们试图说明法律和律师通常是如何对警察行为的控制问题做出反应的，但很快就会发现，清晰明确的原则并未占据主导地位。我们的目的就是向大家阐明法律制度变得混乱的方式和导致混乱的一些原因。

我们将警察的法定行为和警察的实际行为明确区分开来，所以在本章中，我们将首先阐明理论上（或严格法律意义上）的警察权，然后再详细论述实践中的警察权。我们在讨论警察权时，主要是根据英格兰和威尔士的法律规定，但在一些差异明显的方面，基于比较研究的目的，我们也会涉及

---

① 关于警察讯问与司法共谋，see Devlin, P., *The Judge*, OUP, Oxford, 1981; McBarnet, D. J., *Conviction: Law, the State and the Construction of Justice*, Macmillan, London, 1981.

苏格兰的法律规定①。我们认为，在涉及警察权的法律问题方面，直到1980年代初还没有什么变化。那个时候，皇家刑事诉讼委员会（Royal Commission on Criminal Procedure）刚刚建立，但自从《1980年苏格兰刑事司法法案》通过以后，警务改革就开始了。由皇家刑事诉讼委员会和新法案引发的问题，将在稍后章节讨论。

5.1　理论上的警察权

传统观念认为，在主要马路上执勤的警察与普通百姓无异："习惯法认为，警察只是受雇履行职责的人，当然，作为一项职责，如果心甘情愿的话，他就可能会自觉自愿地执行任务。"② 然而，我们必须注意的是，现行法律赋予普通警察一系列权力，而这些权力是普通公民所没有的。③ 另外，法律还规定，普通警察要受由高级警官执行的法定纪律的管控。

普通警察受警察局局长（在伦敦则受警监）的领导，负责执行法律并遵守纪律。只有高级警官才对普通警察的调查和诉讼工作负责：

> 在这一切事情上，除了忠于法律之外，他不是任何人的仆人。没有哪位内阁大臣能告诉他该逮捕谁、不该逮捕谁……即便是警务督察局也不能指挥他该怎么做。④

每支警察队伍（警署）都受一个地方警务督察局监督（英格兰和威尔士共有41个警务督察局，苏格兰有8个警务督察局），警务督察局通常也叫地方

---

① Royal Commission on Criminal Procedure, *The Investigation and Prosecution of Criminal Offences in England and Wales: The Law and Procedure*, Cmnd. 8092-1, HMSO, London, 1979.

② Royal Commission on Police Powers and Procedure, Cmnd. 3297, HMSO, London, 1929, para. 15.

③ Lord Cooper in *Lawrie v. Muir* 1950 JC 19 on common law residual powers.

④ Lord Denning in *R v. Metropolitan Police Commissioner ex parte*, Blackburn (no. 1), [1968] 2QB 118 at p. 136.

警务督察委员会（Committee of the Local Authority）①。警务督察局（地方警务督察委员会），通常因被人们认为是一个没有什么效能的机构而备受指责，依赖高级警官职务的任免权，它有权决定警察机构的规模、财政收支和接收高级警官递交的年度报告。

《1964 年警察法》规定，内政大臣全权负责英格兰和威尔士地区的警务工作。内政大臣的主要工作是制定警务法规，管理警察招聘、晋升、纪律等事项。内政大臣可要求高级警官递交关于其管辖区域警务工作的报告；同时还可就相关警务工作进行调查。"内政部通告"（Home Office Circulars）发表关于刑法、刑事诉讼程序和警务实践工作的指导意见。

在英格兰，警察部门负责案件起诉工作，而苏格兰的情况则并非如此，在苏格兰，检察总长（Lord Advocate）独自负责所有案件的起诉工作。对于该项事务，检察总长在助理检察官和地方检察官的帮助下（在收到警察的报告后）决定是否起诉，以及决定由谁出庭提起指控。

就普通公民而言，关心的问题是他们是否仍然享有自诉的权利②，尽管这些权利并不必须伴随拘留或指控的权利。个人仍然拥有自诉的权利，但必须服从司法部部长/检察总长（Attorney General）以及公诉署署长（Director of Public Prosecution），受到相当程度的限制③。

当警察对一个人提起诉讼时，所做的任何事情在法律上都必须具有正当性与合理性。在法律对警察权力的制约方面，一般可以通过人们最容易辨识的四种警察行为来了解法律是如何限制警察权力的，这四种警察行为分别是逮捕、拘留、讯问以及拦截、搜查、扣押。

5.1.1 逮捕

知道什么时候实施逮捕对律师来说已经够困难了，对警察来说就更难了，对嫌疑人来说，有时则完全无法预见。法律强调每位警察都有逮捕的责任，

---

① 监察员（ombudsman）的管辖范围不包括对警察日常活动的管理（《1967 年议会监察专员法案》，第 5 章第 3 条以及附表 3）。警务监察局（The Police Authority）在法律上对警员的行为不负有监管的职责，因为警察是国家的雇员而不是警务监察局的雇员。参见费舍尔诉奥尔德姆公司案（*Fisher v. Oldham Corporation*）。

② Criminal Law Act 1967, s. 2（2）and（3）.

③ Royal Commission Research Study, no. 10, by Lidstone, K. W., Hogg, R. and Sutcliffe, F., HMSO, London, 1980.

但对那些需要在刹那间就其行为的合法性做出判断的警察来说，这样的法律规定几乎没有什么帮助。据说在以下情形之下可以实施逮捕：

> 为了约束某人而捕捉和触碰一个人的身体；但是，如果能够通过言语使被捕人意识到他将受到逮捕，在这种情况下，被逮捕人知道自己将处于强制力之下并且愿意接受这种强制，这些话语就意味着实施了逮捕。①

进一步阅读法律条文会发现，法律条文不但没有进一步将这一问题阐释清楚，反而使其更加模糊。不过有一点很明确，只有在行使所声称的权力时②，某人是否实际上被逮捕并非取决于逮捕行为是否合法，而是取决于此人是否在事实上被剥夺了自由；只有这样，逮捕才是合法的。③ 在1977年R起诉布朗案（*R v. Brown*）中④，这一问题更加凸显，但仍未得到有效解决。警察在没有怀疑其与某项罪行有关的情况下，示意一辆车停下来。驾车人迈克尔·布朗（Michael Brown）将车停了下来，然后却出人意料地逃跑了。一名警察见状后以拼命抢橄榄球的速度冲上前将其扑倒在地，并用强力粗暴地将其拘捕。上诉法院法官警告说："尽管从某种意义上说，布朗先生如果受到警察的约束，就可以说他被捕了，但实际上这不是一次真正的逮捕，该警察必须在法庭上为这种行动承担说明其合法性的责任。"⑤ 此案中，显然该警察需要对此负责。

上诉法院支持布朗案的判决，但没有明确区分逮捕和拘留。与"真正的逮捕"不同的是，"合法的逮捕"没有明确的定义。上诉法院对该案件的裁决受到广泛的批评⑥。实际上，法庭纵容警察在无逮捕权的情况下一直拘

---

① *Halsbury's Laws*, 4th edn., vol.11, para 99.; *Spicer v. Holt*, [1976] ALL ER 71, 78 and David Telling, "Arrest and Detention-the Conceptual Maze", *Criminal Law Review*, 1978, p. 320.

② *Christie v. Leachinsky*, [1947] AC 573.

③ *Spicer v. Holt*, [1976] 3 ALL ER 71.

④ (1976), 64 Cr App R 231; [1977] RTR 160.

⑤ [1977] RTR 164-165.

⑥ Telling, loc. cit.

留布朗先生，直到警方"证实他们的普遍怀疑或证明他们毫无根据"为止[1]。法院为了涉案警察的利益睁一只眼闭一只眼。

在苏格兰，法官们对此类案件的裁决也并不比英格兰的法官裁决好多少。在著名的"戴维·斯旺凯案"（David Swankie）中[2]，斯旺凯在十一月的一个晚上不顾一切地鲁莽超车，使被超车辆被迫停在了路肩上。不走运的是被逼停的车是一辆警车，警察追上斯旺凯先生时，怀疑其醉酒驾车。他们拿走了斯旺凯的车钥匙，在呼叫制服警察的同时，一起等待并帮助巡逻警察对其进行酒精检测。此案中，虽然警察承认，任何试图离开的企图都会被阻止，但他发现斯旺凯没有被正式逮捕而只是被拘留。上诉法院同意警察的意见。

另一个常被引用的著名案件发生在苏格兰[3]，该案件的经过是这样的：一个夏日的星期天早晨，在汉米尔顿的一个街角处，缪尔先生（Mr. Muir）与其他人一起站在那里，一名警长和巡警对他提出了一项奇怪的指控，那就是他早上"谎称自己是真正的游客"而在考迪酒店（County Hotel）买了一瓶酒。缪尔先生以为警察在开玩笑，否认了该控告，并提议当晚在酒店与警察碰面以说明自己的身份。警察却当即要求与他一起前往酒店。当他起诉警察非法逮捕时，萨尔韦森认为他随警察前往酒店，只是因为担心不服从警察要求的后果。尽管如此，人们还是认为，在没有"实际强迫行为"的情况下，压根就不存在什么"逮捕"行为。

在出现这类案件之后，到了 1980 年就很难说明何为"逮捕"了。对于相关性问题，法律没有给出明确的定义，而是将责任推给了没有得到明确指示的警察。但在出现争端时，法官倾向于为警察提供有益的帮助（我们将在后面研究法律是否允许警察在没有逮捕权的情况下进行拘留）。

合法逮捕可以有逮捕证，也可以没有逮捕证。可以认为，逮捕令制度背后的原则是，警察必须事先向一个独立的人证明，实施诸如逮捕这样的严厉

---

[1] ［1977］RTR, at p. 166. 另见在法院逮捕的案件中，如果一个人从一名警官的行动（例如为了讯问而实施的拘留）中合理地推断他已被逮捕，例如坎贝尔诉托米（*Campbell v. Tormey*）案件（［1969］1 ALL ER 961），或某人是自愿陪同一名警官前往警署，但是只有在他感到是被迫这样做的时候，才被视为实际上已经发生了逮捕行为。See *R v. Jones, ex parte Moore*, ［1965］Crim LR, p. 23.

[2] *Swankie v. Milne*, 1973 SLT（Notes）28.

[3] *Muir v. Magistrates of Hamilton*, 1910 1 SLT 164.

行动是正当合理的（紧急情况除外），但如果确实存在这样一项原则，则这一原则也早已受到严重破坏了①。

无逮捕令的情况（*without warrant*）。在没有获得逮捕令的情况下，也存在着行使警察权的情况②，这涉及广义的犯罪行为（或者是犯罪未遂行为），如可能被判处五年监禁的初犯的犯罪行为（"可逮捕的罪行"）③。

除了这些规定外，许多法规仍然赋予警察对特定罪行实施无证逮捕的权力，即使是那些最高刑期在 5 年以下的有期徒刑（例如《1951 年违法行为预防法》第 11 条和《1967 年性侵犯行为防止法》第 5 条的规定）④。在其他情况下，警察只有在无法查明犯罪嫌疑人姓名和住址以排除合理怀疑，或者怀疑犯罪嫌疑人可能会逃匿时，才可行使逮捕权。相关规定可参见《1933 年儿童与青少年法》第 13（1）（a）条、《1968 年轻武器管理法》第 50（3）条、《1971年滥用药品（毒品）法》第 24 条、《1953 年预防犯罪法》第 1（3）条⑤。

有逮捕令的情况（*under warrant*）。包括《1980 年治安法官法院法》在内的很多法案⑥，都赋予了治安法官在被告知某人被确定为犯罪嫌疑人后签发逮捕令的权力。逮捕令命令警察逮捕有关人员，并将其送交治安法庭。

按照标准程序，警察需向治安法官"陈述信息"，然后治安法官视情况决定是否签发逮捕令。无论逮捕令中是否允许保释，警察都必须按照规定执行。如果逮捕令允许保释，警察必须按照规定释放被捕人，并确保其随传随到，到指定的法庭出庭听审；如果逮捕令上没有背书，则保释不获批准，警察就必须立即将被告带到指定的地方法院听审。

执行逮捕（*executing an arrest*）。正如在布朗案和斯旺凯案中所表现的那样，逮捕不一定非得抓住本人。但是被捕者必须清楚地被告知其将被警方逮捕以及被逮捕的原因。1947 年，在一部法律的经典解释中，西蒙（Viscount

① Lord Scarman in *Morris v. Beardmore*，［1980］3 WLR 283.
② Criminal Law Act 1967，s. 2.
③ 必须证明具有"合理理由"（reasonable cause，虽然很难给"合理理由"下一个明确可行的定义），才能实施此类逮捕。在苏格兰，没有相当于英格兰《警察法》第 2 章规定的一般警察权力。逮捕存在着广泛的普通法权力，但无论是重罪还是轻罪，是可逮捕罪行或是不可逮捕的罪行，都没有区别。"在需要证明逮捕是否具有正当合理性的情况下，这将永远是一个问题。"（*Peggie v. Clark*（1808）7 M 89）
④ *Law and Procedure*，Appendix 9.
⑤ Ibid.，Appendix 9. 3.
⑥ 苏格兰的情况，see Criminal Procedure（Scotland）Act 1975，ss. 321 and 12.

Simon）制定了保护被捕者权利的五条准则。

（1）警察在实施无证逮捕时，必须正式告知被捕者被逮捕的原因；（2）若未做到上述要求，则警察可能会承担非法监禁的责任；（3）若实际情况表明被逮捕者已经知晓被捕理由，则告知的要求即告失效；（4）不需要使用任何技术或精确的法律语言说明逮捕的理由；（5）如若警察无法告知被捕者理由（如被捕者逃跑），则被捕者无权就没有被告知逮捕理由而投诉警察①。

由于法律没有对"逮捕"行为进行准确定义，所以这些保护措施的价值有限。

无论是否有逮捕令，为了能够抓捕到嫌疑犯，警察可以"在特定情形下实施合理的逮捕"②，而且在考虑合理性时，似乎法院也会"考虑到所有伴随出现的情况"③。此外，法官也会根据每个案件的具体情况，量体裁衣做出适宜的司法裁判。

5.1.2 拘留

除了在布朗案中允许临时拘捕这种形式之外④，一般的规则是，只有在合法逮捕的情况下才能剥夺他人的自由。法律规定，在收集到能够证明存在合理逮捕理由的证据之前，警察无权拘留或扣押他人⑤。简言之，仅为了询问某些情况就拘留某人是违法的。以下的案件就证明了这一点⑥。两名小学男学童在斯托克纽因顿公地的房间里给队友打电话，告诉他们学校橄榄球比赛的事儿。两名警察仅仅基于一般怀疑，就询问他们在那儿做什么，并抓住了其中一人。男孩为逃跑而反抗警察，并被指控犯有袭警罪。然而法院裁定，男孩因抗拒逮捕而实施的攻击行为无罪，因为警察无权因询问而拘留

---

① *Christie v. Leachinsky*，［1947］AC 573，pp. 587－588. For the position in Scotland see *Chalmers v. HM Advocate*，1954 JC 66.

② Criminal Law Act 1967，s. 3（1）.

③ Criminal Law Revision Committee，7th Report，*Felonies and Misdemeanours*，Cmnd. 2659，HMSO，London，1972.

④ *DPP v. Carey*，［1969］3 ALL ER 1662，p. 1680.

⑤ *Rice v. Connolly*，［1966］2 QB 414. For the similar Scottish rule see *Chalmers v. HM Advocate*，1954 JC 66.

⑥ *Kenlin v. Gardiner*，［1967］2 QB 510；see also *R v. Lemsatef*，［1977］2 ALL ER 835.

他们。

另外，人们一直认为警察为询问某人而拍其肩膀使其停止某种活动的行为是合法的，例如在唐纳利诉杰克曼案（*Donnelly v. Jackman*）中①法官的裁决所表现出的那样。这一观点的基本原则是首席大法官帕克（Parker C. J.）在瑞斯诉康诺利案（*Rice v. Connolly*）②中奠定的，在此案中，帕克大法官说：

> 警察的义务和职责之一，就是有权采取他认为是维护和平、预防犯罪或保护财产免受刑事侵害所必需的一切手段。

对这一声明的广义阐释，将完全打破对"基于怀疑的拘捕"权力的限制。似乎最好应当狭义地进行诠释：对于正在处理的具体案件的让步，是对警察轻微违法行为的另外一种司法纵容③。

即使逮捕理由充分，也不能在无逮捕权的情况下仅为了询问就拘留或逮捕某人。逮捕行动要通过适当程序。在1973年发生了这样一个案件④：警察到一位名叫德里克·英伍德（Derek Inwood）的人家里搜索失窃的物品时，英伍德不在家。后来英伍德主动去了警署，但是谈话约一个小时后，他就要起身离开。警察拦住他，几个人扭打起来，最后有名警察扯着英伍德的衣服，英伍德就拽着这名警察夺门而逃。在上诉法院，法官撤销了对英伍德袭警罪的判决，认为在所述情况下实施的抓捕行为并不自动地构成真正的逮捕行为⑤。法院认为，警察是否恰当地告知英伍德已经被捕，对陪审团来说是个案件"事实问题"。法律并未规定，告知某人提起指控的意图，就一定意味着实际逮捕行为的发生。

除了在逮捕前拘留或将拘留视作逮捕的另一种方式外，还存在逮捕和起诉期间的拘留问题。苏格兰法律将逮捕和起诉视作同一过程，且二者都受同

---

① ［1970］1 ALL ER 987.

② ［1966］2 QB 414, 419; see also *Ricketts v. Cox*, ［1982］Crim LR 182.

③ Lanham, "Arrest, Detention and Compulsion", *Criminal Law Review*, 1974, pp. 288, 290.

④ *R v. Inwood*, ［1973］1WLR 647.

⑤ See Lord Devlin in *Hussien v. Chong Fook Kam*, ［1970］AC 942, 947（PC）.

一法律约束，① 而英格兰法律则将二者区分开来。通过区分"逮捕的理由"（grounds for arresting）和"指控依据"（basis for charging），可以发现警方不会仅为了审讯就拘留或逮捕某人，还会在逮捕后羁押此人进行审讯。

德夫林阐明了逮捕的"合理理由"与案件足以提起指控的"初步证据/表见证据"（prima facie）之间的区别②。对逮捕的"合理理由"所需的信息的标准低于足以起诉所需的在法庭上提出初步确凿证据的信息标准。作为证据，怀疑（"合理理由"）和"初步证据"的价值不同，因为：

> 怀疑是调查的出发点，而调查所获得的初步证据包含了可采性证据。怀疑可以考虑到根本无法作为证据的信息。

以上看法不仅表明逮捕的理由未必能构成起诉的理由，正如 1981 年皇家警察委员会所述，它还能表明其他问题：

> 因此，在拘留期间，可通过讯问嫌疑人或在其协助下进一步搜寻物证以消除或确认这种合理怀疑。尽管法律或实践惯例中并不总是如此，但这现在似乎已经成为逮捕后羁押的主要目的之一。③

也许更让人担心的是，德夫林的判断似乎证明了非法逮捕是不可能的。如果"合理理由"能够"考虑到所有那些根本不能成为证据的因素"，在实践中，"凭直觉"实施逮捕的事实也就无可置辩了。

假定逮捕是合法实施的，对嫌疑人来说，面临的另一个根本问题将是他或她在等待指控、出庭或释放之前可能被拘留的时间。如果警察实施的是有证逮捕，那么必须立即将嫌疑人带往签发逮捕令的法庭，除非逮捕令允许嫌疑人保释。如果警察实施无证逮捕，则被逮捕人将面临以下五种结果。

结果一，证据不足、无法起诉，被捕者被无罪释放④。结果二，起诉问

---

① See *Chalmers v. HM Advocate* 1954 JC 66, especially Lord Cooper.

② *Shaaban bin Hussien v. Chong Fook Kam*, ［1969］3 ALL ER 1626.

③ *Law and Procedure*, para. 3. 66.

④ *Wiltshire v. Barrett*, ［1966］1 QB 312, and subsection 28（4）of the Children and Young Persons Act 1969.

题还在考虑中，被捕者可能被释放。结果三，案件调查无法很快完成，被捕人在缴纳保释金后被释放，但必须到指定警署报到，保证随传随到。结果四，在出庭、治安法官听审且缴纳保释金后，获得保释。结果五，被捕人处于监禁羁押状态①。

如果某人被逮捕且被监禁，一名警督或以上级别的警察（如负责警署工作的署长）将对案件进行调查，如非严重犯罪的"重大案件"，则准予保释②。若 24 小时内无法将嫌疑犯带至治安法官面前，则必须进行调查。

凡有人被羁押，他们"应在切实可行范围内尽快送往治安法庭听审"。③就上述条文而言，"严重罪行"及"在切实可行范围内尽快"一词并无确切界定；亦没有详细说明何谓不释放某人的"适当理由"。因此，法律赋予警察很大范围的自由裁量权。

5.1.3 讯问

警察在调查某件罪案时，显然觉得讯问各种不同的人将是十分有益的，这些人员既包括那些自愿提供信息的人员，也包括被控犯罪的人员。不仅如此，正如我们所看到的那样，现代警察组织过分重视在警察局内获取的证据。然而，有必要在不妨碍案件调查与个人不因使用不公平的讯问方法而损害他人的权利之间找到平衡点。

20 世纪初颁布的《法官规则》（*Judges' Rules*），提供了一个具有法外特征（guidance of an extra-legal nature）的指导规则。该规则清楚地表明，被逮捕的嫌疑犯只有在被告知权利之后，警察才有权对他们进行审讯。该规则经过所有王座法院法官（Queen's Bench Judges）的同意，并于 1964 年颁布，成为现代警察普遍遵循的规则。与此同时，司法部还批准了内政部起草的《警察行政指导意见》（*Administrative Directions to the Police*）。

---

① *Law and Procedure*，para. 64.

② Magistrates' Courts Act 1980，s. 43.

③ Ibid.，s. 43（4）. 在苏格兰，普通法的立场是相似的：伦顿（Renton R. W.）和布朗（Brown H. H.），戈登（Gordon G. H.）和格林（Green）主编的《苏格兰法律规定的刑事诉讼程序》（*Criminal Procedure according to the Law of Scotland*），第四版，爱丁堡，1972，pp. 34、60。《1967 年警察法案（苏格兰）》[*The Police（Scotland）Act* 1967]，s. 17（1）规定"禁止不必要或不合理的拘留"。参见《1975 年刑事诉讼法案（苏格兰）》[*Criminal Procedure（Scotland）Act* 1975]。

《法官规则》规定，这些规则不影响某些法律原则，例如除执行逮捕外，警察不能强行将某人带至警察局或滞留在警察局中；在案件调查的每一阶段，当事人都有权咨询律师（但不能妨碍调查），对任何问题的回答都必须是自愿的，才能作为可采性证据。

规则还规定，无论某人是否被拘留，"只要未被控告犯罪或未被告知可能会因犯某罪行而被起诉"，警察就能询问此人（第一条）。根据第二条规定，警察一旦有合理理由怀疑，应在提出更多问题前告知嫌疑人。如果嫌疑人随后做出供述，警官必须如实记录供述的时间、地点以及在场人员。

第三条规定，当某人被控犯罪（或被告知可能被起诉）时，应当告知其受到指控的罪名及其相关的权利，该条还规定，在这个阶段"只有在例外情况下，才应向被告提出与该罪行有关的问题。如果提出此类问题，还应当进一步告知被指控罪名及其相关的权利"。《关于审讯和录取供词的指导意见》对审讯和记录行为做了进一步规定，提供了详细的行政指导意见，主要是关于被捕者舒适和食宿等方面的权益，以及为其提供辩护的便利。对于后一点有如下规定。

1. 被监禁者有权要求警方提供书写的文具。提供的文具必须保持在合理程度上，不会对案件调查或司法程序造成障碍。

（1）被监禁者有权给其律师或朋友打电话；

（2）被监禁者的信件应被邮寄或通过其他方式寄出，但不能拖延不寄；

（3）被监禁者应能够及时发送电报，但需被监禁者自己付款。

2. 被监禁者应被口头告知他们可享有的权利和使用的设施，而且在警察局合适的显眼的位置还应张贴描述这些权利和设施的告示，并应提请被监禁者注意和知晓这些通告信息。

规则本身显然没有法律效力①，破坏这些规则也不会使证据自动失效②。规则前简短的介绍性说明也仅仅申明，不遵守规则"可能会导致回答和供述被排

---

① *R v. Voisin*（1918），13 Cr App R 89；*R v. Praeger*，[1972] 1 WLR 260.

② *R v. Lemsatef*，[1977] 2 ALL ER 835.

除在可采性证据之外"。正因如此，我们必须了解一下判例法。

审讯和证据的可采性（questioning and the admissibility of evidence）。法律没有规定嫌疑人必须回答警察提出的问题。首席大法官帕克（Lord Chief Justice Parker）在赖斯诉康诺利案（Rice v. Connolly）① 中指出，普通法的基础是"个人有拒绝回答有权者对其提出问题的权利"，或者如迪普洛克（Lord Diplock）所说："任何人都不应被强迫违背自己的意愿。"② 但是，从警察的角度看，无论是《法官规则》还是法律，都没有规定警察应该在逮捕后或者被捕者拒不回答时停止讯问。因此，保护公民免受过大压力或不良影响，只能依靠对被捕者供述的自愿性测试以及对非法取得的证据的排除。

自愿原则在广泛而混乱的判例法中被赋予法律效力。如果口供和供词是当权者（比如警察、父亲和社会工作者）通过诱导或劝诚（有时是温和的）而获得的，那么这种陈述和供述则可能被裁定为不可采性证据③。自1960年代以后，"自愿"就意味着没有受到强迫，正如萨克斯（J. Sachs）在 R 诉普里斯特利案（R v. Priestley）中说的那样④：

> 一些具有重要意义的事物，比如自由意志原则，易于衰竭而且已经受到严重的侵蚀和削弱，嫌疑人在坦白交代之前，必须存在这种自由意愿……包括被捕者受审讯的时间、每两次审讯之间的时间间隔、被控告者是否得到适当的休息，以及供述者的性格特点等重要原则。对于一个孩子、一个残疾人、一个老人，或者一个对这个世界没有经验的不经世事者来说，那些可能构成压迫性的东西，相对于那些性格顽强和社会经验丰富的世故的被控告者来说，可能不算什么压迫性的东西。

与许多早期关于规劝和强迫的决定相比，R 诉普雷格案（R v. Praeger）⑤ 表明了警察在法律范围内能够行使权力的最大限度。该案中，被拘留者从早上

---

① Rice v. Connolly, [1966] 2 QB 414.

② R v. Sang, [1979] 2 ALL ER 1222, 1230.

③ R v. Thompson, [1893] 2 QB 12; Sir Rupert Cross, Evidence, 5th edn., Butterworths, London, 1979; R v. Cleary (1963) 48 Cr App R 166; DPP v. Ping Lin, [1975] 3 ALL ER 175; [1976] AC 574 and R v. Rennie, [1982] 1 ALL ER 386.

④ R v. Priestley, [1966] 50 Cr App R 183.

⑤ [1972] 1 WLR 260; Hudson (1981) 72 Cr App R 163.

9：15 到晚上 11：30 被断断续续地审讯，被认为是没有受到强迫的。被控告者的状况在证据可采性中也并非决定性的。在 R 诉埃瑟奎拉案（*R v. Isequilla*）中①，两名武装警察猛然扑向一名在汽车内的持枪抢劫犯并将其捕获。嫌疑人一开始哭泣，后来变得歇斯底里，最后坦白交代了所有事实。他的陈述被认为是可以接受的可采性证据，尽管有人说在这种情况下，被逮捕者所做的陈述不可信。威杰里（Lord Widgery）认为，警察的做法是妥当的，排除证据必须始终涉及权力方的一些不正当或不合理的行为。他还补充道："诸如疲劳、睡眠不足、情绪紧张等应当予以考虑的因素，也不能有效地剥夺招供的自愿性。"

除强迫外，（肉体或精神）折磨显然也会产生非自愿性供述。在现行法律下，法官若发现某人的供述是"非自愿的"，会在向陪审团提供证据前将其排除在证据范围之外。正如 1981 年皇家警察委员会的报告所阐明的那样：

> 现行法律的基本原则是，不会让陪审团知晓一些不可靠或者可能不可采的证据。②

但是，如果证据是通过不正当的手段获得的，或者是通过违反《法官规则》规定的途径获得的，但在上述的测试中并未表现出非自愿性，也不会自动地被视为不可采的证据。在这种情况下，法官有权决定是否采纳该证据③。

多年来，苏格兰法院更加注重保护被审讯的监禁者的权益。苏格兰司法立足于普通法规则，没有类似《法官规则》的规定。正如在查默斯案裁决（Chalmers decision）④ 中所表现出来的那样，苏格兰法律的传统观点认为，警察审讯罪犯应分三个阶段（分别对应英格兰《法官规则》的第一部分、第二部分和第三部分的规定，但这些规定在英国判例法中早就被废除了）。这三个阶段是：（1）在警方有合理理由怀疑某人之

---

① ［1975］1 ALL ER 77. See also *R v. Houghton and Franciosy*（1978）Cr App R 197.

② Report，para. 4. 123.

③ *R v. Praeger*，［1972］1 ALL ER 144.

④ *Chalmers v. HM Advocate*，1954 JC 66.

前；（2）警方有合理理由怀疑某人但不能提起诉讼；（3）提起诉讼之后。

在第一阶段，警方可能会在没有告知嫌疑犯任何理由的情况下就实施讯问，因为任何人没有协助警方办案的法律责任，但是嫌疑人的任何陈述都是可采性证据。在第三阶段，除为消除歧义可以就此问题进行讯问外，警察的其他任何讯问都是不公平的。在第二阶段，正如在查默斯案的裁决中所体现出的观点那样，与英格兰的立场形成鲜明对比，英格兰法律规定警方可以利用逮捕和起诉之间的时间，从嫌疑人那里获得对其不利的信息。在一个经典的判决中①，苏格兰首席大法官库珀（Lord Justice-General Cooper）指出，警察的职责不是从嫌疑人那里获得供认或者指证其犯罪的供词。当怀疑集中在某一个人身上时，库珀警告说：

> 对他的进一步审讯变得极其危险；而且如果讯问进行得太过分，例如似乎达到了相当于交叉盘问的逼供程度，则以如此方式获得的证据几乎肯定会被排除在外。

库珀对警方调查案件的方式也表达了相当的不满，他说：

> 嫌疑人既未被捕、也未被起诉，但仅仅受到两名警察的"要求"就必须跟随他们到警察局接受讯问……我对这种情况感到担忧。无论警察的现代做法如何方便得当，在这种情况下，通常都必然会造成对嫌疑人非常不利的境况。在每一个普通市民看来，警察局的看守所是一个险恶的场所。当他独自一个人站在这样一个地方，面对着那么多警察……他真是成了"众矢之的"。

尽管查默斯案的裁决未被撤销，但是苏格兰法官近年来削弱了查默斯案裁决的权威和效力，表示愿意在类似上述英格兰法律的情况下接受那些证据②。尽管如此，查默斯案裁决涉及"交叉盘问"检测，在陪审团缺席

---

① Ibid. , pp. 98-99.

② See *Thomson v. HM Advocate* 1968 JC 61；*Jones v. Milne* 1975 SLT 2；*Murphy v. HM Advocate* 1975 SLT（Notes）17；Balloch 1977 SLT（Notes）29；*Hartley v. HM Advocate* 1979 SLT 26.

（"审判程序中的审讯"）的情况下①，就证据的可采性问题进行听证的程序仍然有效。这是许多英格兰自由主义律师对这一裁决表示羡慕的原因。

行使沉默权（*exercise of the right of silence*）。有种假设认为，如果嫌疑人按照普通法赋予的权利对提问不作回答，那么就不会产生任何不利于他的判断。然而，法律并未证实这种假设。在警察事先没有告知嫌疑人相关的指控罪名及其依据的情况下，有人指出，虽然嫌疑人可以保持沉默，不一定要说话，但警察若"有理由让嫌疑人"回答提问而嫌疑人不回答，这也可以算作指控此人的证据②。因此，当嫌疑人面对讯问或对质时保持沉默，警察也能由此诱导拿出某种证据，然后再由陪审团决定嫌疑人的反应、行动、行为态度或者某种举止是否能够证明警察所提出的某种观点。③

一旦有人被告知受到犯罪指控，并告诉他不需要说任何话，那么"法律表明，无论出于何种目的，利用嫌疑人享有的沉默权以产生对其不利影响的行为，都是危险的"④。这种观点符合这样一条规则，即在审判时不能强迫被告作证，控方不得对任何不这样做的情况做出评论。

与陪审团有权从嫌疑人的沉默中得出推论的自由裁量权不同，在很多情况下，法官对嫌疑人在审判前的沉默行为的评论受到某种程度的限制，不能随意评判嫌疑人在开庭前保持沉默的做法⑤。上诉法院声明，陪审团仅因被告在审判前保持沉默就形成对其"不利的看法"是错误的，但是被告若在审判中保持沉默，情况就不同了：

> 任何被告都不能被迫在审判前或开庭审判时回答提问。如果被告选择行使他的沉默权，那这就不能成为任何对被告不利评论的主题。法官有权对被告保持沉默的行为发表意见。但按照现行法律，法官不能对被告保持沉默做出任何不利评价⑥。

---

① See *HM Advocate v. McFadden*（unreported），12 August 1980（Perth High Court）.

② Lawton，L. J. in *R v. Chandler*，［1976］1 WLR 575. For Scotland see *Robertson v. Maxwell*，1951 JC 11，p. 14.

③ See *R v. Christie*，［1914］AC 548.

④ *Law and Procedure*，para. 80.

⑤ See Cross，op. cit.，p. 548，n. 7.

⑥ *R v. Gilbert*（1977）66 Cr App R 237.

对于这桩案子，维斯康迪·迪尔霍恩（Viscount Dilhorne）这样说道：

> 按常理，陪审团会认为无辜的人一定会开口、不会保持沉默；但现行法律规定，必须告知陪审团不能因嫌疑人保持沉默就认为其有罪。

因此，对有关当局对控罪或质询可保持沉默的规定，法律规定，无论陪审团对嫌疑人在开庭时对提问保持沉默的行为多么看重以及有什么看法，法官都不能因此对嫌疑人做出不利的推论，也不能将嫌疑人的沉默视为任何其他证据的补充①。

5.1.4 拦截、搜查、扣押

拦截（stop）。目前，英国没有赋予警察拦截或搜查个人的普遍权力，任何未经授权的搜查都可能构成攻击行为，被搜查者可提起民事诉讼。然而，在两种情况下，警察可以拦截和搜查人员：一是有具体的法定权力；二是在特定的情况下，在逮捕之后紧随着进行的搜查。不过，可以预见的是，对这一宽泛的规定而言，有很多例外情况。

涉及范围广泛的一系列法规（例如偷猎、火器、毒品、恐怖主义和鸟类）② 授权警察基于合理怀疑理由可以对犯罪嫌疑人实施拦截和搜查，即当警察有正当理由怀疑某人犯有法定罪行时，可以对其实施拦截和搜查。另外，像《1839年大都会警察法案》（Metropolitan Police Act 1839）第66条等地方法律，赋予警察类似的权力，可以搜查被盗物品。交通方面的立法均赋予警察拦截并检查机动车辆的权力（无需合理的怀疑理由），《1972年道路交通法》（Road Traffic Act 1972）第159条赋予制服警察拦截机动车辆的权力。

搜查（search）。在《霍尔斯伯里英格兰法律》（Halsbury's Laws of England）中，对于有逮捕权的情况是这样阐述的：

> 一般普通法并没有关于搜查被逮捕人的权力的相关规定，但如有合理理由相信，被逮捕人具有下列情形时，可搜查该被逮捕人：（1）他

---

① Cross, op. cit., pp. 548-549.

② See the list in *Law and Procedure*, Appendix 1.

随身携带有任何可使自己或他人受伤的武器，或任何可能使他逃脱的工具；（2）他所持有的物品对他被控的罪行具有重大意义①。

显然，搜查权取决于是否逮捕了某人，而非在这种情形之下是否有逮捕的权力②。

相对于人员而言，若案件调查对象是房屋和财物，则警方未获允许不得搜查③。未经授权而非法进入他人房屋，则构成非法侵入私宅，房主可提起民事诉讼。然而如果案件调查对象是人，则情况就有所不同了，很多法规都赋予公务人员进入房屋实施人身搜查的权力④。

法律未对逮捕嫌疑人后搜查财物的权力作具体规定。但是，警察有权搜查"罪犯直接控制的区域"⑤，至少可以搜查执行逮捕时其所在的房间。如果不是在室内逮捕，那么搜查的合法区域必须限定在与案件有关的范围内。

治安法官必须根据一系列的法规条文来决定是否签发搜查令，负责执行的警察必须随身携带搜查令⑥。

高级警官根据一系列法规的规定（例如《1875 年爆炸物品法》第 73 条规定，警司及以上级别的警官才有权签发进入房屋的搜查令)⑦，决定是否签发进入房屋实施搜查的搜查令。另一项规则是，如警员有合理理由相信被通缉的人在房屋内，则可进入该房屋执行逮捕⑧。

没有逮捕令则无权进入他人房屋，但是《1967 年刑法法案》（*Criminal Law Act* 1967）（其中第 2 编规定在某些情况下即使没有逮捕令也可实施逮捕）分则第 2 章第（6）条规定：

在本条规定的无逮捕令可进行逮捕的情况下，警察可以进入（或

---

① *Dillon v. O'Brien and Davis*（1897），16 Cox CC 245（IR）；*R v. O'Donnell*（1835），7 C & P 138；*Yakimishyn v. Bileski*（1946）86 CCC；*Adair v. McGarry*，1933 JC 72.

② *Barnett and Grant v. Campbell*，［1902］2 NZLR 484.

③ *Entick v. Carrington*（1765），19 State Tr 1029.

④ *Law and Procedure*，Appendix 4.

⑤ Ibid.，para. 29. *Dillon v. O'Brien and Davis*（1897），16 Cox CC 245（IR）.

⑥ *Law and Procedure*，Appendix 5.

⑦ *Law and Procedure*，Appendix 5. 2.

⑧ *Launock v. Brown*（1819），2 B and Aid 592.

在必要时强行进入）并搜查嫌疑人所在的任何房屋，或者该警察有合理理由怀疑他所处的任何场所。

在紧急情况下，普通法赋予警察更多的进入他人房屋的权力（或至少法院对此持放任纵容的态度）。主要有以下三种情况，警察可以紧急实施逮捕和搜查行为：（1）预防或阻止妨害治安行为；（2）追捕逃犯；（3）挽救生命、排除危险或防止对财产造成严重损害①。

扣押（seizure）。凡凭逮捕令进入某人的住所，凭逮捕令或没有逮捕令而合法地逮捕某人，则警察有权扣押其保管的任何物品或在其家中发现的任何货品。根据法律规定，只要警察有合理理由认为这些物品与此人被捕的犯罪行为有关，或者与警察进入房屋实施搜查的物证有关，都可以扣押。搜查过程中，警察如果发现任何与其他案件有关的物品，只要有合理怀疑理由，警察均可将其扣押并带走，但是扣押的时间不能超过必要的时限②。

尽管搜查令没有授权警察"攫取"与案件无关的证据，但奇克时尚服饰（韦斯特威尔士）有限公司诉琼斯案（Chani v. Jones）③ 表明，警察在搜寻丢失物品时有权搜查其他证据。奇克时尚服饰有限公司是卡迪夫和拉内利地区的服装零售商。警方得到消息，卡迪夫的一家服装店在销售一些被窃服装。警察获得搜查唐·彼得服装店（Tan Peters）的搜查令后，突击搜查了所有唐·彼得服装店及其业主住宅。尽管警察未找到奇克时尚服饰有限公司的失窃服装，但拿走了65件极有可能是偷来的其他品牌的服装。法院判决，在搜查被盗服装的过程中，警察有权扣押搜查令未提及的被窃物品或其他偷窃或窝藏赃物的物证。

同样，正如在伽尼诉琼斯案（Ghani v. Jones）④ 的裁决中所表明的那样，以上案件扩大了法律范围，尽管上诉法院重申了禁止警察随意搜查的规则，但同时指出，即使没有逮捕令或没有提起犯罪指控时，如果警察有合理理由认为（1）属于严重犯罪；（2）该项物品是犯罪所得，或者是实施犯罪的作

---

① *Thomas v. Saw kins*，［1935］2 KB 249.

② Archbold，*Pleading*，*Evidence and Practice in Criminal Cases*，40th edn. by S. Mitchell，London，1979，para. 1410.

③ *Ghani v. Jones*，［1968］2 QB 299.

④ *Ghani v. Jones*，［1970］1QB 693.

案工具或者是犯罪物证；（3）拥有该物品的人实施了犯罪行为，或者与犯罪案件有牵连或者是从犯，且其拒绝交出该物品的行为非常可疑，警察也可以扣押相关物品。

5.2 警务实践中的警察权

上述评论都涉及相关法律规定，但并没有提及警察权的实际运作方式。警察所行使的权力与法院或教科书里所提供的任何描述几乎都没有什么关系。正如上述案件所揭示的那样，法院所认为警察必须遵循的规则与警察实际执行的规则之间是有差别的。

实际上，苏格兰、英格兰和威尔士警察在逮捕、拘留、讯问、搜查方式等方面的实际做法大致相同，法律规定已经退居其次。L. H. 利（L. H. Leigh）说："目前已经形成了这样一种趋势，为了方便警察有更大的调查空间和活动范围，允许他们自由地解读法律规则。"① 然而这一论断是有争议的，这一领域的规则与其说是被"自由地解读"，还不如说是被人为地混淆了，出现了大量的例外，或者干脆被人忽视了。法律没有给出清晰明确的阐释，反而被用于为警察权提供掩护②。在迈克尔·布朗（Michael Brown）案③中，为了确保定罪，法院明显回避清晰地阐述拘留与逮捕在法律上的区别。在侯赛因诉庄福锦（*Hussien v. Chong Fook Kam*）一案中④，法官的裁决更是扩大了警察的自由裁量权，并拓宽了"合理理由怀疑"（reasonable cause to suspect）的概念，这样的解释使警察权的行使几乎不会受到什么挑战。

这些判决表明，司法审判中越来越不愿承认警察权与其说是一个自由裁量的问题，还不如说是一个法律问题。在苏格兰的查默斯案中，库珀认为"证据排除原则"是管控警察审讯行为的一种工具。后来，苏格兰法院采取了这样一种立场，认为法官的职责是控制证据的质量⑤。在英格兰情况也大

---

① *Police Powers in England and Wales*, Butterworths, London, 1975, p. 31.

② McBarnet, D. J., *Conviction: Law, the State and the Construction of Justice*, Macmillan, London, 1981, esp. ch. 3.

③ [1977] RTR 160.

④ *Hussien v. Chong Fook Kam*, [1970] AC 942.

⑤ See *Miln v. Cullen*, 1967 JC 21.

致相同，法院关注的重点已经不再是管控警察①，特别是管控搜查和扣押方面的权力。因此，近来上议院听审的案件中，比如在 R 诉桑案（*R v. Sang*）中②，迪普洛克表示，法官的职责不再是规训警察或检察官关于证据搜集和提交的方式。他说，如果证据是非法获得的，有相关的民事法律方面的救济措施；如果收集证据的方式违反了警察行为准则，那就是警察机关内部的纪律问责问题。他还认为，除了从被告那里获得承认、供词和证据外，法官不得以证据是通过不当途径或者非法手段搜集为由，而拒不承认相关证据的有效性，在这方面法官没有自由裁量权。有人强调，法院不关心警察或检察官是如何获取证据的③。

当苏格兰法院公开承认这些问题时，其已经采取了一种立场，即个人利益和警方调查的利益必须达到某种"平衡"④。但这还不是问题所在，真正的问题是，在经过长时间的拘留和讯问之后，证据才被接纳和采用⑤。在其他权力方面，例如搜查，判例法已经被证明具有足够的灵活性，警察可以在"紧急"情况下不经授权进行搜查，而且在某些情况下，对紧急情况的调查仍然是一种随心所欲的主观选择，完全由警察决断。⑥

关于"协助警方调查"，众所周知，1980 年以前，无论是苏格兰、英格兰还是威尔士，警察无权仅为讯问而逮捕某人。在英格兰，必须是合法逮捕才能进行讯问；在苏格兰，必须逮捕、起诉才能进行讯问。尽管法律如此规定，可多年来英格兰和苏格兰警方仍旧要求公民"协助调查"（help with their enquiries）。警察将人们带至警察局审讯，有时还不让"自愿者"离开警察局。在有些情况下（例如英伍德案中）⑦，这种强行拘禁被认为是毫无道理的和非法的，可在有些情况下，这一做法又被认为是一种合法

---

① *Callis v. Gunn*，［1964］1 QB 490；*Jeffrey v. Black*，［1978］QB 49.

② ［1979］2 ALL ER 1222，at p. 1230.

③ See *Law and Procedure*，p. 48.

④ *Miln v. Cullen*，1967 JC 21.

⑤ *Hartley v. HM Advocate* 1979 SLT 26；*Thomson v. HM Advocate* 1968 JC 61. In England, see *R v. Houghton and Franciosy* (1978) Cr App R 197（suspect detained for five days）compare Dodd (1982) 74 Cr App R 50 and Hudson (1981) 72 Cr App R 163.

⑥ *HM Advocate v. McGuigan*，1936 JC 16.

⑦ ［1973］2 ALL ER 645.

逮捕①。

警察越过法律界限行使权力，已经不再是一个有争议的问题了。汤姆森委员会（The Thomson Committee）这样评价苏格兰法律②：

> 必须认清实际情况，对有些警察行为，公众（包括罪犯）认为是公正的，可这些行为实际上并不合法，至少其合法性值得怀疑。很多警察说现在确实存在"照章行事导致工作效率降低、破案率降低、遭到严厉批评"的情况，必须避免这种情况。

同时：

> 我们认为，警察能够履行其职责，因为被警察无证逮捕的人因不了解自己的权利或畏惧权威而没有行使自己的权利。

在英格兰，警察采用了类似的做法来扩大他们的权力。表面看来，《法官规则》的存在似乎也没有起到有效的约束作用。1977 年，亨利·费舍（Henry Fisher）在调查康菲特案（Confait Case）③ 时发现，警察在讯问智力有限（limited intelligence）的嫌疑人时，在没有父母或监护人陪伴的情况下，也没有告知嫌疑人有与律师或朋友通信的权利，并在讯问过程中催促嫌疑人招供，因而违背了《法官规则》的有关规定。

费舍发现了一个令人普遍担忧的问题。他说，其他法规被误解或"未发挥应有作用"④。他发现在他询问的律师和警察中，几乎无人知道《行政指导意见（4）》（*Administrative Direction* 4）的有关规定（该意见规定，警方在讯问未成年人时必须有其父母或监护人在场）。该意见的相关条款还规定，警察必须告知被监禁者他们享有与律师和朋友通电话的权利，有单独与

---

① *R v. Bass*，［1953］1 QB 680；*Dunne v. Clinton*，［1930］IR 366；*Hussien v. Chong Fook Kam*，［1970］AC 942，p. 847.

② *Criminal Procedure in Scotland*，*Second Report*（Thomson Committee），Cmnd. 6218，HMSO，1975.

③ HC（1977/8）90. 这项调查是在 1972 年 4 月麦克斯韦·康费特（Maxwell Confait）死亡事件发生后，三名青年被错误定罪后进行的（参见第 7 章）。

④ Ibid.，para. 2. 17.

律师交流的权利。他还发现：

> 向我提供证据的律师和高级警察根本不知道《行政指导意见（7）》（Administrative Direction 7）的存在。在大都会警察局内，没有人注意到这一现象。①

《1981 年皇家刑事诉讼委员会报告》这样评论警察：

> 他们经常不得不面对民事诉讼的风险，在他们没有权力这样做的情况下拦截和搜查机动车辆。同时，他们如果不这样做，也会因未能采取行动而受到批评。②

在《1981 年皇家刑事诉讼委员会报告》第 3.75 部分中有对逮捕问题的评论：

> 我们得到的证据支持警察投诉委员会的观点，警察投诉委员会在其三年一度的报告中表示，警务人员太过关注参与逮捕和拘留的过程，以至于他们有时没有关注被逮捕拘留的人的惊慌不安，甚至无法理解一些被逮捕的人所感到的恐慌和沮丧。

对于拘留：

> 人们常常主动去警察局协助警方调查，但对于这些民众是否可以自愿离开却有争议。

全国公民自由委员会（National Council for Civil Liberties）在他们向皇家刑事诉讼委员会提供的证据中，描述了他们认为"协助警方进行调查"的两个主要问题：

① Ibid., para. 2.17（d）.
② Royal Commission on Criminal Procedure, Report, Cmnd. 8092, HMSO, 1981, para. 3.15.

　　第一个问题是，在许多情况下，警察所说的话暗含"咱们现在就去警署"的意思。有的人会觉得他别无选择，已经被逮捕，必须同警察去警察局。就算后来"逮捕"行为受到质疑，警察会宣称他们并没有实施逮捕，待在警署的时间是个人自愿的。第二个问题是，有些主动去警察局协助调查的人，如果事后他们想离开，则会受到逮捕。有些人不会主动要求离开，因为他们明白警察不会让他们离开。实际上，"协助警察调查"已经成为一种实实在在的"拘留"形式。①

　　具有启发意义的是，大都会警察局向皇家刑事诉讼委员会承认，他们不仅经常超越法定权力行事，而且实际上使用这一点来作为其扩大权力的理由。这就产生了一个问题，即现今的警察是否凌驾于法律之上，在这方面的司法控制是否还值得信赖？

　　对于法律与警务实践之间的矛盾，有两种看法。一种观念认为，法庭已经允许警察拥有自由行动的权力，为了使现行做法合理化而修改法律不会使问题本身发生改变②。归根结底，警察已经可以在法律范围内做他们想做的任何事情。

　　另一个看法是，法院对警察某些行为（如"拘留以待逮捕"、强迫人们"协助警察调查"）的司法纵容并不表明也会纵容其他非法行为。法院可以容忍非正式程序的存在，但这并没有改变例如查默斯案件裁决所确立的关于拘留需要以逮捕和犯罪指控为前提条件的规则。认为这类活动属于法律范围内的行为，是规则怀疑论（rule scepticism）的一种极端形式，这意味着一种法律失败主义，即承认允许警察"逍遥法外"是正当的，其结果是将警察置于司法审查之外，成为一种超越法律的力量。

　　在超越法律的行为中，我们还需区分哪些行为会得到法律的宽容，哪些行为会受到法律的制裁。当前背景下，"协助警察调查"之所以存在，是因为警察知道法院和陪审团能够容忍这种情况，只要他们行使某些权力时不要过度越界就行（例如英伍德案件的情况）。将这些行为合法化，非但不能在

---

①　Submission of the National Council for Civil Liberties to the Royal Commission on Criminal Procedure：Pt. 2（Arrest），1979.

②　McBarnet，D. J.，*Conviction*：*Law，the State and the Construction of Justice*，Macmillan，London，1981，ch. 3.

更大的范围内制裁警察的越权行为，而且还会导致解除对越权行为的限制和有效制约。

5.3　结论

法律与现实之间存在着极大反差。法律规定，警察不能仅为了审讯就拘留某人，不能强迫人们提供证据，更不能无条件拦截搜查，普通法没有赋予警察搜查被逮捕人的权力。可在实际工作中，人们却愿意"协助警察调查"，他们受到审讯，他们确实提供证据，并在不同程度的强迫下受到拦截和搜查。司法灵活性既符合警察在特殊情况下的需要，也与警察依靠自己的强制力收集证据而不是依靠公众的合作来收集证据这一新定位相契合。正如我们在第 1 章和第 7 章中所描述的那样，警察本身也极力寻求更大的权力，以鼓励人们放弃共识性警务模式（policing by consent）。

然而，应该强调的是，尽管警察经常打法律的擦边球，游走在法律的边缘，但他们并不凌驾于法律之上。司法控制已从传统上清晰明确的立场，转变为法官首先允许法律变得模糊，然后司法控制从逮捕、拘留、讯问和搜查等领域不断撤退。估计还会出现更多此类情况。法院在审理案件时应该更精确地使用法律规则，而不是赋予警察更多的自由裁量权。只有制衡警察权才能保护民众利益，警察的权力必须与对个人权利的明确保护相平衡，如果发生违反法律规定侵犯公众权利的情况，司法机构应当严格执法，在审判中排除通过此类非法行为获得的证据。

有些人会争辩说，如果更严格地遵守原则，可以得到的东西就会变少，在侦查方面也会失去更多。然而，不同之处不只是一个人的定罪与否，它反映了我们这个国家亟须加强那种警务工作方式。保护个人自由有两个主要问题。第一个问题涉及司法公正。根据可靠的证据对个人进行审判是正确的。在法律规则范围内，只要对违法的警察行为给予制裁，那么证据的可信度就会随之降低——这一点在康菲特案和亨利·费舍尔（Henry Fisher）随后的建议中都可以看到——社会可能会因无辜者遭受不公的裁判和真正的罪犯以这种方式逃脱惩罚而面临更大的危险。

第二个问题与人们所期望的警务模式有关。随着警察权和自由裁量权的不断扩张，司法审查制度却没有随之同步改进，因此法院从严格依法办事转向便宜行事。其结果是，警务模式从基于警民合作的共识性警务模式转向强制性警务模式（policing by compulsion）。法院越不严格地保护个人不受过度热心的警察行动的影响，人们就越来越不愿意向警察提供信息、越来越不愿意协助警察（如果我告诉警察，我看见了那个窗户是谁打破的，他们会因调查情况而扣留我吗?）。皇家刑事诉讼委员会的研究发现：

> 警方能否成功侦破罪案，在很大程度上取决于市民能向警方提供多少有用的信息，这些信息能否帮助警察了解犯罪发生的情况。[①]

因此，任何因行使警察权力而造成的信誉损失，相比警察侦查效率的损失，其代价将是极其高昂的。法律对自由裁量权的控制只能改善警察和公众之间的关系，而司法审查在这一进程中发挥着非常重要的作用。如果说继皇家警察委员会报告后有关警察权力的讨论取得了一点成果的话，那就是期望法院至少能够放弃现有的神秘化的审判程序，重申在控制超越法律的警务活动方面，司法审查制度将发挥的极其重要的作用。

延展阅读资料

Blake, N., *The Police*, *the Law and the People*, Haldane Society, London, 1980.

Bowden, T., *Beyond the Limits of the Law*, Penguin, Harmondsworth, 1978.

Boyle, K., Hadden, T. and Hillyard, P., *Law and State: The Case of Northern Ireland*, Martin Robertson, Oxford, 1975.

Cox, B., *Civil Liberties in Britain*, Penguin, Harmondsworth, 1975.

Pre-trial Criminal Procedure, Justice, London, 1979.

Leigh, L. H., *Police Powers in England and Wales*, Butterworths, London, 1975.

McBarnet, D. J., *Conviction: Law, State and the Construction of Justice*, Macmillan, London, 1981.

---

① Royal Commission Research Study, no. 7, by David Steer, HMSO, London, 1980, p. 122.

第6章 进行法律改革或是使权力滥用合法化？

在 1970 年代末，警察工作的现实状况是，法律已经对警察权失去了约束力，而比法律存在中间地带更令人担忧的事情是政治也存在中间地带。关于警察权力的辩论已从各执成见变成徒劳无益的交流，人们也没有兴趣了解警察和嫌疑人面临的情况。这样一来，警方就可以理直气壮地抱怨其职权不明确；自由主义者也可以说，权力与自由的边界模糊不清。

那么如何转变这种情况呢？有些人认为，对于警务工作的实际情况，不仅要从警察的角度来看，还应从与警方打交道的各类人的角度来看。另外，改革者也在思考怎样建立令人满意的警察队伍和警务模式。然而，正如我们将看到的那样，这种思考尚未付诸实践。因为近年来与警务相关的政治所展现的情况与我们想象的不同，甚至更为狭隘。

对此，英国进行了两次重大尝试，试图制定有关警察权力的法律：颁布了《1980 年苏格兰刑事司法法案》和《1981 年皇家刑事诉讼委员会报告》（*Royal Commission on Criminal Procedure* 1981）。在这一章中，我们将探讨苏格兰发生的事情，以及皇家刑事诉讼委员会对英格兰和威尔士提出的建议。随着关于警察权力的辩论继续进行，我们越发清楚地感到，从苏格兰的立法过程中能够得到一些宝贵的经验。这些经验不仅能够指导我们认识法律如何看待警察行动，而且更能让我们认识和了解立法进程的政治性以及就警察权力进行公开辩论的方式。

6.1 苏格兰的政治背景：改革运动

《1980 年苏格兰刑事司法法案》实际上赋予警察在没有逮捕、起诉和正式警告的情况下，拦截、搜查和拘留"嫌疑人"的权力。法案规定，拘留、审讯嫌疑人可达 6 小时，其间嫌疑人不能获得任何法律咨询意见，也不能告知亲属或任何第三方其所在位置。拘留期间，警方有权采集嫌疑人指纹、搜查嫌疑人住所或对嫌疑人实施人身搜查。另外，还可能进行列队辨认（identity parades）①。简言之，这项法律可以说使当时通行的司法程序合法化，因此公民必须"协助警方调查"。

这项立法的缘起十分复杂，至少在经历了持续 12 年的酝酿之后才进入立法程序。该过程非常引人注目，这并非由于政客在其中所起的作用，而是由于法律职业人士所发挥的作用。

有记载的刑事司法法案的历史，可以追溯到 1968 年，那时苏格兰法律委员会颁布了《第二次法律改革计划》（*Second Programme of Law Reform*）。②在第 13 条"刑事诉讼"中，有这样一段评论：

> 有证据表明，目前犯罪率增加的原因之一是，我们的刑事诉讼程序在查明事实真相的方式方面设置了一些不必要的障碍，其结果是使得部分有罪的人逃脱了法律的制裁。对此，公众和法律从业者都感到忧心忡忡。

第 13 条只有半页篇幅，除此之外，没有任何其他详细阐述。然而，皇家刑事诉讼委员会最后提出了这样的建议：

> 应当设立一个部门委员会（Departmental Committee），赋予他们足够大的权限，使其能够在其职权范围内按照相关标准对苏格兰刑事诉讼程序实施监督，这些职权使他们能够审查某些基本原则。例如，嫌疑人自证其罪的原则、对被告的庭前审查原则以及向被告提供官方证人的证词等。

一年后，一个非常强大的游说集团开始活动，并且越来越活跃。1969

---

① 队列辨认（identity parades）：警察在侦查办案过程中，进行嫌疑人辨认时，让嫌疑人与其他长相相似的人站成一列，让受害者或证人从中辨认出嫌疑人。——译者注

② *Second Programme of Law Reform*，Scottish Law Commission, no. 8, 1968.

年 6 月 15 日，皇家刑事诉讼委员会在《第四次年度报告》中申明：

> 《第二次法律改革计划》于 1968 年 6 月 25 日获得议会批准，我们在这一改革方案中建议，应当设立一个部门委员会，负责监管苏格兰刑事诉讼程序，其主要原因之一是一名皇家高等法院法官（Her Majesty's Commissioners of Justiciary）向我们提出了这样的意见。我们本以为到目前为止这个委员会的委员应当已经全部得到任命，但是尽管我们施加了压力，至今尚无任何一名委员得到任命。①

有证据显示，有关警察权力的倡议最初是由法律界的资深人士提出来的，他们对那些将证据规则视为对检控效率的一种约束的观点表示关注。

更确切地说，这一关切是针对 1954 年查默斯诉皇家律师案（Chalmers v. HM Advocate）中规定的基本原则。该案件对证据排除原则作了非常严格的解释②和规定（见第 5 章）。库珀的裁决在法律委员会报告发布之前的这段时间里受到越来越强烈的抨击或"重新解释"。而在 1960 年代后期的一系列案件中，证据排除原则逐渐被所谓的"公正检验"（test of fairness）所取代③。因此，斯特罗恩在评论 1967 年米尔恩诉卡伦案（Miln v. Cullen）时这样说道：

> 真实情况是，警察在没有告知嫌疑人相关权利的情况下就开始向嫌疑人提出问题，这本身并不是不公平的。对每一个案件，我们必须综合考虑整体情况，警方必须针对每个案件的情况具体问题具体分析。"公正检验"的重点在于，在特定情况下，警方的言行是否有失公正。

这一时期，法律对证据可采性的重新定义不仅表明法律条款亟须改革，

---

① *Fourth Annual Report*, Scottish Law Commission, no. 13, 1969, emphasis added.

② *Chalmers v. HM Advocate* 1954 JC 66, 78.

③ *Brown v. HM Advocate* 1966 SLT 105; *Miln v. Cullen* 1967 JC 21; *Thompson v. HM Advocate* 1968 JC 61.

游说集团①对法律委员会的改革建议影响极大,导致了司法部门对警方和警察审讯态度的巨大转变。因此,1954 年库珀对嫌疑人在警察局这个"阴险场所"里受到讯问的状况感到"心神不安",但到了 1968 年,他的这一论调则发生了彻底的改变。在汤普森诉皇家律师案(*Thompson v. HM Advocate*)中,惠特利以如下的方式对陪审团进行引导:

> 如果警方在非常困难的调查活动和严重犯罪的调查过程中,必须要不断地提出问题和寻根究底地探寻事实真相,那只要他们是在公正地对待他们的任务和职责的情况下进行调查……他们从调查中所获得的任何信息通常都应被视为合理的和可接受的证据。

对新方法的进一步确认的事例随处可见。例如 1969 年 9 月,皇室法律顾问 A. M. 约翰斯顿(A. M. Johnston)是法律委员会成员,后来成为汤姆森委员会成员,最后成为高等法院法官(High Court Judge),他向苏格兰法律协会(Law Society of Scotland)递交了一份题为《被告是否享有多的权利?》②的报告。在报告中,约翰斯顿极其谦逊地承认自己是"这方面的新手"(披上了一件假装具有常识的外衣),并声称"没有调查案件的亲身经历",他提出了"被告是否受到过度保护"的问题。他建议,嫌疑人或被告在其诉讼代理人在场的情况下,应当接受警方讯问并回答问题。他所设想的审讯是警察为"获取情报"而进行的全面交叉盘问。约翰斯顿先生说:"我认为在这种情况下,无罪推定和举证责任原则没有什么明显的相关性……为什么当某公民被确定为嫌疑人后,其协助警方调查的义务就突然终止了呢?"他评价道:"最近二十年急剧上升的犯罪率表明,只要警方认为嫌疑人隐瞒实情,就会以各种方式对其进行审讯。"尽管原则上,约翰斯顿先生是从法律证据的角度来看待这一问题的,但他警告在有些情况下"常识比纯粹的法律概念更有效"。在报告的最后,他总结说,有些人会觉得他的观点"天真、不切

---

① 游说集团(lobby):试图努力影响某人采取有利行动的陈情者,常常游说政策和法规制定者,以影响他们的决策。——译者注

② *Journal of the Law Society*, 14(1969), p. 309.

实际，甚至不准确"，但他不会向那些人道歉。虽然他"对刑法不太熟悉，是个门外汉"，但是这份报告让他觉得他有"法定义务"立刻深入研究该问题①。4个月后，他被任命为汤姆森委员会委员。

6.2 汤姆森委员会：去政治化

我们已指出，判例法和 1960 年代末期出现的争论，不仅仅是为了强调法律遇到的困难，而是因为那是一个关键的转型时期。"犯罪率急剧上升"、太多"罪犯"被释放、"常识"等对法律系统的外在压力使司法系统更加支持警方，并且相信增加警力虽然会牺牲个人利益，但能提高刑事司法系统的工作效率。1970 年 1 月，高等法院法官汤姆森受命领导一个专门委员会以审查刑事诉讼程序，"常识"被视作理所当然，这就自然表明了委员会的工作方法：

> 必须如此建构法律的框架，使警察能够合法地履行公众认为适当的调查和预防犯罪的任何职责。我们认为，目前警方之所以能够履行其职责，只是因为那些被无证羁押的人因无知或畏惧权威而没有行使自己的权利……最糟糕的是，警察此类行为的合法化会使少数清楚地知道和清晰地表达而且精明地行使自己权利的民众与大多数愚昧无知、笨嘴拙舌的民众陷入同样的境地，而大多数民众目前还不清楚自己所处的状况、不明白自己拥有的权利。随着人们日益意识到自己的权利，目前这种由法律的效力而产生的警民默契合作、警察职责得以顺利履行的状况也就无法继续下去了，那时警察会发现他们只能行使法律明确规定的权力。②

考虑到委员会的委员背景构成，这种被认为是理所当然的对争议问题的"起诉观点"（prosecution view）占据主导地位并不令人惊讶。在

---

① Law Commissions Act 1965, s. 3 (1).

② *Criminal Procedure in Scotland*, *Second Report* (Thomson Committee), Cmnd. 6218, HMSO, 1975, para. 3. 11.

委员会中，有两名法官、一名郡治安官、一名治安法官①、一名刑法学教授、一名刑事律师、一名英国王室法律顾问、一名警察局局长和一名苏格兰警察联合会（Scottish Police Federation）主席。这种人员构成完全不平衡，该委员会的秘书处秘书由皇家办公室（Crown Office）指派，其中包括在1974年以后成为王室代理人（Crown Agent）的人——苏格兰检察部门的行政首长。

报告的重要性于1975年显现出来，但并未体现以上假设的本质内容，而是体现在将假设转变为纯粹的法律问题的方式上，于是该问题就从日常的政治话语中被抹去。这样一来，汤姆森委员会面临的涉及警察权力的基本问题，如讯问、拘留嫌疑人的权力，似乎都源于证据可采性问题和法律特有的"不确定性"。他们关于拘留权和讯问权的建议也都是从这个角度提出来的。因为逮捕后讯问获得的证据可能是不可采证据，所以就需要新的拘留权。这个问题于是变成了规则制定的技术性问题。制定警察审讯嫌疑人限度的规则是必要的，以确保审讯是"公平"进行的，也就是说，确保公正原则——优先适用汤姆森在查默斯案件中确定的原则——得以实施，以此获得的证据才是可接受的。

汤姆森委员会持有一种极端狭隘的法律主义，其结果是委员会没有更广阔的视角，而且该委员会并不认为这是问题。因此，汤姆森委员会的调查只是简略提及了审讯中的社会心理问题，而这一问题却受到库珀的高度重视。对警察的制衡以及个人权利的保障和补救办法等问题更是被一笔带过：

> 对于非法逮捕、拘留的制裁实际上是控告警察骚扰的惩戒性程序，但这些不属于公民能够控制的范围。人们唯一能做的，就是对自己的损失提起诉讼。但对这类诉讼的记录很少，此类诉讼本来就不多。这可能是因为非法逮捕的情况不多、证据难收集或者有犯罪记录的人不愿接受比嘲讽更大的损失，特别是在被捕者被判有罪的情况下。因此我们不建

---

① 治安法官（Justice of the Peace，JP，香港地区译为太平绅士），是一种源于英国、由政府委任民间人士担任，负责维持社区安宁、防止非法刑罚及处理一些较简单的法律程序的职衔。成为地方治安法官无需任何学历或资格认证要求。现时英国的英格兰与威尔士、澳大利亚、新西兰、马来西亚、美国、新加坡和我国的香港地区皆有治安法官制度，但各地区对治安法官的定义和要求各有不同。——译者注

议做任何改变。

很少有人考虑管控警察并确保其履行职责和问责的其他方法，如设立一个独立的警察投诉委员会。具有讽刺意味的是，委员会本应该指出"法庭管控警察审讯的唯一有效武器便是使用证据排除原则"，实际上却只字未提。

而公民自由和警察与社区的关系问题几乎没有被提及。这两项议题都不属于委员会的职权范围，尽管它们显然应该在委员会的职权范围内："在一方面是预防犯罪、另一方面是不公正地对待被告的情况下，任何改变都是必需的。"

我们认为汤姆森委员会忽视了社会因素和个人权利，不过该委员会在其建议中提及了对嫌疑人个人的一系列具体保护措施，因此我们的说法可能会遭到反对。委员会提到的措施包括：对审讯全程录音；必须正式告知嫌疑人享有的权利；在司法审查过程中，应当"尽早为嫌疑人提供承认或否认某一陈述的机会，或者以通过不准确或不正当途径获得为理由对某一陈述提出质疑"（详见第8章）。在拘留方面，委员会还提出了一些建议：拘留的时间应当由警署的资深高级警官记录，一旦逮捕的理由成立就应当立即终止拘留，若被拘留者要求将相关信息告知其律师和亲友，那么警察就"应当"将相关信息告知其律师和亲友。

尽管这些措施的意义（至少在某些情况下）不能被抹杀，但我们还是要强调，首要问题不是保护个人及其自由，而是确保如何得到合法的证据。此外，鉴于该委员会拒绝采纳为支持公平检验标准而制定的证据排除原则，不能声称汤姆森委员会对警察的不当行为关切过度。事实上，委员会成员之一杰拉尔德·戈登（Gerald Gordon）后来这样写道："除了公正检验以外，陪审团没有得到任何指导，这将鼓励或至少是容忍警方的不合理行为，并最终被视作合法的行为……"根据查默斯案的裁决，警察审讯嫌疑人的提问方法会受到限制，但"现在他总是能得到很好的建议，只需要偶尔挥挥拳头，展示一下警察的权威……因为与案件相关的证据都会被采纳"。①

---

① Gordon, G. H., "The Admissibility of Answers to Police Questioning in Scotland", in Glazebrook, P. (ed.), *Reshaping the Criminal Law*, Stevens & Sons, London, 1978.

这就发生了一次反转。就个人权利而言,这仅仅是为了确保一个目的被达到——获得可采的证据与提高起诉制度的效率——而不是以保护个人的权利作为目标。自相矛盾的是,正是这种反转最终导致了在立法中对这些"权利保护措施"的遗漏。对此,汤姆森委员会提出了变革的前提。因为,汤姆森委员会对警察有着绝对的信任,这使得对这些议题的讨论在下议院重新被转化为政治话语时,就变成了所有这些保护措施变得毫无必要。

6.3　1978 年工党的改革法案

汤姆森委员会的作用是使那些一开始作为政治——尽管是"常识"——的提案非政治化,尽管这是对法律和秩序危机的一种反映。这导致了在英国国会下议院中随后进行的辩论在形式和内容方面都受到了限制。工党的改革法案被视为一个具有小党派政治色彩的"律师法案"。当然,对苏格兰或全国其他地区而言,不存在更广泛的政策影响问题。

当这些问题被提交到下议院时,很快就成了有关效率的问题。因此,1978 年 12 月 12 日,总检察长罗纳德·金-穆里(Ronald King-Murray)在苏格兰议会常设委员会(Scottish Grand Committee)上以下述方式介绍该法案。他说:

> 应对犯罪问题主要有三种方式:第一,长期预防,主要是通过教育,让父母和社区共同参与,培育年轻人的社会责任感;第二,通过提高警察效率和士气并鼓励其发挥预防作用,进行短期预防;第三,确保刑事司法制度能够公正和有效地对待些被控犯罪的人。
>
> 该法案主要涉及应对犯罪的第三种方法——确保刑事司法制度能够适用于那些被控犯罪的人,这也是该法案的主要目的。①

当然在实践中,这这三种方法的差异并没有那么大。总检察长所提

----

① HC Deb., Scottish Grand Committee-Criminal Justice (Scotland) Bill, 1st sitting, cols. 2 – 3 (12 Dec. 1978).

到的那三种"方式"从本质上讲是相互关联的。将它们视为不同的做法，并忽略起诉、警察和社区之间固有的内在必然联系，再次表明将法律、政治和社会割裂开来视为独立领域所固有的风险。尽管如此，一个全新的、具有"常识性的公正"概念正在起作用。汤姆森委员会报告中所在意的"保护"措施被忽略了，然而呼吁个人自由的声音从未消失。因此，金-穆里将警察的拘留权概括为"良好的警察实践建立在健全的法律制度之上，在这个非常敏感的领域明确地划清了警察权力与公民权利的界限"。

在审议该法案的原则时，只有两名议员（都是工党议员）反对说，公民的权利只有通过将其剥夺才能进行得到定义。唐纳德·杜瓦（Donald Dewar）是一名经验丰富的律师，同时是格拉斯哥加斯卡顿（Glasgow Garscadden）① 的成员，他说拘留权会"扼杀和埋藏"库珀在查默斯案件裁决中确定的判例原则。他称这些权力是"向警察发出对嫌疑人施加压力的邀请"，是"法案中的一个危险因素"。虽然他在原则上反对这些权力，但他坚持法案中应当包含汤姆森委员会提出的保护措施。也许诺曼·巴肯（Norman Buchan）更为直率，他驳斥了"因为警察认为他们必须采取某些措施来解决这些问题，所以我们应该使这些措施合法化。既然警察认为他们必须用不正当的方法来处理这个问题，我们就应该规范他们的行为"这种观点。他认为，这将是对基本自由的侵蚀，尤其是由于忽略了汤姆森委员会提出的保护措施，进而加速了侵蚀的速度。我们将面临一种危险，即可能导致年轻人与警察之间的关系破裂，甚至可能导致过去在伦敦内城使用"嫌疑人法"（"sus" laws）② 所造成的那种后果。

然而，工党前座议员（the Labour front bench）③ 对试图放宽讨论范围的努力毫不关心。苏格兰政务副秘书长哈里·尤因（Harry Ewing）在委员会会议结束时，这样回应批评：

---

① 格拉斯哥加斯卡顿（Glasgow Garscadden）：在英国下议院中代表苏格兰城镇的选区，通过投票选出议员。——译者注

② 嫌疑人法（"sus" laws），英格兰和威尔士对拦截、搜查法的简称。——译者注

③ 前座议员（front bench）：英国议会下议院中的成员。下议院开会时，执政党议会党领袖、反对党影子内阁成员、在政府中任职的议员等均坐在前排议席。——译者注

即使汤姆森委员会在录音证据、司法审查、拘留权、拦截权和搜查权上提出的建议是正确无误的,也并不意味着这一揽子法案提议是不可分割的。我们能够比较容易地从一揽子提议中提出一个不错的立法提议,很多政策都是这样制定的。我的观点是,这就是把所有的法案草案堆砌在一起会出现的情况。①

到现在为止,汤姆森委员会所关心的证据可采性的具体法律问题完全被抛诸脑后。关于街头拘留和羁押审讯的权力,尤因先生这样说道:

> 这两方面的讯问都是目前警察实际做法的一部分,该条款的目的是规范目前已存在的情况。在对嫌疑人回答警察问题的审讯中,本提议并未对目前与证据可采性相关的条款做出任何修改。

至此我们应该注意到,自从汤姆森委员会的报告发布以来,苏格兰司法系统不断放宽查默斯案所确定的审判标准,以至于在 1970 年哈特利案②中,证据标准竟被放宽到了这种程度:一名就读于特殊学校(special school)③ 的 17 岁少年被警察彻夜拘禁长达 12 个小时,其间他没有睡觉,也未得到父母或法律人士的建议,但他承认谋杀的供词竟具有可采性。在这种情况下,认为还剩下的对警察的唯一控制就是"每个警察在某种程度上被视为拥有常识、训练和经验,而且如果他们缺少这些基本的素养,他可能会发现自己与上司的关系将陷入一种困境"④,这似乎并非一个不切实际的建议。

有关证据可采性的法律规定是为了澄清事实,但相关法律条款的规定一直没有修改。这个问题被简单地视为一个"规则化"的问题,即使遭到议会的批评,该法案仍被认为是"一个没有政党偏见的跨党派举措"。但直到

---

① HC Deb. , Scottish Grand Committee-Criminal Justice (Scotland) Bill, 2nd sitting, cols. 109 - 110 (14 Dec. 1978) .

② *Hartley v. HM Advocate* 1979 SLT 26.

③ 特殊学校,专为身体有缺陷或学习有困难的学生开办的学校。——译者注

④ Thomson Committee, para. 3. 19.

现在为止，它都是大选中经常涉及的问题。①

6.4　1979年保守党改革法案

在苏格兰选区坚定地投票支持工党后仅仅两天，1979年5月5日，《爱丁堡晚间新闻》（*Edinburgh Evening News*）就整版刊登了对新任的苏格兰总检察长尼古拉斯·费尔贝恩（Nicholas Fairbairn）先生的采访报道，他既是一名保守派律师，同时也是皇家法律顾问。在头版大标题《保守党制服歹徒之大计》下，有这么一句话："遏制犯罪的战斗已经打响……政府准备开战"。这篇报道以这样的一段话开头：

英国首相玛格丽特·撒切尔夫人（Margaret Thatcher）在女皇演讲稿（Queen's Speech）② 中承诺将为英格兰推出一项全新而强硬的刑事司法法案。新措施将把苏格兰推向保守党打击犯罪的前线，新的法案包括赋予警察拦截和搜查权力以及一个有争议的建议，即废除警察必须告知嫌疑人权利的规定，以及将"汪达尔式"（vandalism）③ 的故意破坏艺术的行为定义为具体的犯罪行为。④

这篇文章清楚地指出了保守党关于法律与秩序的总体思想，以及为确保其新政策落地而考虑采取的具体行动措施。在12月公布的《苏格兰刑事司法法案》中确认了许多内容，该法案于1980年底获得议会审议通过后成为正式的法律。

新法案（包括约八十项条款及八个附表）所包含的条款比之前工党提

① HC Deb., Scottish Grand Committee-Criminal Justice（Scotland）Bill, 1st sitting, col. 35 （12 Dec. 1978）.

② 女皇演讲稿（Queen's Speech），也称女王致辞，是英国女皇一年一度在各种重大场所对内政外交等国情的演说。——译者注

③ 汪达尔式行为（vandalism），故意破坏行为。汪达尔人是古罗马帝国时代生活在北欧的落后的日耳曼人部落之一，被当时的罗马人认为是"蛮族"。汪达尔主义意味着对物质、文化极具毁灭性的彻底破坏。一些有着强烈的破坏欲望、无法控制自己破坏行为的人，可称作汪达尔主义者。——译者注

④ 1974~1979年，犯罪案件数下降了12.5%。See Ewing, H., HC Deb., vol. 982, col. 915 （15 April 1980）.

出的条例草案要多得多。它包括之前承诺的简洁而强硬的规定：罪犯支付补偿费用的条款，引进了限制在足球比赛场所消费酒类饮品的条款，并将这种限制刑事化，以及其他杂项规定，例如允许在发生这些不当行为时对被告实施缺席审判的规定，即"除非被告远离法院，否则不能进行法院认为是适当的审判"。然而对于警察权力的规定，这个法案与工党执政时期提出的法案在本质上是大体相同的。

a. 街头拘留

在警察有"合理理由怀疑"一个人已经实施或正在实施任何一种犯罪行为时，只要有必要核实嫌疑人的身份，并要求他"说明引起警官怀疑的情况"，警察都可以拘留此人。警察为达成此目的，有使用合理武力的权力。在该情况下，警察无须警告嫌疑人，也无须告知嫌疑人有沉默权。然而，警察须告知嫌疑人"警察怀疑他涉嫌犯罪"以及"涉嫌犯罪的性质"。最初还赋予警察拘留目击者和其他"可能知晓情况者以及警察相信拥有与该罪行有关的信息资料的人"的权力，但该项权力在上议院审议阶段被废除。

本质上来说，这些条款与工党法案的条款无异。唯一且较重要的不同之处在于，工党法案中的这些权力只能在"公共场所"使用。而在保守党的法案中，"警察在获得授权后可以在任何地方行使"这些权力；在某些情况下，警察甚至可以在舞厅和私人住宅内行使这些权力，这就极大地扩大了警察的权限。

b. 强制拘留审讯

根据法案第 2 条规定，凡有合理理由怀疑任何人曾经犯有或正在实施可能被判处监禁的罪行，警察就有权使用合理武力拘留此人。被拘留者可被带到警察局或"其他场所"接受长达 6 个小时的审讯。在此期间，他也可能会被警察脱光衣服搜身、拍身搜查和采集指纹。即使不对此人提起刑事诉讼，也须对拘留时间、地点和目的进行正式记录。

根据这些规定，情况对被拘留者相当不利，他们获得的权利保障比被逮捕者的权利保障少很多。行使此项权力的警察必须告知被拘留者其已经涉嫌犯罪以及"警察怀疑涉嫌的犯罪或正在实施的犯罪行为的一般性质"。这与逮捕相关的法律规定相比简直相形见绌，因为警察在实施逮捕之后，必须立即告知嫌疑人其被指控的具体罪名，并正式告知其享有的相关权利。

实际上，这些规定再次重复了较早的法案内容。主要的区别在于，在工党提交的法案中，拘留期限的上限为 4 小时，并明确禁止采集被拘留者的指纹。然而保守党法案的一个主要补充是增加了一项条款，允许"一名主管法官根据说明同意警察"连续拘留嫌疑人长达 6 小时。工党的法案中没有这样的类似条款。事实上，马尔科姆·里夫金德（Malcolm Rifkind，苏格兰国务秘书、负责指导新法案在下议院获得通过的部长之一）对工党的法案提出了一项修正案，特别地排除了再次拘留的可能性。为了说明这一问题，很有必要在这里引用他的一段原话：

> 唯一值得关注的是，警方似乎没有理由提出这项修正案。促使这项被搁置的修正案提交审议的唯一原因是，按照现行法案的规定，警察在拘留某人 4 小时后将其释放，但是在五分钟以后，完全有理由根据同样的条款再次拘留此人 4 小时。尽管我不愿将其与其他国家的做法相比较，但是南非臭名昭著的 90 天拘留法就是以这种方式实现的。[1]

具有讽刺意味的是，在该论调出现后一年，类似观点再次出现。这次是麦克拉斯基（McCluskey）在上院的二读辩论时提出的：

> 我特别提请注意第 2 条第（3）款的规定，这是一项非常糟糕的规定。我在这里发现了南非法律的影子，而当时的南非事实上就是一个警察国家，仅仅凭治安法官签发的拘留证，就允许警察连续拘留某人一段时间。[2]

随后，该条款被删除。

---

[1] HC Deb., First Scottish Standing Committee-Criminal Justice（Scotland）Bill, 3rd sitting, col. 1180（29 April 1980）.

[2] HL Deb., vol. 404, col. 131（29 Jan. 1980）.

c. 拦截及搜查持有攻击性武器的人

这是保守党提出的一项全新措施。警方有权扣留任何被合理怀疑在公众场合携带攻击性武器的人，以便进行搜查。[①] 在整个辩论过程中，一直有人对这一措施的效力表示怀疑。人们经常指出，有时头部或脚也可能像刀一样具有攻击性，而进攻性武器的定义必定是相当随意的。有人担忧这样的权力可能被滥用，导致对青年人进行随机和大规模的搜查（这本就是、也必将成为一种有效的威慑力量），从而危及警察和社会中的年轻成员之间的关系。有人指出，这种权力的使用同样存在骚扰的危险。尽管里夫金德承诺不允许随意行使搜查权，但政府还是拒绝通过该修正案。

d. 司法审查

这也是保守党的一项创新。控方（原告及其辩护律师）要求在审判前进行准调查性司法审查（quasi-inquisitorial judicial examination），这是为了让被告对他因被指控的罪行在法庭外所作任何陈述或供认表达自己的看法（即使这种审查确实对被告有好处，也有人认为它是一把双刃剑）[②]。该条款最初规定，检察官或主理法官应允许被告对在审查时未做回答的任何问题进行评论；他们还可以对他在警察审讯时所说的内容与他（或被告的其他代表人）在审判时所说的内容之间的任何不一致的地方做出评论。只有检察官有权向被告提问，辩护律师不得进行交叉盘问。然而，修正案表明只有在出现歧义时，辩方才能向被告提问，这是对"该条款只对起诉方有利"的说法做出的回应。[③]

6.5　保守党提案的发展情况

对 1979 年的法案所引起的广泛而深刻的讨论，仅仅用人们对法律和

---

① Criminal Justice (Scotland) Bill 1979, cl. 4.

② Ibid.

③ See HC Deb., First Scottish Standing Committee-Criminal Justice (Scotland) Bill, 12th sitting, col. 680 (3 June 1980).

秩序的道德恐慌来解释，那就太简单了。毫无疑问，政府和该法案的支持者在这个问题上也借机大做文章："公民最重要的自由就是能够安心地在大街上自由自在地行走"，这几乎是老调重弹。然而这些豪言壮语似乎没有什么可取之处。在各大媒体中，只有《卫报》（*Guardian*）和《星期日邮报》（*Sunday Post*）的言论能让政府稍微安心。苏格兰最主要的日报《苏格兰人》（*Scotsman*）和《每日纪事报》（*Daily Record*）持续不断地发表关于该法案的批评文章和社论。其中，《泰晤士报》1980 年 4 月 14 日发表的一篇评论员文章可能是最为严厉的批评了，该社论题为《错误的苏格兰先例》。

在这方面，新闻界普遍缺乏对政府的支持，这表明使该法案获得通过的解释缺乏说服力，其根源主要是这一代媒体人的道德恐慌。这一观点进一步体现在媒体对 1980 年 5 月苏格兰保守党会议的报道上，会议对有关拘留权的修改表示了极大的担忧，五分之四的参会者反对该议案。[①]

从立法可能产生的影响来看，有一种选择——在许多方面相当有吸引力——是将法案中新的警察法的实施与撒切尔政府的经济战略联系起来。削减福利机构的方案，加上青年失业率的大幅度提高，明显地暴露了新的社会控制问题，保守党认为这些问题可以通过有意识地扩大警察权力来解决。而从该议案的产生缘由来看，这样的解释很难令人信服；这显示出当代英国政府在务实方面具有非同一般的预见性。

解决这个问题的一个有效方法是，我们可以采取一种更具历史眼光的观点，即将 1980 年代的立法活动与二战后不断变化的警务模式联系起来。二战后警务工作在技术和组织方面发生了根本性的变化，前文对此已经有过较为详细的描述。

然而，尽管我们再次认识到刑事司法法案中提出的权力无疑将有助于情报信息[②]的收集，但我们也不愿断言存在什么"阴谋"。归根结底，警方似乎并没有进行任何协调一致的游说，以谋取范围更为广的权力。比如，苏格兰警察联合会（The Scottish Police Federation）在递交给汤姆森委员会的证据中并未提及这种要求。当然，后来苏格兰警察联合会声称这些权力是必要

---

① *Scotsman*, 9 May 1980, and *Guardian*, 9 May 1980.

② Campbell, "Society under Surveillance", in Hain, P. (ed.), *Policing the Police*, vol. 2, John Calder, London, 1980 and Lord McCluskey at HL Deb., vol. 404, col. 745 (29 Jan. 1980).

的、是一种常识。但在 1960 年代末和 1970 年代初,几乎没有任何来自这方面的压力。

事实上,至少直到最近,与英格兰警察相比,苏格兰警察还有一个显著特点,那就是在公众生活中避免表现出明显的政治立场①。至少在一定程度上,这可以归因于苏格兰具有不同的法律制度以及苏格兰警察在刑事诉讼中发挥着完全不同的作用。正如保罗·戈登(Paul Gordon)指出的那样,警察"既不提起也不进行起诉,因此对于起诉制度和检察官在刑事诉讼中的作用,警察都与其没有直接的利害关系,这就意味着定罪率或无罪释放的比例并不反映他们的诉讼行为或诉讼程序"。②

正如我们所见,在这种情况下,至少在一开始要求变革的压力来自法律专业人士。这并不令人惊讶,尽管他们只是司法体系中一个相对比较小的部分。

当警察的拘留权和讯问权问题首次上升到法律层面时,该问题在政治上就变成为一个中立性话题。就这一点而言,最初这只是一个"法律和秩序"问题,可最终却演变成为一个技术性的法律问题,特别是成为一个关于证据可采性的法律问题。正是从这个角度出发,下议院的议员们第一次开始探讨这个法案。有关政治与法律的思想与制度相分离,是社会学文献中也经常提到的问题,而且在任何地方这一趋势都是显而易见的。《1980 年苏格兰刑事司法法案》已经成了一部"律师法律"。

有几个重要原因导致人们普遍对工党提出的法案缺少应有的关注。大部分政府部门的不信任导致该议案迟迟不能获得通过。《烦恼的冬天》③ 带来的

---

① 1970 年代中期,苏格兰警察联合会越来越多地参与到英国的法律和秩序的政治问题之中。然而,高级警官们仍然保持沉默,对法律与政治问题三缄其口,参见戈登(P. Gordon)著:《苏格兰警政》(*Policing Scotland*),1980 年,第 8 章"苏格兰公民自由委员会"(Scottish Council of Civil Liberties)。关于"政治警察"(political policemen)在英国社会发展中的作用的分析,参见凯特尔(Kettle):"警务政治与政治警务"(*The Politics of Policing and the Policing of Polities*),海恩(Hain, P.)主编,1980。

② Cf. Gordon, P., op. cit., p.91.

③ 《烦恼的冬天》(*Winter of Discontent*),又译为《我们不满的冬天》,是美国现代作家约翰·恩斯特·斯坦贝克(John Ernst Steinbeck,1902~1968 年)的晚期作品。斯坦贝克出生于加利福尼亚州的小镇萨利纳斯,曾经就读于斯坦福大学,主要的作品包括《愤怒的葡萄》(1940 年)等。《烦恼的冬天》发表于 1961 年,这是作者最紧密联系现实生活(转下页注)

问题，与关于权力下放的旷日持久的辩论和全民投票相结合，使政治焦点偏离了关于刑事司法法案的辩论。然而，就其本身而言，这些理由不足以解释工党在议会的策略，因为至少在一开始，新的工党反对派就已经再次准备接受扩张警察权力的原则了。然而这扇门始终是开着的，仍然有改变立场的空间。因此，在上议院的二读辩论中，领导反对党的麦克拉斯基做了如下的发言：

> 本议案中关于警察权力的一些规定……包含在法案之中，是早就存在的……是由上届政府引入的。我想澄清一点，我不会促请否决我们提出或可能提出的任何条文。不过一个不可否认的事实是，在某些问题上，双方的前座议员决定支持某一条款，这本身并不能使它成为一个好的法律条款。②

然而，新政府的反应是立即批准了在先前的辩论中确立的立场；因此，上议院的保守派领袖曼斯菲尔德（Mansfield）预测下议院将采取更加夸张的立场：

> 我想强调的是，尽管苏格兰各党派和人们都发出着误导性的叫嚣，但这些条款的规定在本质上与时间上都受到限制，因此对警察履行预防犯罪和调查犯罪的职能来说，也是必不可少的。

（接上页注③）的一部作品，它以新的高度有力地揭露和抨击了资本主义社会的弊病、人与人之间关系的冷酷和人性遭到的扭曲。小说主人公伊桑·郝雷是一个在世俗意义上不成功的一家之主。他在战时服过役，退役后他尝试过各种职业，但都没有成功。最后，在一个冬天，在他祖先住过的英格兰小镇上，他成了意大利商人马鲁诺食品杂货铺的雇员。他为人老实，从不抱怨，虽然常常受到诱惑，而且也看到要达到物质上的成功必须采用各种手段，但这些算计他人的手段会使他变得无情无义，将使他冒着人格分裂的危险。他整天来往于货架和柜台之间，处于获得物质利益与恪守自己人格的矛盾中，度过了一个个无望的冬天，因而陷入"烦恼"中不能自已，以至勤俭持家的妻子和未成年的儿女对他不满。这一切更使他焦躁不安。于是他开始出卖自己的良心，向移民局密告与他亲如父子的马鲁诺，致使马鲁诺被驱逐出境。他又软硬兼施，逼银行家贝克为自己服务，卑鄙地得到了一块土地，还策划要抢一次银行。在目的相继达到以后，他又感到极度空虚，陷入自我谴责中。为寻找解脱，他只好在一个雨夜投入大海自尽。——译者注

② HL Deb., vol. 404, cols. 27-28 (29 Jan. 1980).

这一阶段，保守党的反对还是比较谨慎的。麦克拉斯基重申了以前政府的观点：尽管原则上拘留可超过 4 小时，但这是不公平的；反对为搜查攻击性武器而使用拦截人们的权力。不过他认为，审讯应该录音，不能采集被拘留者指纹，而再次拘留达 6 小时的条款也应受到限制。也许相当令人惊讶的是，他接着补充说，在受到这种限制的情况下，新的警察权力需要 3 年的试验期，以便对其进行评估。如有必要，应由议会通过一项肯定的决议予以延长，才能继续实施。

在上议院的委员会审议阶段，政府允诺只对警察权力的问题做出唯一重要的让步，但这一让步既不涉及实质性的问题，也不涉及拘留权的原则问题。第一，建议将强制拘留目击证人的权力正式降低到只要求确认身份；第二，同意放弃允许再次拘留的条款。从此以后，无论是在上议院还是下议院的委员会上，反对党为保全汤姆森委员会提出的保护性措施的努力都宣告失败。不过上议院同意上述修正案中进行司法审查的条款。

当议案于 1980 年 4 月 14 日提交下院审议时，虽然原则上这些条款并没有多大的改变，但是已经不能再将警察权力的扩张说成是"非党派偏见的跨政党举措"了。有关拘留权的所有问题，本质上已完全地被政治化了，这是议会以外的反对该议案的一场运动的结果。

议会以外这些批评的根据是，该议案不同于工党的议案，它是由苏格兰国务秘书提交给下议院的。杨斯特（Younger）早期的评论中，有这样一段话：

> 到目前为止，对该法案的许多批评论点都是大错特错的，完全不着边际。我不禁想，在强烈谴责这项法案的绝大多数人中，有很大一部分人要不是压根从来就没有看过这个法案，要不就是完全不理解它的意思，或者根本没有将其与目前在北部和南部边境地区的法律实践情况进行比较。[1]

也许更重要的是，工党前座议员的立场发生了变化。虽然最终没有给之前的含糊其辞一个明确的说法，对保守党的法案却提出了一项合乎逻辑的修

---

[1] HC Deb., vol. 982, col. 812（14 April 1980）.

正案，它这样写道：

> 下议院拒绝对这项法案进行二读审议，因为该法案赋予警察过度拘留的权力，这样的规定将对苏格兰警察与公众之间的关系造成损害，同时该法案还为他们提供了拦截和搜查进攻性武器的新权力。

眼下，我们暂时不再评价在下议院外和随后在下议院内发生的各种争论的是是非非。问题在于，正是议会外的反对最终导致了早期提出的立法参考框架（准法律草案）在下议院受到质疑，尽管事实证明这一挑战没有成功。

早些时候有人争辩说，汤姆森委员会的作用就是使这些在工党执政期间就已出现的问题"合法化"，并使这些问题非政治化，然而这一做法却引起了一种在政治上不可阻挡的发展势头。归根结底，保守党政府能够并确实依靠"苏格兰人"的多数票强行通过了该法案，尽管如此——或许也是因为保守党在苏格兰属于少数党——人们齐心协力试图抓住现在看来完全是虚幻的东西，也就是说，所有正在从事的工作都是对法律的一种清理。例如，迈克尔·安克拉姆（Michael Ancram）是爱丁堡的一名律师，也是审议议案时保守党后座议员的重要发言人之一，后来成为下议院的常任委员会成员，他试图回避这些争论引起的所有问题，理由是：

> 自从大约 14 个月前发生的哈特利案以来，经上诉法院批准的苏格兰法律规定，关于被拘留者在羁押期间可能做出的任何供词，只要不造成司法不公，警察拘留嫌疑人的时间就可以不受限制……对照现行的法律规定，我们追问的是这些行为是否应该被规范化或合法化。这正是该议案所要做的事情。

暂且不评判安克拉姆对法律的理解是否准确，但他提及的方法实际上涉及保守党试图通过法定权力将其行为合法化的企图，而这对保守党极其重要。事实上，警察已经行使了这些权力，并得到了法律的宽恕，或者说法律容忍这样的行为。对于法官来说，这本身就有其适当且充分的正当性。这甚至已经不是一个合法化的问题了，而是一个"正规化"的问题。

只有一个例外。在委员会审议阶段，保守派的代表由苏格兰律师公会成员组成。政府部长们试图以这种方式披上一件法律"中立"的外衣。该法案批评者的"政治动机"一再受到指责。在"那些声称对公民自由感兴趣的人"中，这位副检察长（Solicitor-General）在下议院的陈词中说："他们隐藏了对法律的不满，同时那些法律执行者也只是打着维护公民自由的幌子以满足一己之私而已。"

政府部长们将下议院内外的批评者称为"左翼知识分子"，称他们力图"破坏公众对司法系统的信任"①。不可避免地，这些指控可能会引起报刊社论和读者的评论。但是正如《苏格兰人》的一名记者对副检察长的质问那样："苏格兰律师公会（Faculty of Advocates）对赋予警察新权力的法案提出了严厉的批评。他们这个组织是否会因此被视为'共产主义活动的温床'？"②

对于下议院的委员会审议阶段无须多言，也没有什么好说的，但它的几个特点值得一提。第一，政府绝不妥协；第二，下议院中保守党与工党对于引述较早的工党立法草案的有关陈述的行为表示担忧；第三，两党议员对这两项法案的处理方式不一致；第四，反对党认为自己赢得了议会辩论，却输了选票。因此，到了委员会第七次会议时，反对党越来越担心政府的态度，尤因（Ewing）被迫指出"到目前为止，没有一项修正案是成功的"。乔治·福克斯（George Foulkes）指出，应该严肃思考修正案的细节问题，并保持一定的灵活性。然而大势已定，这一模式已经确立。最终，在警察权力问题上，只对实质性的内容做了一些轻微的修改后，议院就通过了该法案。

从来没有真正的争议。议案最终成为法律，新赋予的警察权力也于1981年6月生效。到1982年5月底，在修正案第2条规定的刺激下，警察已实施了21435次拘留。

6.6 结论

1978～1980年，律师在思考立法问题时只注意到其巨大的社会影响力，却未曾注意与其有关的社会、政治背景。法律赋予的这些权力会严重破坏警

---

① Nicholas Fairbairn, quoted in *Scotsman*, 21 April 1980.
② *Summary of Views of the Faculty of Advocates on the Criminal Justice（Scotland）Bill*, Edinburgh, April 1980.

民关系、威胁公民自由，并使苏格兰警察的处境更加艰难，并可能最终改变警务工作的根本方法。

《1980 年苏格兰刑事司法法案》为英国皇家刑事诉讼委员会的诞生奠定了坚实的制度基础和实践准备，针对皇家刑事诉讼委员会权力的贫困状况，也作了类似的铺垫。法案仅仅是将目前警察权力的行使情况"正规化和合法化"。一种类似的观点认为，议会中的辩论是律师分内的事情，因此吸取苏格兰的经验意义重大。如果"律师法案""法律技术细节""法律清理""规范化""合法化"，及借助议会的立法解释来"澄清"警察权的运行等方式掩盖了具有广泛社会重要性的立法过程，那么政治家和大众就应毫不犹豫地揭开法律的面纱。

延展阅读资料

Gordon, P., *Policing Scotland*, Scottish Council for Civil Liberties, Glasgow, 1980.

Renton, R. W. and Brown, H. H., "*Criminal Procedure according to the Law of Scotland* (4th ed. by G. H. Gordon)", Green Edinburgh, 1972.

Sheehan, A. V., *Criminal Procedure in Scotland and France*, HMSO, Edinburgh, 1975.

Thomson, Lord, *Criminal Procedure in Scotland*, 2nd Report, Cmnd. 6218, HMSO, Edinburgh, 1975.

第 7 章　皇家刑事诉讼委员会的困境

7.1　背景

尽管苏格兰法律部门出现了改革警察权的势头，但英格兰和威尔士已经在更加开放的政治环境中进行改革了。1960 年代和 1970 年代，社会对法律和警务实践诸多方面的不满已经凸显出来，因此公开辩论在皇家刑事诉讼委员会成立之前就已如火如荼地展开了。早在 1965 年罗伯特·马克爵士还未担任大都会警察局局长（Metropolitan Commissioner）时，他就公开谈论过后来为人熟知的问题：刑事审判如同一场充满障碍的"跳高比赛"，刑事诉讼很可能被这些障碍绊倒[1]。似乎是为了回应马克的问题，《1967 年刑事司法法案》（*Criminal Justice Act of 1967*）就对陪审团审判和预审时公开被告不在场证明的多数裁决（majority verdicts）[2] 做出了规定。

然而，正是 1972 年刑法修订委员会（Criminal Law Revision Committee）发表的第十一份报告给辩论火上浇油。那一年马克被任命为大都会警察局局长[3]。由高等法院法官主持、资深律师组成的刑法修订委员会发表了关于证据规则的报告，回应罗伯特·马克的问题。该报告毫无根据地允许职业罪犯逃避罪责，提出了一个破坏传统沉默权的解决方案。除此之外，该报告还特别规定，如果被告在警察审讯期间没有提及后来在辩诉时所依赖的事实，那么法庭或陪审团可能会从这种沉默中得出对其不利的推断。

---

① See Martin Kettle, "The Politics of Policing and the Policing of Politics", in Hain, P. (ed.), *Policing the Police*, vol. 2, John Calder, London, 1980.

② 多数裁决（majority verdicts）需陪审团半数以上的人做出。——译者注

③ Cmnd. 4991, HMSO, 1972.

　　刑法修订委员会的建议遭到了各种各样的批评，这些批评既包括学术论文也包括各种媒体的社论，从《泰晤士报》的文章到上议院高级法官（Law Lords）的演讲等①，应有尽有。如此广泛地重申无罪推定和控方有责任证明被告有罪的传统观点，无法令罗伯特·马克满意。因此，在 1973 年英国广播公司（BBC）的时政节目丁布尔比纪念演讲（Dimbleby Memorial Lecture）② 中，罗伯特·马克直言不讳地抨击陪审团的言论也就不足为奇了。他批评陪审团宣告了太多的被告无罪，并再次声明证据规则不适当地保护了被告方的权益，并警告说如果不以他建议的方式改革法律，就会增加警察的压力，最终导致他们"任意使用警察权力"。罗伯特·马克的建议被 1975～1976 年警察联合会的"法律和秩序"运动所采纳，这使警察对刑事诉讼规则压制警察行为的不满进一步加深。

　　如果说存在一个要求扩大权力的警察游说团体的话，特别是在 1970 年代后期，还存在另一个意见机构（body of opinion），该机构担心警察的权限已经在很大程度上超越了官方正式认可的权限范围。当高等法院前法官亨利·费舍尔（Henry Fisher）在 1977 年发布了关于康菲特谋杀案（Confait murder case）的调查报告，并导致对该案件的重新审判时，警察没有严格遵

---

① 参见布莱恩·麦其纳（Brian MacKenna）"关于刑法修订委员会第十一次报告的几点意见"（Criminal Law Revision Committee's Eleventh Report, Some Comments），载于《刑法评论》（Criminal Law Review），1972 年，第 605 页；以及 1973 年 6 月《刑法评论》文章；1972 年 10 月 5 日，曼弗雷德·西蒙（M. Manfred Simon）写给《泰晤士报》（The Times）的公开信；德夫林勋爵（Lord Devlin）1972 年 7 月 2 日发表在《星期日时报》（The Sunday Times）上的文章："定罪量刑的代价太高"（Too High a Price for Conviction）；以及萨蒙勋爵（Lord Salmon）在上议院发表的批判性演讲（HL Deb., vol. 388, cols. 1603-1610）。

② 丁布尔比纪念演讲（Dimbleby Memorial Lecture），是以英国著名战地记者和时政评论节目主持人理查德·丁布尔比（Richard Dimbleby）命名的一档时政演讲节目。丁布尔比是 BBC 首位战争报道记者，后来长期主持 BBC 旗舰时事栏目《全景》（Panorama），倡导了一种将深度调查与采访结合起来的时事节目形态。1965 年丁布尔比因患癌症去世后，为了纪念他，自 1972 年起，BBC 几乎每年都举行以他的名字命名的名人演讲。1979 年 BBC 电台创建了一个每周一次的旗舰时政辩论节目《提问时间》（Question Time），形式基本没有变过，就是主持人加每个主要党派的 1 名政治家以及 1～2 名其他公共人物（比如知名专栏作者），目前基本上每次都是 5 个嘉宾，节目每期在英国不同地点录制。这些人负责回答现场观众就热点现象提出的各种尖锐问题，观众也可以表达观点，现场气氛热烈，有时火药味比较足。节目主持人不发表自己的观点（因为 BBC 需要遵循不偏不倚的报道原则），却发挥着非常关键的作用，掌控着全局。当嘉宾话中有漏洞，或有事实性错误时，主持人通常不会放过。——译者注

守诉讼程序等问题就被暴露出来了。[①]

马克斯韦尔·康菲特（Maxwell Confait）是一名同性恋男妓。1972 年 4 月的一个晚上，他位于卡特福德 27 号多吉特路（Doggett Road）的住宅着火了，人们发现了他的尸体。三个年龄分别为 14 岁、15 岁、18 岁的男孩逐一受到警方的审讯，根据每一个男孩在单独审讯中做出的供词，后来分别被判犯有从纵火到谋杀等各种罪行。1975 年 10 月，新的科学证据表明这三个男孩并没有实施他们被指控的罪行，且他们的供述不属实，上诉法院裁决宣告 3 名男孩无罪释放。

对费舍尔的报告褒贬不一。有些批评者认为他的调查报告过于维护警方。毕竟费舍尔发现，警方并未恐吓男孩子们，也没有篡改他们的口供，除非三人中至少有一人参与了杀人和纵火，否则不可能做出这样的认罪供词。也有人认为，费舍尔为警方的调查方式提供了权威证据。费舍尔在报告中声称，警察审讯男孩时违反了《法官规则》和《内政部指示》，而且有些提问有失公正且具有强迫性。他还发现，向其提供证据的一些警察和律师似乎并不了解《法官规则》和《内政部指示》中的某些规定，甚至《内政部指示》中的某些规定在教科书中都难以寻其踪迹。他"大胆"地明确指出，有些给他提供证据的辩护律师和高级警官对《内政部指示》第 7 条（规定某人在拘留期间有权给律师或朋友打电话）的规定都一无所知，且大都会地区的警察也"没有遵守"第 7 条的规定[②]。他建议对这些规则应当提供惩罚措施作为支撑，任何违反这些规则的行为都应构成法官在审判中作为排除证据的理由，无论这种违反行为是否足以导致"非自愿"的供词。费舍尔不提倡因为某个案件就对法律进行全面改革，因此提议，如果需要进行某种改革，就应设立一个类似皇家刑事诉讼委员会的机构。[③]

正是在这种情况下，1977 年 6 月，詹姆斯·卡拉汉（James Callaghan）首相宣布成立皇家刑事诉讼委员会（Royal Commission on Criminal Procedure），对从调查到审判的全过程进行审查监督。政府之所以成立这个

[①] "The Confait Case", Report by the Hon. Sir Henry Fisher (Dec. 1977), HC. (1977/8) 90, HMSO, 1977.

[②] Ibid., paras. 2-17.

[③] Ibid., para. 1. 8.

委员会，是因为对犯罪率的攀升感到担忧①，对关于调查、诉讼程序的相关法律及其警务实践感到困惑，对一方面受到刑事诉讼程序的限制、另一方面又受到警察行使其权力的限制感到不满。更进一步的原因是，政府没有在20世纪及更早进行任何类似的审查，而汤姆森报告提出的改革建议在苏格兰地区已经搁置两年多了。

在费舍尔及工党政府设立皇家刑事诉讼委员会以后，我们有理由相信皇家刑事诉讼委员会是为了回应嫌疑人应拥有更大权力的要求②。显然，就警察队伍而言，他们并不普遍欢迎新的委员会。正如其他人所指出的那样，警察联合会的吉姆·贾丁（Jim Jardine）认为③，该委员会的成立只是一种拖延手段，而警司协会（Superintendents' Association）担心，那些一大群误入歧途的自由主义者和学者将削弱警察的权力。然而，罗伯特·马克的继任者、大都会警察局局长大卫·麦克尼（David McNee）没有被吓到。他成立了一个工作组专门搜集证据，并利用他1977年发表的报告，在向皇家刑事诉讼委员会的成立表示欢迎的同时，也直言不讳地批评刑事诉讼程序的某些限制性条款，并警告说："使普通百姓害怕得离开家园的过度自由，不是我们所知道的法律意义上的自由，自由主义者应该谨慎行事。"无论那些鼓动成立皇家刑事诉讼委员会的人的真正意图是什么，麦克尼都无须忧虑。他在报告的最后指出，这些限制措施就是在牺牲警察权力的情况下，增加嫌疑人的权利。

皇家刑事诉讼委员会最终选出的领导人西里尔·飞利浦（Cyril Philips），并非律师出身。他之前是东方史学（Oriental History）教授，伦敦东方及非洲研究所（School of Oriental and African Studies）所长。不过，在16人组成的委员会中，12人曾经涉及或者参与过刑事诉讼工作。值得注意的是，委员会中有一名内政部前常务次官，一名警察局前局长，一名警察联合会前秘书，五名治安官，一名治安法官，一名巡回法官，一名法律委员会成员和两名律师。

那些期待皇家刑事诉讼委员会真正具有独立性的人士将大失所望。委员

---

① Royal Commission on Criminal Procedure, Report, Cmnd. 8092, 1981, p. 2.

② *State Research Bulletin*, vol. 2, no. 12 June/July 1979, p. 108.

③ Kettle, E. g., loc. cit., pp. 21-24.

会的秘书都是从内政部借调的文职人员，并由来自内政部刑事政策司（Criminal Policy Department）的克里斯托弗·特雷恩（Christopher Train）领导。组织调查工作的是来自内政部的莫莉·韦瑟丽特（Mollie Weatheritt）。同时设立了一个独立的调查职位，由从大都会警察局借调来的警探戴维·吉伦（David Gearon）担任，用皇家刑事诉讼委员会的话来说，戴维以独特的身份为他们提供了"对警察工作的洞察力以及与警察队伍之间的有益联系"。

委员会面临的逻辑问题是，设计、拓展他们想要的研究课题，自己收集信息，听取口头证据，编写报告，所有这些工作都必须在 3 年内完成。

最初，委员会要求有关各方提供材料，开展委托研究，并调研英国和其他国家现行刑事司法系统。他们很快就获得了大量的材料，其中一些材料试图给辩论定下基调。1978 年 8 月，大都会警察局的观点被泄露给了《泰晤士报》，提前曝光了麦克尼的要求，即后来众所周知的"购物清单"（shopping-list）。麦克尼在清单中要求皇家刑事诉讼委员会给予警察更大权力①。当他说警察以往只能通过利用普通大众对自己权益的无知来完成工作时，他的这一总体论调彻底暴露了苏格兰场的真实想法。由于警察缺少足够权力，他说：

> 许多警察在入职之初，就学会了在调查时使用欺骗方法或秘密行动……有人担心，有时被初级警官称为"虔诚的伪证罪"（pious perjury）式做法，会导致他们在以后的职业生涯中为其他事情提供更严重的伪证。

麦克尼认为解决该问题的办法不是对警察进行更严格的控制，而是赋予他们更大的权力。在被劳工联合会议（Trades Union Congress）称为"迈向警察国家（Police State）② 的重大举措"的麦克尼的提案中③，他除了提出

---

① Royal Commission on Criminal Procedure：Part 1 of the Written Evidence of the Commissioner of Police of the Metropolis（1978）.

② 警察国家：政府对人们的社会、经济、政治生活采取严格的强制性控制，在缺乏法律前提的情况下，可以违反公众意愿，以行政力量控制人们。按照梅里厄姆-韦伯斯特（Merriam-Webster）的解释，所谓警察国家是指以政府对政治、经济和社会生活的控制为特征的政治单位，通常由警察特别是秘密警察任意行使权力，而不是通过政府行政部门和司法机关按照公开的法律程序正常运作。——译者注

③ Brighton Conference，Sept. 1978.

其他建议之外，还要求：根据 1972 年刑法修订委员会报告的规定，警察有权拘留嫌疑人讯问 72 个小时；根据 1972 年刑法修订委员会报告的建议，减少嫌疑人享有的沉默权；拥有截停和搜查人员和车辆的一般权力；扩大在没有搜查令的情况下进行搜查和扣押的权限；拥有设立普通路障进行搜查的权力；调查私人银行账户的权力；批准在指定区域内采集每一个人或某一类人指纹的权力。苏格兰和威尔士高级警官协会向皇家刑事诉讼委员会提供证据以支持大卫·麦克尼。该协会认为不需要为嫌疑人提供进一步的保障，并呼吁在陪审团审判中使用简化的多数判决规则。该协会建议使用 2∶1 的裁决规则（而不是 5∶1 的多数裁决规则），或者更密切地控制陪审团成员的选择，以防止"不负责任或刑事不诚实"（unresponsible or criminally dishonest）的人进入陪审团。

　　这类要求的公开，表明了一种警察期望的工作环境。其他因素也促成了以警察为导向的路径。皇家刑事诉讼委员会自己承诺的改革时限以及他们与警察系统密切配合的信念，导致他们运用自己收集的大量信息的方式非常奇怪。西里尔·飞利浦描述了他任职第一年是如何拜访警务督察局和警察局的①。随着研究的深入，正如飞利浦说的那样，就是必须与"在该系统内工作的人员"一起进行"当场检验"。委员会的这种做法违背了当场进行数据收集和在冷静超然中进行反思的正常程序。对于皇家刑事诉讼委员会来说，结论是根据警察的行动来得出的，毫无疑问，也是根据在调查的最重要、最关键阶段中提出的要求来得出的。事实上，有证据表明，皇家刑事诉讼委员会在某些问题上确实直接地受到警方建议的影响。《观察家报》（The Observer）就提到，皇家刑事诉讼委员会因为担心一个提议被警方而不是被政府拒绝，就撤回了所有警察访谈都要进行录音的提议。据委员会相关人士透露：

　　　　我们明白，警方难以接受全程录音记录。但只要警方不反对整个报告，我们的建议至少有被政府采纳的希望，这一点很重要。②

---

① Cyril Phillips, "The Work of the Commission and Policy Problems", at the Conference on the Report of the RCCP, University of Leicester, 11 July 1981 (Leicester Conference).

② *Observer*, 11 Jan. 1981.

　　换言之，皇家刑事诉讼委员会没有创造出一个平衡的体系，让政府处理随后出现的政治问题，而是根据政治需要提出建议。我们将看到，由此得出的报告极其重视警方对提议的接受程度。

　　皇家刑事诉讼委员会务实的一面还体现在其处理问题的方式上——集体主义方法（collective approach）。委员会的委员来自警察机构、检察机构以及自由民主党委员会成员，如治安官黛安·海特（费边社①秘书长）、沃尔特·梅里克斯（卡姆登社区法律中心前主任）、杰克·琼斯（英国运输与普通工人工会前秘书长）。于是人们认为这样的委员会一定会对是否以牺牲个人权利为代价来增加警察权力的问题产生内部争议。委员会对这些问题的反应②，不是在交换条件或对等交换（quid pro quo）的基础上进行谈判，而是用一些权利来换取另一些权力，人们认为，两个对立阵营之间的妥协并不一定会产生正确的结果。相反，在一个"事实基础"上我们看到了答案，在此基础上可以建立一个基本原则框架。这一框架能够通过详尽的调查以及"委员们走访英格兰和威尔士地区所有的警务督察局管辖区域"这样的"事实基础"建立起来。从一开始就对所有问题进行通盘考虑，一般原则是能够最终确定下来的。

　　在提到工作经验时，那些曾经在皇家刑事诉讼委员会工作过的人一致认为，"两个阵营"的对立观念很快就会消失，大家要做的是"看看什么能在实践中起作用"。初步目标是"提出一些真正可行的东西"。那些愤世嫉俗的人对皇家刑事诉讼委员会的提议冷嘲热讽，主要有两种看法。一种看法是，该委员会的改革建议是自由主义崩溃的结果；另一种看法是，事实证明，来自内政部或警察系统的理智和务实的推动力量

---

　　① 费边社（Fabian Society）：英国社会改良主义组织，主张通过温和、不激进的办法来改造社会。费边主义是 19 世纪后期 20 世纪初英国社会中盛行的渐进社会主义的思想体系和政治纲领，而费边社是英国的一个工人社会主义派别，其重视务实的社会建设，倡导建立互助互爱的社会。尽管费边社本身并未创建一套完整的社会福利理论，但是在他们的社会实践中，明显地贯穿着期望社会各阶层平等的理念，包括平等的财产、平等的社会地位和政治权利的公平分配，也包括自由的理念和互爱的人际关系理念。这是英国工人群众对福利国家制度最早、最直接的要求。早在 1890 年，恩格斯就一针见血地指出费边社会主义是"有教养"的资产者的幻想，其实质是企图"使资产者皈依社会主义，从而用和平的和立宪的办法来实行社会主义"。1893 年，恩格斯又针对费边社会主义的所谓"渗透政策"精辟指出，"害怕革命，这就是他们的基本原则"。——译者注

　　② Royal Commission on Criminal Procedure, Report, pp. 10-12.

太过强大，无法抗拒。强调专业意见的力度，以及所进行的大部分研究，除了将委员会的权力平衡从该领域的非专家成员转移到全职工作人员和有经验的人身上外，没有其他效果。皇家刑事诉讼委员会委员沃尔特·梅里克斯（Walter Merricks）后来写道："我们在主席和秘书的明智引导下，着手开展了一项研究计划，使我们能够为将要提出的建议奠定坚实的基础。"① 不过"引导"的程度值得我们仔细思考。皇家刑事诉讼委员会中来自费边社的委员认为，他们不仅不会解体，还会提出最优秀、最可行的方案。至少有一件事是清楚的：直到 1981 年，委员会内部很少出现分歧，也没有少数派报告（minority report）②，只有两名委员在少数问题上持反对意见。那些人们认为可能会持保留意见的人，整体上半公开地替报告进行了辩护。他们的做法是否正确，最后都能通过皇家刑事诉讼委员会的提案清楚地看出来。

7.2 皇家刑事诉讼委员会建议概要

7.2.1 逮捕

应该扩大"可逮捕罪行"的范围。目前，无证逮捕仅限于可判有期徒刑五年及以下的罪行。该权力或许应适用于所有可以判处监禁的罪行。逮捕需遵守新提出的"必要原则"（necessity principle），即警员发现或记录的内容只有满足以下一条，才能将被捕者拘留于警察局：

    A. 若此人不愿意表明自己的身份，则需传唤此人；

    B. 为预防或阻止犯罪继续或再次发生；

    C. 需要保护被捕者、其他人员的安全或财产安全；

    D. 需要通过审讯来获得、保护或保留与罪行有关的证据；

    E. 嫌疑人可能无法出庭。

警察在"严重"案件的案发地附近应有拘留权（拘留目击者或嫌疑

---

① *Police*，15 Oct. 1981，p. 2.

② 少数派报告（minority report）：某组织中的少数人对整个组织的报告有不同意见，从而提出的报告。——译者注

人），并在案发地的合理范围内禁止车辆通行（"严重"案件包括严重欺诈、毁坏财物、针对他人的严重犯罪如谋杀等）。

7.2.2 逮捕拘留

在警察局拘留某人需填写"拘留表"，并记录拘留期间的详细情况。现行的拘留做法应当标准化，（严重案件的）嫌疑人"在切实可行的情况下应尽快"被带至地方法庭，在这之前应被一直拘留，（普通案件的）嫌疑人应被拘留 24 小时。如果必要原则证明了拘留的合法性，且与此案无关的制服警督（uniformed inspector）审查了继续拘留的必要性后（这是将拘留决定记录在案并告知嫌疑人的原因），那么拘留可以继续延长 6 小时。如果嫌疑人被拘留 24 小时而未被控告或未出庭，那么就应释放该嫌疑人。但是对于"重大"案件的嫌疑人，治安法官应与警方私下开会讨论是否将拘留再延长 24 小时。

7.2.3 逮捕搜查

习惯法关于警察搜查被捕者的权力应变为成文法的规定。若警署署长认为确有必要进行更为详细的搜查，那么搜查应在警署内进行。除非嫌疑人涉嫌严重犯罪，且获得片区警长同意对嫌疑犯实施"光身搜查"，否则不能对犯罪嫌疑人进行"光身搜查"。若确有必要，须由医生进行光身搜查。若确能在被捕者住所内找到与此案相关或与类似案件相关的物证，那么警察在没有搜查令的情况下对被捕者住所（及汽车）进行搜查也是合法的。为保险起见，警察在搜查前需对搜查原因进行记录。经本人书面同意或片区警长在原因合理的情况下书面批准后方可采集指纹。此程序也适用于照片采集和对（重大案件的）罪犯进行非亲密性的身体检查。

7.2.4 讯问以及嫌疑人权利

沉默权（right of silence）。大多数人建议皇家刑事诉讼委员会不要改变嫌疑人的沉默权，无论是警方在警告后讯问还是在法庭上讯问。目前对从沉默中得出推论的司法限制也应保持不变。

嫌疑人在警察局的权利（at the police station）。嫌疑人在被拘留时，应告知其有通知第三方其被拘留的权利，但基于以下原因，警察有权拒绝给予嫌疑人该权利并记录拒绝原因。还应告知嫌疑人有单独向律师咨询、与律师交流的权利，但严重案件的嫌疑人不能享有此权利。片区警长若有合理理由认为召唤法律顾问所需要的时间会引起人员受伤及巨大财产损失，或法律顾问接触犯罪嫌疑人会引起以下情况，可以拒绝给予嫌疑人此项权利：

    A. 破坏或干扰证据；

    B. 威胁或伤害证人；

    C. 提醒其他与此案有关的可疑人员；

    D. 增大追回犯罪所得的难度。

除了《法官规则》和《内政部指示》外，还需制定一个《行为守则》（code of practice）以规范讯问环节。目前《法官规则》和《内政部指示》还要处理诸如警告、磁带录音、法律咨询和审讯环境等问题。不应掩盖审讯的本质，而且应废除目前针对供述可采性的"自愿性"测试，以帮助法庭根据已有事实（包括违背《行为守则》的情况）评估供述的可靠性。

记录陈述声明的准确性应通过警察对这些口头和书面记录要点的总结以及运用录音设备来提高。由于"操作困难"，警察通常不会录下整个谈话过程。不过皇家刑事诉讼委员会申明，磁带录音应该用于记录供述部分和总结部分。录像的成本太高，不过选择性使用还是可以的。

实施（enforcement）。除《行为守则》外，调查中主要遵守的是警察的纪律处分规定和民事诉讼规定。只有嫌疑人受到折磨、暴力或有辱人格的待遇时，才能排除通过违反《行为守则》获得的证据。制定《行为守则》不是为了规范警察的行为，而是为了确保证据的可靠性。发生违反《行为守则》的情况时，法庭还是会使用违规获得的证据，但是法官应当警告陪审团根据违规行为获得的证据进行判断所带来的风险的性质。通过非法搜查或其他非法途径获得的证据，在一般情况下具有可采性（除非其可靠性受到质疑）。这类证据若与非严重案件有关且是在搜查其他案件的指定物品时被搜查到的，可以被自动排除。

目前，对于供述可采性的测试即"自愿性"测试的标准不切实际，应当予以废除；为避免这种测试被滥用，我们应依靠警察纪律原则和警察培训来保护犯罪嫌疑人免受酷刑虐待。

7.2.5 拦截搜查

现今警察拥有的权力错综复杂，需要进行整合。警察在公共场所应该有拦截盘查或搜查任何人的权力，只要他们有合理理由怀疑某人携带盗窃物品或持有在公共场所具有犯罪性质的物品（如违禁药物、枪支、入室盗窃工具等）。警察应当告知被拦截搜查者被搜查的原因并进行记录，监督警官有责任详细整理参与搜查的人员名单及搜查结果。

以上权力还适用于拦截、检查车辆。另外，还应授权助理警长（Assistant Chief Constable）书面批准在特定时段设置路障进行路检的申请，特别是在该时段某区域可能发生了重大案件的情况下。

7.2.6 入室搜查与扣押

逮捕前的逮捕令授权制度应该继续保留。对于违禁物品（如盗窃物品、毒品、枪支），只有在地方治安法官认为有合理理由的情况下才能签发搜查令，但紧急情况下，制服警司（uniformed police superintendents）也应有权签发搜查令。

应当赋予警察一种新的权力，允许警察入室搜查（被捕嫌疑人住处外的他人房屋），以搜寻与"严重"犯罪有关的证据。这需要巡回法官授权。

7.2.7 起诉

应根据法律规定设立一个皇家检察署（Crown Prosecution）。每个警管区应有一个独立于警察机关的皇家检察部门，但对该地区的联合警察和检察机关（joint police and prosecutions authority）负责。一旦决定起诉，检察机关会处理之后的全部程序，在提出控告后决定是否继续审理起诉，就起诉问题向警方提供咨询意见，在治安法庭上提供律师辩护帮助和简单的法律咨询。

认为委员会对警方的要求作出让步的看法是不准确的。毕竟，委员会拒绝了麦克尼"购物清单"上的许多要求，如 72 小时拘留、随意拘留证人的权力、取消沉默权、随意搜查证据的一般搜查令等。然而在许多方面，自罗伯特·马克上任以来，皇家刑事诉讼委员会的许多措施，都是基于大都会警察局提出的一系列假设而提出的。看看委员会的一些推理论证和建议，我们会发现委员会使用的语言反映了"警方的观点"，即嫌疑人是有罪的，且刑事诉讼程序的主要目标是确保获得足以证明其有罪的证据。有一个例子可以证明这一点：在谈到一位警察"亲眼目睹"了某人实施犯罪行为时[1]，显然没有人认为这有什么问题，但是如果使用"据称"及"他所犯下的罪行"这样的话语时则不然。这样的开端使得放宽证据的标准变得更为容易。

与其逐一阅读皇家刑事诉讼委员会的提议，不如看看整个报告的标志性特征，这样更简便有效。其首要特点便是强调，在保护个人权益和扩张警察权力之间应注意平衡。皇家刑事诉讼委员会高调地公开谈论给予更多的自由，但几乎在所有案件中，自由都被警察自由裁量权所破坏；在谈及保护措施时，"它提供了直接的挑战和随后进行审查的可能性"，但实际中几乎无人关注这种挑战和审查。在非法逮捕或拘留后获得自由的案例中，得到保护的前提是有"合理的怀疑理由"（在拦截搜查中也是如此）。可是对人们该如何应对缺乏合理怀疑理由的案件，则没有给出解释，德夫林甚至引用"侯赛因案"（Hussien case）来表明"这可能需要考虑一些事情，但这些事情根本不能作为证据"（这不就是保护警察凭直觉进行拘留而不受惩罚吗？）。不过，符合"必要原则"的另一种保护，是严格限制逮捕后进行拘留的行为。令人遗憾的是，对嫌疑人来说，这一原则是如此宽泛，因此在任何情况下警察都有理由以"需要获得证据"或以排除嫌疑而进行必要讯问为由予以拘留（那么我们想问，这种自愿供述的测试在什么情况下才不会失效？）。同样地，在严重犯罪案件中，如果犯罪嫌疑人在拘留期间行使法律咨询的权利可能会干扰证据或证人时，这种权利就可能会受到警察自由裁量权的限制甚至剥夺。同时，如果犯罪嫌疑人在受到拘留时享有的律师咨询权会"不利于犯罪调查或预防犯罪"时，警察就可能会剥夺某人享有正式被告知遭逮捕的权利。多林·麦克巴尼特（Doreen McBarnet）就此评论道：

> 虽然保障措施往往停留在原则层面，但不管是受到保障措施制约的警察权力，还是限制保障措施的承诺，都有详细的规定。为什么必须证

---

① Royal Commission on Criminal Procedure, Report, para. 3. 86.

明警察权力的可行性而不必证明保护措施的可行性呢?①

报告的片面性体现在信任警察的道德操守而不是列出详细的保护措施上，这是皇家刑事诉讼委员会的另一个特点。报告提出警方必须遵循《行为守则》，这实则是为了取代《法官规则》，委员会除了依赖警察纪律、警务督察和民事诉讼的权威外，其他什么也做不了②。亨利·费舍尔早就发现《法官规则》向来都被警察忽视(除了纪律处分规定用于惩罚警察违规行为外)。为什么皇家刑事诉讼委员会希望《行为守则》在更广范围内和更大程度上得到遵守呢?

无须再将报告的其他片面性逐一列举出来，如委员会提出的保护措施要么受制于警察控制，要么有赖于警方控制的现状（如记录或惩罚）。对于内部审查系统的信心不仅让委员会支持现行惯常做法，而且导致法律的地位退居其次。以下例子能更好地说明委员会的自信程度。在关于警察讯问的建议中，委员会拒绝接受供述的自愿性测试，提倡将所有证据提交陪审团审视，无论获取证据的方式有多少不公平（如不能进行刑讯等），敦促人们信赖由纪律处罚而非法律支撑的《行为守则》，这一做法显然不是为了保护个人权利，委员会认为:

> 另外，对于警察讯问的培训还有待加强，不仅要提高他们讯问的技巧，而且还要使他们认识到，必须具有强大的心理力量，使其能够影响嫌疑犯，并能应对由此带来的危险。③

当人们对警察能力的信任达到这种程度时，人们会倾向于认为没有必要制定法律规则来约束和管控警察行为。

每当需要平衡警察权力扩张和嫌疑人权利保护之间的关系时，委员会总是倾向于选择前者。关于拦截搜查权，报告认为，那些犯了财产罪并非法占

---

① McBarnet, D. J., *Criminal Law Review*, 1981, p. 448.

② 对于纠正警察违规行为的保障措施，see Criminal Procedure in Scotland: Second Report, Cmnd. 6218, HMSO, 1975, para. 3.32 and Royal Commission on Criminal Procedure, para. 4.119-22.

③ Ibid., para. 4.75.

有物品的人"不应受到完全的保护而免于搜查"。如果我们认为一个嫌疑人有罪，而他还想在法律的技术细节中寻求庇护，那么我们自然就会将保护措施减到最少。我们忽略了一个真正的问题——是否应该保护那些没有犯下这类罪行的人。

在其他假设中，皇家刑事诉讼委员会进一步暗示了嫌疑人是有罪的。该报告的特点是重视"严重"犯罪[1]。在皇家刑事诉讼委员会看来，罪行越严重，公民权利受到的损害就越不可避免——公民的权利会阻碍定罪。与此相反的观点是，罪行越严重，嫌疑人就越应受到保护，这一角度却被忽略了。放宽标准不仅会加大误判的风险，还会让真正的罪犯逍遥法外，而该后果常被忽略。在报告的第3.5段中，委员会提出，犯罪的严重性与警察权力的运用有关，尽管这是公认的事实，但通常情况下不被人们所接受：

> 在评估这种权力应否存在，以及如果确实存在适用于他们的特别保障措施时，我们认为必须考虑到该权力在调查有关罪行时的效力，以及社会对于将有罪之人绳之以法的重要性。因此罪行的严重程度是需要考虑的关键因素。

皇家刑事诉讼委员会的另一特点是"例外论"（argument from exception）。首先，该观点认为不能要求警察采取非法行动。因此，如果我们能够找到一些事例，说明在何种情况下，警察（假设警察与犯罪嫌疑人完全没有勾结）可能由于没有正式的权力采取行动，从而导致犯罪分子逃脱法律的制裁，那么我们就必须赋予警察相应的权力来处理这类案件。《1980年苏格兰刑事司法法案》的拥护者很熟悉这类事例，不与警方合作被证实后受到党派政治偏见攻击的现象时有发生，就如同在火车上发生的伤人事件，如果不及时采取调查措施，证人很快就会消失在茫茫人海中。然而该观点没有考虑到广泛扩张权力（比如搜查证据或设立路障）的代价：法庭极有可能无法审查该案件，并引起社会极大不满。事实上，警察在紧急情况下不采取行动在任何情况下都是罕见的，而且由于法院几乎总是支持警察根据某一案件的具体情况采取行动。因此在特殊情况下，警察不会出现要么陷入孤立无援的境地，要么

---

① Lidstone, K. W., *Criminal Law Review*, July 1981, pp. 454–456.

"违反规则"在法庭上处于不利地位的尴尬境地，这种风险还是很小的①。

因此，在法律上正式授予警察更宽泛的权力以涵盖特殊情况的代价应受到严重质疑。但是委员会并没有对此进行深入思考。为了使警察权力能够适用于特殊情况，委员会建议赋予警察在"严重"犯罪案件中对证据进行强制性搜查的权力。考虑到特殊情况，委员会拒绝给拘留限定具体时间，支持临时拘留权，尽管有充分的论据认为这种特殊情况下公众的合作能为警务工作的成功奠定基础。最后的结果是，这种推理得出的建议过于宽泛，许多人都不接受，其中至少包括一名警察局局长②。

还应指出的是，这种例外的观点适用于警察权力的行使，但对保护措施却不起作用。在极其特殊的情况下，如果确有必要，法律有理由拒绝提供保护。"法院不接受非法获得的证据"的规则只有助于"少数"已进入审判阶段的案件，这就是拒绝该规则的原因③。结论是，只有极少数案件才需要这种保护制度，这样的规定严重地背离了委员会的初衷。

如果非要从其他皇家委员会中标识出皇家刑事诉讼委员会提议的特点的话，他们就是那些声称认真"做了功课"的人④。皇家刑事诉讼委员会为了创建一个"可靠的事实基础"，总计花费了 1189800 英镑，成果是发布的一份报告及 12 份调查文件，每位潜在的读者消费 57.6 英镑。然而，研究成果的多少并不代表其论证的质量、推论的正确性、观点的合理性或分析的深度。前面已经提到，皇家刑事诉讼委员会的调查违背了警务工作的实际需要，整个调查工作由来自内政部的官员主导，分析所依据的数据严重依赖警方提供的信息。皇家刑事诉讼委员会的两个调查员迈克尔·麦康维尔（Michael McConville）和约翰·鲍德温（John Baldwin）也指出⑤，他们的调查并没有根据制服警察的特点来研究。委员会的时间表所规定的最后期限意味着，两位调查员被要求对委员会预先设定好的（狭义的）问题迅速找到答案。没有对审前程序的关键领域进行调查，许多学术工作被忽视，甚至对政府进行的一些试点，如苏格兰场进行的对审讯进行磁带录音的试点也被忽

---

① See McBarnet, D. J., loc. cit.

② See Alderson, J. C., "The Scope of Police Powers", Leicester Conference, 1981.

③ Royal Commission on Criminal Procedure, Report, para. 4.125.

④ *Guardian*, 14 Jan. 1981.

⑤ *Rights*, vol. 5, no. 4, March 1981, p. 4.

略了。关于警察在现场的实际工作情况，与其说是通过询问警察直接得知，还不如说是为了寻求一种折中的观点而从所谓"受访者的第一手资料"那儿获得的①。虽然皇家刑事诉讼委员会非常重视警察纪律和内部审查，但没有对这些措施的效率进行研究，无论是将其作为确保遵守规则的手段，还是在违反规则的情况下作为补救措施，均没有对其效率进行研究。没有证据表明，记录逮捕、搜查、审讯或拒绝会见律师的理由在实践中能起到有效的保护作用（事实上，许多以前的研究包括费舍尔关于康菲特案的报告都表明这些程序受到了忽视）。该委员会对扩大警察权力的建议做了详细阐述，但对于研究方案的结果，调查报告最终只得出了一些关于权力扩大后社会付出的代价、保护措施的有效性等模糊概念。

奇怪的是，调查获得的结果中缺少一个关键成果。麦康维尔和鲍德温对此评价道：

> 整个报告几乎没有任何超越简单描述的尝试（基本上都是直接描述）。其结果就是，令人不安的后果通常被轻描淡写，对于前后矛盾也没有任何解释。总的来说，用"中性"来形容这次调查比用"中立"更为贴切。②

在得出结论的过程中，委员会的所作所为也受到质疑，特别是在关系供述自愿性测试（即陈述必须出于自愿在法庭上做出的才具有可采性的规则）以及是否将违反《行为守则》获得的材料排除在证据之外的问题上。关于供述的自愿性，正如我们在第 5 章中所看到的，现行法律的规定简直是一团乱麻。在有些案件中，仅仅是给予嫌疑人建议就会使供词变得不可采，而在另一些案件中，即使是一些非常严厉的警察行为也能获得法院的认可。在很大程度上，皇家刑事诉讼委员会在处理这一问题时，主要是根据巴里·欧文（Barrie Irving）的研究成果。从某些方面来说，欧文的研究证实了库珀大法官在查默斯案中关于在警署里审讯的令人胆战心惊的行为的看法。欧文发现，用皇家刑事诉讼委员会的话说，"从心理学角度看，拘留本身和拘留期

---

① McBarnet, loc. cit, p. 450.

② *Rights*, loc. cit.

间的讯问都会给许多嫌疑人带来压力……这种压力影响了他们的心理，最终导致他们意志崩溃"。从法律的规定看，有些案件甚至根本就不具备"强迫性"的条件，但欧文认为，在这种情况下不存在自愿供述的可能性。因此欧文总结认为，法规规定的自愿性与心理上的自愿概念并不一致①。

令人震惊的是，强迫行为背后的思维方式比我们想象的更根深蒂固。皇家刑事诉讼委员会的推论也没有加强被拘留者接受审讯时所得到的保护，而是废除自愿性测试，建议改进警察的审讯训练，将供词提供给陪审团和法官供其参考（这样的逻辑似乎像是在发现一个人的肺比原来想象的更为脆弱的时候，还不停地一支接一支抽烟，简直是饮鸩止渴！）。

更为意料不到的是关于运用证据排除原则的理由。皇家刑事诉讼委员会依据达林·奥克斯（Dallin Oaks）② 的一项在学术刊物上发表的论文的结论为自己争辩，声称证据排除原则并不能有效地阻止警察在对待嫌疑人时的不当行为。仔细阅读奥克斯的论文就会发现，他的研究重点不在嫌疑人被关押期间的审讯问题上，而是搜查和扣押问题。正如奥克斯所说，这是两个完全不同的问题。例如关于证据的可信度，搜查和扣押能够提供实实在在的证据（比如枪支、刀具等），然而通过施加强制力获得的供述可能完全没有可信度，因此排除后者的原因就显而易见。第二个区别是警察的动机。奥克斯表明，证据排除原则不能阻止警察在搜查时玩忽职守，因为他们能够找到恰当的理由表明自己的行为与寻找有用的法庭证据（例如，搜查毒品、武器、找到被盗物品等）有关。奥克斯说，奔着找到有用证据（比如审讯犯人）的目的而行动的警察对证据可采性原则"有可能做出相应的回应"③。简言之，委员会利用奥克斯的研究证明了自己报告的自相矛盾。因此，那些向赋予皇家刑事诉讼委员会权力的人应该注意到麦康维尔和鲍德温的警告：皇家刑事诉讼委员会研究的主要作用是"给一系列极具争议的提议披上体面的外衣"。

---

① Royal Commission Research Study, no. 1, by Barrie Irving and Linden Hilgendorf, HMSO, London, 1980.

② "Studying the Exclusionary Rule in Search and Seizure", *University of Chicago Law Review*, vol. 37 (1970); Marquita Inman, *Criminal Law Review*, July 1981, p. 475.

③ Wicks, R. J., *Applied Psychology for Law Enforcement and Correction Officers*, McGraw-Hill, New York, 1974.

本来可以让皇家刑事诉讼委员会引以为豪的一项成就，也可以称为其标志性特征之一，那就是他们对法律的澄清。然而，如果我们看看皇家刑事诉讼委员会成立前的法律领域的困境就会发现，委员会在澄清该部分法律上所起的作用微乎其微。含糊的"合理怀疑"没有得到明确定义，反而更依赖为扩展拦截搜查权提供基础。"自愿性测试"也没有被进一步定义，取而代之的是对于警察培训的信任。皇家刑事诉讼委员会"澄清"法律的独特方式还体现在其对待无逮捕令的情况下实施逮捕和搜查的态度上：现行法律适用于一系列复杂情况，要使法律简化最容易的办法是，泛化权力并废除现在仍保留的权力。皇家刑事诉讼委员会本来希望其提议公开、可行、准确、可靠，而结果却是支持现行警务实践，依赖内部审查系统，而该系统早就被证明无法提供保护、无法澄清规则。皇家刑事诉讼委员会的报告最为人诟病的是，它没提供任何令人信服的结论，也没有提供任何证据证明其提出的新程序能够解决滥用职权以及人们"协助警方调查"的问题。皇家刑事诉讼委员会的报告中所提出的几乎所有程序改革建议，都可能通过我们在缪尔和斯旺基案中看到的那种自愿"协助"方式进行回避。也就是说，几乎所有的程序改革建议都可能得不到严格执行。委员会发现的所有老问题仍未得到解决，委员会也没有采取制度性措施展开调查、提高其操作规则的效率。设立警察投诉制度的建议，可能是皇家刑事诉讼委员会没有考虑自己提议的背景的最好例证之一。在其报告第 4 章中，委员会认为《行为守则》应代替《法官规则》。然而，就《行为守则》而言，它不仅拒绝了供述自愿性测试，还拒绝了有利于严明警察纪律的证据排除原则。它"高度重视"建立公众信任的警察投诉系统，并申明该系统对于建立对警察纪律的信心是十分必要的。在谈到这一问题之后，皇家刑事诉讼委员会很高兴地将此问题留给其他人，让他们来讨论警察投诉系统改革的细节问题，自己则开始关注别的问题。有人认为，扩大逮捕权、拘留权、讯问权需要以建立一个更强大的投诉系统为前置条件，但是委员会没有为保护个人权利这座脆弱的大厦奠定坚实的基础。而这种忽略就是它处理问题的典型方式。

7.3　皇家刑事诉讼委员会的政治学分析

皇家刑事诉讼委员会的报告于 1981 年 1 月发表，各大日报敏锐地注意到了委员会改革的方向，因为委员会成立的目的就是回应康菲特案爆出的丑闻。各大报纸的头版标题是"哭泣的新权利"（《每日电讯报》）、"提议扩大拦截搜查权"（《泰晤士报》）、"关于警察权力的强硬提议"（《卫报》）。后来，西里尔·飞利浦于 1981 年 7 月在莱斯特发表演说时，声称皇家刑事诉讼委员会的提议受到好评，虽然不乏新闻媒体的批评。《泰晤士报》的一名高层人士也认为，委员会的报告是一份令人印象深刻的报告，它成功地使关于警察权力的法律具有了理性，但也警告称："委员会的报告建议社会对警察行为以及警察对现行法律法规和规则抱有一定程度的信心，但不能认为这是理所当然的。"① 《卫报》发表的"天平并未向无辜者倾斜！"的社论，就是对报告中关于在治安法官的同意下允许对嫌疑人持续拘留 24 小时，以及赋予警察决定是否允许被拘留者请律师的自由裁量权等建议的一种批评。在《卫报》看来，"更严重的"事情是，皇家刑事诉讼委员会未能给其提议的《行为守则》和扩展逮捕权提出有效的制衡手段。遗憾的是，对这份报告极不满意的两名委员杰克·琼斯（Jack Jones）和坎农·威尔弗雷德·伍德（Canon Wilfred Wood）仍签署了该报告，而没有发表一份少数派报告②。

公民自由团体对这份报告非常不满。哈里特·哈曼（Harriet Harman）在《新政治家》的文章中声称，"费舍尔报告"揭露了警察是如何忽视《法官规则》的，然而"令人难以置信"的是，皇家刑事诉讼委员会竟建议把审讯规则交由警察来处理。她反对延长拘留时间，尤其是反对对那些不明确的"严重"犯罪案件的嫌疑人拘留可长达 24 小时的规定。皇家刑事诉讼委员会未将《行为守则》立为法律是一种"胆怯"的表现。她认为，在警察滥用规则时，这种规定无非只是使他们面临民事诉讼的风险降低罢了。对此，全国公民自由理事会（NCCL）感到很震惊，因为委员会完全未提出扩大警察权力的前提是建立更好的投诉系统。哈曼认为，报告"最荒谬"的一点是想要平衡嫌疑人的权利和社会的权利：

> 嫌疑人和社会之间根本就不存在冲突。如果嫌疑人做出虚假供述就

---

① *The Times*, 9 Jan. 1981.

② *Guardian*, Jan. 1981.

会受到不公的惩罚，那么社会就受损了，因为真正的罪犯逍遥法外，就像康菲特案那样……没人能证明警察拥有更大的逮捕和拘留自由裁量权实际上会提高拘留和起诉的效率和准确性。①

激进的自由主义者也不排斥这些观点。报告发布两天后，《泰晤士报》的法务经理安东尼·惠特克（Antony Whitaker）就在《星期日泰晤士报》（*The Sunday Times*）上写了一篇文章，严肃批评皇家刑事诉讼委员会只扩大警察的逮捕权和拘留权而缺乏有效制衡措施的提议。他警告道，"当行使权力被纯粹的权力欲驱使而不是被社会的需要驱使时"，警察管理国家和警察国家的区别"就变得模糊不清了"。

皇家刑事诉讼委员会内部成员之间的分歧在很大程度上主要来自前面已经提到的两位成员，坎农·威尔弗雷德·伍德和杰克·琼斯。琼斯认为，那些主张扩大警察权力的人没有意识到贫困地区的严重社会问题②。他"极力反对"取消地方治安法官在签发逮捕令和授权采集指纹时对警察进行监督的权力。琼斯认为，在警察拒不提供犯罪的实施地点和涉及人员的情况下，就赋予警察逮捕权，是具有"巨大风险"的事情。他还认为，高级警官对于保障嫌疑人权利的监管也不到位。琼斯和伍德认为，总体来说，处理滥用权力的方法不应是扩大权力、"规范"现有职位，而是对扩大的权力做出合理解释并对其进行仔细检查。

二人对委员会的结论持不同意见可能是为了有利于委员会改革建议的实施，所以他们最终还是签署了报告。全国公民自由理事会反对实施该提议。人们担心，撒切尔政府的"法律与秩序"游说团体会从皇家刑事诉讼委员会的一揽子计划中摘出一些内容，从而妨碍建议的整体性，就像已经发生在苏格兰的事情那样。令人奇怪的是，那些对皇家刑事诉讼委员会一揽子计划的最有力的捍卫者并非来自右派政党，而是来自中立的自由主义者。皇家刑事诉讼委员会成员、卡姆登社区法律中心（Camden Community Law Centre）前主任沃尔特·梅里克斯（Walter Merricks）就写了很多支持委员会的文章和信件，为委员会辩护。他认为扩大警察权力应当与改善保护措施相匹配，

---

① *New Statesman*, 2 Jan. 1981.

② *Rights*, loc. cit.

自由主义者应该给保守党政府内政部施压，督促其实施改革方案。《卫报》知名法律记者迈克尔·赞德（Michael Zander）也同意这一观点①，他说皇家刑事诉讼委员会的报告遭到全国公民自由理事会、法律行动小组（Legal Action Group）、法律中心联合会（Law Centres Federation）和霍尔丹协会②"全面猛烈的抨击"。不过他认为，这份报告是向改进保护措施迈出的重要一步。他还举例说，议案中提议警方记录拦截搜查时发生的情况，这不仅有助于警察进行内部审查，也会影响警察行为。他说录音仍有用，自由主义者也

① *Guardian*, 12 Jan. 1981.
② 霍尔丹协会，全称是霍尔丹社会主义律师协会（Haldane Society of Socialist Lawyers），成立于 1929 年或 1930 年。其早期历史档案在 1941 年德国空袭时被毁。有关其前五十年的历史记录在《假发和工人：1930–1980 年霍尔丹协会史》（*Wigs and Workers: a History of the Haldane Society of Socialist Lawyers 1930–1980*）[尼克·布莱克（Nick Blake）和哈利·拉克（Harry Rajak），《霍尔丹协会》（*Haldane Society*），1980 年] 一书中。该协会是以理查德·霍尔丹子爵（Viscount Richard Haldane）的名字命名的，作为一名自由主义者，他曾于 1912~1915 年担任阿斯奎斯（Asquith）政府时期 [阿斯奎斯·赫伯特·亨利（1852~1928）是英国自由党政治家和首相（1908~1916 年），他提倡提供失业保险和老年养老金、支持 1911 年议会议案] 的英国上议院大法官（Lord Chancellor）。像以往一样，当他被当时排外的《每日邮报》（*Daily Mail*）赶下台时，在政治上开始向左派靠拢。因此，1924 年，当英国第一届工党政府上台时，他担任上议院大法官就成为符合逻辑的理性选择。到 1929 年，当工党再次选举获胜并执政时，霍尔丹已经去世了，但是持有工党立场的律师仍然供不应求。少数大律师组成了霍尔丹俱乐部（Haldane Club），向政府、工会和合作社运动提供专门的法律知识。1931 年，拉姆齐·麦克唐纳（Ramsay MacDonald）分裂工党组建联合政府（National Government）后，霍尔丹协会早期成员担任高级职务的机会就没有了。自那时以来，霍尔丹协会一直是每一届政府的法律荆棘刺（legal thorn），为法律改革、公民自由和为所有人获得公正的机会进行游说；支持反对殖民主义的民族解放运动以及反对种族主义和一切形式歧视的运动。目前，该协会拥有众多杰出的成员，并获得了女王律师（Queen's Counsel）的司法任命和晋升，但他们的任职并非是因为霍尔丹协会的成员身份，而是他们的成就。在 21 世纪，霍尔丹协会直面新的挑战。当布什和布莱尔的"反恐战争"导致了拘留、使用刑讯逼供获得的证据以及类似于软禁（house arrest）的控制命令时，该协会的成员一直在专业地维护那些卷入这些侵权行为的人的人权。该协会与自由和反对社区犯罪化的运动（Campaign against Criminalising Communities）密切合作，以保护公民自由和基本权利。他们还参与了对入侵和占领伊拉克的合法性的质疑，致力于保障巴勒斯坦人的人权，一些成员还在巴勒斯坦人权中心工作。他们曾经发起过"关闭监狱——把他们带回家"运动，呼吁国际社会施压美国关闭关塔那摩拘留营。同时，协会的旧主题并没有消亡，因为各届政府在上台后第一年的提议中，都对陪审团制度、刑事审判中被告的权利和难民权利保护等进行新的攻击。尽管法律中心运动（Law Centre Movement）取得了历史性成就，但今天诉诸司法的机会正在减少而不是增加，为此，他们采取了一系列运动来捍卫法律援助。几十年来，年轻律师面临着最严峻的挑战，因为他们致力于为所有人提供司法机会，霍尔丹协会在支持年轻的法律援助律师方面发挥了积极作用。——译者注

应接受对拘留的时间限制。赞德指出，如果嫌疑人被告知拥有会见律师的权利却又放弃该项权利，那么就应将此情况记录在拘留表中。赞德认为证据排除原则在案件中能起到的保护作用很小。最后他谴责左翼对该报告的反应："左翼下意识的反应实际上是一种彻底的放弃行为。"他认为，期待实行新的保护措施而不扩大警察权力是"幼稚的"想法，并反复地强调要落实这些改革建议。

马尔科姆·迪安（Malcolm Dean）将皇家刑事诉讼委员会称为"完成了自己功课的委员会"①，迪安似乎临时串换了"批判性教员"的角度，改变了自己的观点，转而认为皇家刑事诉讼委员会应该得到更多人的支持，因为该委员会已经"证明了自己提出的刑事诉讼程序改革建议是正确的"。他强调委员会做了大量的工作和调查，似乎这些就能保证提议的合理性。他还认为皇家刑事诉讼委员会在两个对立阵营之间架设了一座有意义的桥梁。显然工党并不认同他的看法，工党发言人罗伯特·基尔罗伊-西尔克（Robert Kilroy-Silk）议员表示，因为皇家刑事诉讼委员会完全忽略了保护措施，工党要发起争取司法公正的运动以阻止提议变成法律。法律行动小组的托尼·吉福德（Tony Gifford）也持反对态度，称该报告是"一个站不住脚的逃避借口"。②他说，桑德和迪安都没有真正理解警察在街上的行为表现、对现有权力产生的恐惧感、对从法庭获得补救的绝望以及警民之间弥漫的不愉快的敌意情绪等真实情况。至于皇家刑事诉讼委员会将几乎所有新权力——拦截搜查权、拘留权、设置路障权、强迫采集"人体样本"权——都置于保护措施之下的做法，已被证明行不通。吉福德说律师公会主席（"非左翼的下意识反应"）认为，警察纪律不能有效惩戒警察违反规则的行为。他总结认为，皇家刑事诉讼委员会仍会继续遭到各政党部分人士的反对，这些人在担心犯罪问题的同时，反对警察权力渗入我们生活的方方面面。

因此，从这个角度来看，皇家刑事诉讼委员会的提议是被媒体接受了。就像刑法修订委员会公布其第 11 份报告后的那段时间一样，两个阵营进行了激烈的辩论，几乎没有什么中立立场。警察联合会在其主办的月刊上发表了似乎表示满意的文章，称"委员会的观点越来越接近联合会提交的证据了"③；

① Ibid., 14 Jan. 1981.

② Ibid., 19 Jan. 1981.

③ *Police*, Feb. 1981, p. 15.

但在学术界，发表在《刑法评论》（*Criminal Law Review*）① 和《公法》（*Public Law*）② 两大期刊上的有关争论文章，对强调警察规范自己调查行为的建议持保留态度。伯纳德·斯麦思（Bernard Smythe）教授在《公法》杂志上发表的文章中对此表达了担忧，他警告说，不要因信任警察而忽视公众的信任：“足够的愤世嫉俗和玩世不恭本身就能摧毁任何过于信任的制度。”有些人说皇家刑事诉讼委员会失败了，因为它用自己“狭隘的方法”去诠释法律，委员会成员对警察的信任“更显天真”，其提议也“缺少统一连贯的理论框架”。即便是警察局中的激进人士也认为皇家刑事诉讼委员会的有些提议太过极端。尽管约翰·奥尔德森从总体上肯定委员会的工作，但他借参加 1981 年 7 月莱斯特会议的机会，反对基于“合理怀疑”的权力，合理怀疑与对特定案件的怀疑的是截然不同的。他指出，有关拦截搜查提议的“严格”保护措施已经“在伦敦试行了”。他不赞同在“严重”犯罪案件的案发地周围行使临时拘留权的提议，认为使用该权力“可能会削弱警察行为的说服力”，而寻求公众的自愿帮助比使用该权力更好。奥尔德森还反对皇家刑事诉讼委员会将指纹鉴定的年龄限制由 14 岁改为 10 岁的建议。他认为把孩子送去做指纹鉴定“令人厌恶”。

7.4　结论：为《济贫法》设立的委员会

皇家刑事诉讼委员会的研究应满足三个标准：公正、公开、可行。他们提出的这些标准就表明，委员会成立之前的辩论没有使两个对立派别达成一致意见。其成员在很大程度上成功地调和了他们之间的不同意见，并基于其“事实基础”提出了他们认为具有可行性的建议。

然而，皇家刑事诉讼委员会的失败正在于其提出的改革建议。尽管皇家刑事诉讼委员会做了许多调查，却没有平衡警察权力和保护措施，并且没有使其建议具有可行性。从皇家刑事诉讼委员会的片面性来看，它能够较全面地认识警方的权力，但它没有思考“我们究竟需要什么样的警察队伍”这样的问题。委员会没有借鉴吸纳社会和组织因素影响警察行使其权力的有关知

---

① *Criminal Law Review*, July 1981.

② *Public Law*, Summer 1981.

识并善加利用。不考虑清楚这些问题，就无法处理好扩张警察权力与保护嫌疑人权利之间的关系，也就无法调整警察需求以利于公众接受。尽管委员会的调查已经表明，案件侦破在很大程度上取决于公众的支持与合作[1]，但在重振公众对警察权力系统的信心上，委员会做得极不成功。皇家刑事诉讼委员会在提出关于警察权力的建议时很少讨论诸如不同警务模式的影响或犯罪情报、投诉系统和惩戒系统等方面的问题。由此表现出的想法与汤姆森委员会的想法类似[2]。在某种程度上，有可能使用某种方法将法律权力和控制与社会和组织环境分离开来。

从某种程度上来说，上文提到的自由主义律师对皇家刑事诉讼委员会的批评反映了委员会报告的狭隘性。本章还未涉及更广泛的社会背景，例如与英国现行警务工作的性质相比，警察权力的扩张是否不值一提（随后我们还会论及此话题）。因此，沉溺于平衡权力和法律保护这样的细节问题使我们变得不明智，使我们忽略了讨论内容本身也需要拓宽这样的事实。对此麦康维尔和鲍德温说：

> 反对（皇家刑事诉讼委员会的提议）并不是因为警察的决定不会受到审查或监管（实际上，警察的决定既不受审查也不受监管），而是因为根本无法对警察的决定进行审查和监管。[3]

皇家刑事诉讼委员会狭隘的观点可能会误导读者。宽泛的逮捕权、搜查拘留权和模糊的保护措施（"合理怀疑"、"调查/侦查犯罪的利益"和"必要原则"）把我们推到了这样一种境地：法律的作用降低了，将所有的信任都放在了警察的职业操守上。皇家刑事诉讼委员会虽然绕过了法律规定，却没有设定应当履行的相关义务。如果我们真的不再依赖法律约束，那就不仅需要弄清楚警察在社会中扮演的角色，更要弄清楚能够代替法律规定的其他规章制度是什么。如果我们将这些问题看作内部问责、组织压力、社会审查和外部问责的问题，那么就应好好去调查、研究、理解这些问题。因为皇家刑事诉讼委员会调查的范围太狭窄，它根本就没有涉及这些问题。皇家刑事诉

[1] Royal Commission Research Study, no. 7, by David Steer, HMSO, London, 1980.

[2] Criminal Procedure in Scotland: Second Report, Cmnd. 6218, HMSO, 1975.

[3] *Rights*, loc. cit.

讼委员会与法律法规渐行渐远，却未能找到合适的替代品来弥补自己的劣势。

委员会理念的支持者坚定地表明，委员会的提议若成为法律，一定能在实践中加强对警察的管理。然而他们没有意识到，采纳委员会的策略恰恰偏离了共识性警务的理念。委员会没有考虑"消防队式"警务和"先发制人式"警务模式近年来的发展，这不仅说明其研究不充分，更体现了其墨守成规的根本态度，这种态度忽略了警察工作的集体性本质，解决不了问责问题。

委员会报告公布后，英国经历了 1981 年的街头骚乱。这类事件重新界定了辩论的范围，并要求将警务工作问题直接置于其社会和政治背景中进行思考。忽视公共合作和支持以及公众在警务工作中的中心地位，其代价已经清楚而痛苦地展现出来了。

延展阅读资料

Fisher, H., *Report of an Inquiry into the Circumstances leading to the Trial of Three Persons on Charges arising out of the Death of Maxwell Confait*, HMSO, London, 1977.

Oaks, D., "Studying the Exclusionary Rule in Search and Seizure", *University of Chicago Law Review*, 37: 4, 1970, p. 665.

Price, C. and Caplan, J., *The Confait Confessions*, Marion Boyars, London, 1977.

Royal Commission on Criminal Procedure: Report (Chairman: Sir Cyril Phillips), Cmnd. 8092, HMSO, London, 1981.

Royal Commission on Criminal Procedure: *The Investigation and Prosecution of Offences in England and Wales: The Law and Procedure*, Cmnd. 8092-1, HMSO, London, 1981.

Royal Commission on Criminal Procedure Research Series:

No. 1: Barrie Irving and Linden Hilgendorf, *Police Interrogation: The Psychological Approach*, HMSO, London.

No. 2: Barrie Irving with the assistance of Linden Hilgendorf, *Police Interrogation: A Case Study of Current Practice*, HMSO, London.

No. 3: Pauline Morris, *Police Interrogation*, HMSO, London.

No. 4: Paul Softley, with the assistance of David Brown, Bob Forde, George Mair and David Moxon, *Police Interrogation: An Observational Study in Four Police Stations*, HMSO, London.

No. 5: John Baldwin and Michael McConville, *Confessions in Crown Court Trials*, HMSO, London.

No. 6: Julie Vennard and Keith Williams, *Contested Trials in Magistrates' Courts: The Case for the Prosecution*, HMSO, London.

No. 7: David Steer, *Uncovering Crime: The Police Role*, HMSO, London.

No. 8： Barnes， J. A. and Webster， N. ， *Police Interrogation*： *Tape Recording*， HMSO， London.

No. 9： Gemmill， P. and Morgan-Giles， R. F. M. ， *Arrest*， *Charge and Summons*： *Current Practice and Resource Implications*， HMSO， London.

No. 10： Lidstone， K. W. ， Russell Hogg and Frank Sutcliffe in collaboration with Bottoms， A. F. and Monica A. Walker， *Prosecutions by Private Individuals and Non-Police Agencies*， HMSO， London.

No. 11： Mollie Weatheritt in collaboration with Joan MacNaughton， *The Prosecution System*： *Survey of Prosecuting Solicitors' Departments*， HMSO， London.

No. 12： David R. Kaye with the assistance of Redman， R. L. and Brennard， G. J. ， *The Prosecution System*： *Organisational Implications of Change*， HMSO， London.

第8章　社区警务与斯卡曼骚乱报告

对街面警务工作而言，警方秉持的警务理念比拥有的正式权限更为重要。尽管正式权限很重要，但仅靠它是不能决定警务模式的。皇家警察委员会认为无论法律对警察进行何种限制，警察的权力和权限都会相当大。这种认为法律是不受警务策略这一可变因素影响的观点是极其错误的。首先我们将考察主要的警务工作方式，通过了解主要的警务模式，就能仔细思考与社区警务有关的"控制"这个老问题的新办法。

8.1　警务模式

前面章节已详述过两种警务模式或警务风格："消防队式"警务（或反应式警务，第3章）和强调地方情报的"先发制人式"警务（第3章）。这两种警务模式都是"非共识性警务"的成熟形式。反应式警务强调迅速反应，并将"反应时间"作为评判效率的标准。该模式主要依靠科学技术的发展和警方内部的沟通协调，而不依靠公众提供的信息及与公众的合作。这种警务模式往往鼓励人们相信警察的独立自主权和专业精神。

"先发制人式"警务的显著特点是重视情报收集工作（见第3章），该模式是为了解决反应式警务与公众缺乏接触的问题。这两种警务模式相辅相成、相互促进。但当警察与公众逐渐疏远后，就会产生两个现象：一是警察倾向于认为有犯罪前科的人可能再次犯罪；二是警察会注意那些还未犯罪但有犯罪倾向的人。

这两种警务模式的广泛应用是远离共识性警务的标志。"激增的对抗"

被约翰·林和乔克·杨用图解的方式展示出来（见图 8-1），其中还涉及了市中心老旧城区的治安问题：

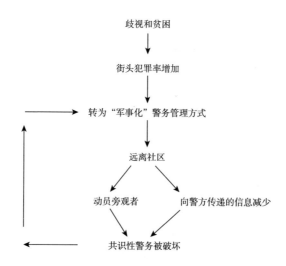

图 8-1　共识性警务被破坏的恶性循环

资料来源：Lea, J. and Young, J., "Urban Violence and Political Marginalisation: The Riots in Britain; Summer 1981", *Critical Social Policy*, vol. I, no. 3, Spring 1982, pp. 59–69.

1981 年伦敦市中心的贫民区骚乱事件凸显了非共识性警务问题。对该问题的简单解决办法是"让警察重新回到街上巡逻"，一直以来增加警力都是解决问题的传统办法。将新增的警察称作"社区警察"算是对老观念的更新。然而，正如我们所看到的那样，社区警务是一个复杂的哲学概念，绝非增加街头警力那么简单。

提到社区警务，不能将"社区参与"或"社区联系"与更全面的社区警务战略混为一谈。社区参与和社区联系都是反应式警务的附属物。二者试图加强警方与公众的联系，但警方内部对反应式警务和"先发制人式"警务基本没有进行调整。二者立足于二战后警察工作的合理化、专业化发展道路（前文已提及），根据特定任务安排工作。而社区警务极力远离专业化发展道路，力图对警务工作的目标和扩大街头巡警职责"重新进行总体评价"。社区警务强调警察应在加强社会纪律以及社区治安维护的自我管理方面发挥主动作用，并将重点从执法和"逮捕文化"转向更为非正式的社会控制方法。

8.2 社区参与及犯罪预防

大多数警察认为与社区紧密合作是警务工作的传统组成部分。尽管1949 年英格兰就有了"少年联络计划",那时利物浦为此设立了一个专业机构,可是直到 1957 年苏格兰警察才首次设立"社区参与专门部门"。这一方面说明苏格兰警方没有英格兰警方反应迅速,另一方面也说明苏格兰当时的失业状况和住房状况令人担忧,警方觉得这是显而易见的"犯罪基因"。

1957 年,格林诺克郡警察局局长大卫·格雷在吉布希尔地区创立了少年联络计划。他给市政委员会写信,说男孩们破坏他人财产"不是因为他们本性恶劣",而仅仅是因为受了不正之风影响,不尊重公共财产、法律和秩序。他建议选择一个地方,将警察、地方政府、教堂、学校等一系列服务机构集中起来,由挑选出的警察与该地的所有服务机构建立联系,与家长保持紧密合作,共同处理该地区的儿童问题。

尽管这些年吉布希尔地区的少年联络计划在逐步推进,但直到 1972 年,新成立的"租户协会"才使该计划有了实质性发展。该协会与同时建立的劳工委员会一起,使该地区重新发展起来:环境、住房状况得到改善,青少年活动也开展起来。作为回应,警方同意减少令人憎恶的"熊猫警车"巡逻队,并增加巡逻警力。自愿参与社区工作的警察不仅致力于与青少年建立良好的关系,还力图与当地百姓建立良好关系。无论吉布希尔变化的主要推手是警方[1],还是当地社会组织者[2],20 世纪 70 年代中期这里确实取得了一些成功。1976 年 9月的警方报告显示,吉布希尔的少年犯罪较前一年减少了一半。[3]

正如预期那样,专门小组的成立使警方遇到了一些困难:开展传统工作的警察和参与社区计划的警察之间存在明显敌意。[4] 不过除了这个问题,整个计划仍向人们展示了社区参与的意义。警方认为,最终成功的主要原因是高级警官的领导,这可以从德文郡和康沃尔郡的工作中得到证明。斯特拉思

---

① Evelyn B. Schaffer, *Community Policing*, Croom Helm, London, 1980, ch. 5.

② Tony Gibson, *People Power*, Penguin Books, Harmondsworth, 1979.

③ Ibid., p. 53; Schaffer, op cit., p. 70.

④ Schaffer, op. cit., p. 71.

克莱德警察工作小组根据研究总结道：

> 高级警官接受社区参与计划的态度具有极强的感染力，并逐渐反映
> 到下属身上。最近，一名评论员强调，"没有领导全心全意的支持，任
> 何改进街面基层警务工作的努力都不可能成功。"①

在格林诺克郡成功之后，苏格兰其他地区也开始实行类似的社区参
与计划，如伦弗鲁郡的林伍德。20 世纪 60 年代，法律支持重新考虑警
察和少年犯罪的关系，相关立法不断完善。1964 年基尔布兰登委员会
公布了关于少年犯罪的新提议，1966 年《关于社会工作与社区白皮书》
出版，1968 年又通过了《社会工作法案（苏格兰）》。将所有社会服务
整合到地方政府的一个部门中更有利于协调各方工作（除过渡期外），
这对警方来说意义重大。

1971 年法案的第三部分实施，是一项重大改革。少年犯不再交由刑
事司法系统处理，儿童委员会代替了少年法庭。由于篇幅原因，这里不
详述儿童委员会的具体情况。需要说明的是，改革的主要目的是实现孩
子的幸福，而不是惩罚孩子。对警方来说，儿童委员会还需要一个调整
过程。跨部门工作小组审查了警方关于儿童的工作程序，提倡警方和社
会各部门之间加强协调配合，提倡警方运用新方法处理儿童犯罪问题，
多为孩子的幸福着想，而不是惩罚孩子。1971 苏格兰家庭与卫生部向
所有警察局局长发出通知，号召社区警务朝着理性化方向更快发展。它
建议成立"社区参与分支机构"，每个基层警署派出 2% 的警察参加该
分支机构。该分支机构要联系社会工作部门（不仅要联系青少年工作部
门，还要联系其他所有与社会福利有关的部门），组织预防犯罪活动，
组织与青少年协会、青少年俱乐部和学校的交流活动，片区/警管区的
社区警察则应推进社区参与计划。

1971 年通知发出后，苏格兰各警署为响应此通知，纷纷成立"外联部"
或"社区参与分支机构"等类似部门。然而这些行动只是警管区巡逻警务

---

① Ibid. , p. 72.

模式发展中的局部调整①。1980 年苏格兰事务部的研究表明，警务模式并未彻底改变，改变也未波及全国②。1980 年的报告这样评价这些新增的社区部门：“这些独立的分支机构不可避免地鼓励警察逃避或忽视自己的本职工作，将发展警方与社区的关系当作专家的责任。”与其说专门的社区参与行动缓和了“逮捕文化”，不如说它强化了“逮捕文化”。

苏格兰事务部发现，大多警察局局长认为社区工作是主流警务工作中的次要工作，对这项工作的资源投入减少也反映其热情的减弱。只有 1/8 的警署实现了 2% 的人员分配标准。然而看过苏格兰事务部的数据后，那些原来认为苏格兰已经实行或正在实行社区警务的人可能会大为诧异：1980 年洛锡安郡边境警署只有 28 名警察参与社区工作，占警察总数（2342）的 1.20%，社区参与项目的预算为每年 600 英镑③，爱丁堡的 4 个区都没有专门的社区警察。④ 甚至在 1981 年暴乱后、斯卡曼公布报告前，洛锡安郡边境警署只答应将社区警察增至 47 人（或增至警察总数的 1.99%）。⑤

对这类社区警务工作的投入不仅很少，而且懂行的专业人才也比较稀少，同时还普遍存在着一种狭隘的社区参与观念。苏格兰事务部发现，苏格兰所有警署在社区工作中都将大量精力投入物理的犯罪预防方法上。1980 年报告称，“在警察和外部机构看来，社区参与的可信度在与实实在在的物理预防措施（如锁、门栓、栅栏和警报器）联系在一起后才得到了提高。”⑥

然而英格兰的进展更慢。皇家警察委员会早在 1962 年就对警察与社区关系进行了细致探讨，并强调警方“如果得不到民众的支持与信任，就不能成功地担负起履行执行法律和维护秩序的责任”。虽然提出了有关增进警民关系的意见（例如增加巡逻的警察人数，警察居住在工作的警管区），警方却没有采取积极行动。另外，英格兰未颁布类似《社会工作法案（苏格兰）》的文件。1965 年，尽管在《儿童、家庭和少年犯罪白皮书》发布后，英格兰成立了英格尔比委员会（Ingleby Committee），但是司法部门、社会

① See “Community Involvement”, *Strathclyde Police Review*, 1970, p. 1.

② Shanks, N. J., *Police Community Involvement in Scotland*, Scottish Office Central Research Unit, 1980, p. 4.

③ Lothian Borders Police: Review of Community Involvement, 1981.

④ Shanks, op. cit.

⑤ Lothian and Borders Police: Review of Community Involvement, 1981, p. 4.

⑥ Shanks, op. cit., p. 7.

福利部门在处理少年犯罪的问题上并未做出任何改变。《1969年儿童与青少年法》仍保留少年法庭系统。而警方根本没有关注少年犯罪的事请，也没有受到苏格兰1971年通知实施社区参与计划的影响。除了建立少年联络计划的零星尝试外（如1968年成立大都会警察局青少年警察工作部以及南约克郡和苏塞克斯郡偶尔用多余的巡逻警察进行试验），英格兰警方直到1976年才提出拉近警察和社区关系的积极提议。但是他们拉近警民关系的方式不是进行社区参与，而是实行全面综合的"社区警务"。

8.3　德文郡和康沃尔郡的社区警务工作

约翰·奥尔德森在充斥着保守主义者（尤其在高层）的警察机构内一直是勤于思考的进步人士。奥尔德森之前是一名律师，担任过英国布拉姆希尔警察学院的校长，20世纪70年代初担任新苏格兰场的助理局长，在社区警务理论方面颇有建树。然而，他提倡的警务模式使他在担任助理局长时不受局长的青睐。最近奥尔德森讲述了他到西部工作的缘由：

> 我认为，罗伯特·马克觉得苏格兰场里有太多改革者不是件好事。这是一个关系紧密的小社区，局长喜欢和谐的氛围……所以有一天，他很温和地建议我去德文郡和康沃尔郡工作。其实我不怎么感兴趣……我想继续在大都会警察局工作。但最终我还是申请了那里的工作并得到任命。[1]

这个被流放的家伙很快就明确了新的警务理念。他担心警方如果继续按现行方式运作将无法控制犯罪活动。他认为，警察缺乏应对问题的相关资源，就算有相关资源，反应式警务也无法实现有效控制。他强调，犯罪率不取决于内政部的工作效率或警方的工作效率，而取决于管理住房、就业、教育的相关部门。

他的新警务观是，依靠警察的主动性激发社会向善的正义力量：

---

[1]　*Financial Times*, 12 Sept. 1981.

不同于反应式警务和"先发制人式"警务，主动式警务更具有说服力。它不仅能健全社会规范和增强社区间的相互信任，还能兼顾法律法规。尽管它对警方的领导力提出了很高要求，但它能调动一切社会资源以实现公众利益。①

为什么要由警察领导？奥尔德森认为，"警察充分了解犯罪和社会意识"，当之无愧地拥有领导权。② 从公共利益的角度出发，这点毋庸置疑。因此该模式不适用于管理多元化、充满利益纷争的社会，而适用于管理共识性社会。他谈到了民主社区警务模式：

> 该模式的形式极其单纯。在这种模式下，社区的所有部门，无论是官方的还是非官方的，都会从公众利益出发，共创一个秩序井然、人人安乐的社会环境。③

在研究奥尔德森的理论如何运用于实践之前，我们先看看他的警务模式与以往其他模式的区别。奥尔德森在写给《新社会》的文章中提到了这一点。④ 该文通过比较他的"社区警务模式"和"社区参与计划"，回应了人们认为他提出的警务方式"没什么新意"的观点。他指出了二者的关键性差异：苏格兰地区的"社区参与计划"只有2%的警察参与，这意味着2%的社区警察远离了98%的主流警察群体。社区警务的警力太少，无法改变人们对传统警务工作的文化偏见。德文郡和康沃尔郡的社区警务模式就融入了主流警察工作中，它由高级助理局长领导，由主要部门（预防性警务部门）开展工作。这样做就不会切断与操作性的"行动警务"工作的联系，反而成为其支柱。奥尔德森的社区警务模式有6个特点：强调预防；讨论警务工作本质时考虑地方特色；在公共会议上分析犯罪模式；提高社区巡逻警察的比例（25%）；在社区警务工作中与公众项目和教育性项目合作；通过增加居民、社会机构和警方之间的合作来减少担忧和紧

---

① Alderson, J. C., *Communal Policing*, Devon and Cornwall Constabulary, 1980, p. 7.
② Ibid., p. 46.
③ Alderson, J. C., *Policing Freedom*, Macdonald and Hvans, 1979, p. 46.
④ *New Society*, 29 Jan. 1981.

张情绪。该理念的核心是拒绝少数警察参与社区工作以及在警署内建立公众联系部门。在奥尔德森看来，培养良好的社区关系不是某一些警察的责任，而是所有警察的责任。

艾克赛特市的第一项措施是于 1976 年成立"犯罪预防支援小组"，以认定犯罪行为、界定社区问题、获得公众支持，找到由警方主动采取措施预防犯罪的途径。这个由四人组成的警察小组由总警司科林·摩尔领导，在艾克赛特市警察局建立预演中心。在街上，第一步是将集中式警务体系改为分散式巡逻体系。除人口密集的市中心外，艾克赛特市被分为五个区，每个区由 1 名警长和 12 名警察负责。每个区都有一定数量的驻警管区（或社区）警察，他们可以自主决定工作时间。①

在总部，犯罪预防支援小组对犯罪信息进行分析研判。绘制出标点地图，并将其呈现在有机玻璃上，这样能够清楚地比对一些信息，如犯罪发生地、公共娱乐设施分布等。更重要的是，这样的信息能够在公众会议上进行展示，所有社区都能直面自己的犯罪问题。犯罪预防支援小组开展的第一项活动是足球赛，他们在学生的暑假期间，穿上宽松的运动服，组织并参加青少年足球比赛。这项活动开展后，少年犯罪案件减少了很多。预防犯罪支援小组还开展了其他活动，如举行宣传活动、组织比赛，特别是举办娱乐活动。艾克赛特青少年组织和社区警官召开了一场有警方、其他机构、议员出席的会议，并成立了行动委员会。与此同时，警方还进行民意调查，预防犯罪支援小组也召开公共会议与居民讨论各自区域正在发生的事。警民联运会议上，预防犯罪支援小组的工作人员会向与会人士详细介绍辖区内待破解的犯罪案件，并讨论补救措施。

犯罪预防支援小组的行动特点反映了警方的领导特色。奥尔德森将被动的预防式警务（报警器、锁等）与主动式警务区分开来，指出主动式警务"通过多种途径直接深入社区"②。该理念重视警察的领导权，所以由犯罪预防支援小组亲自组织并召开公众会议。这虽然得到了民众的热烈回应，却受到其他机构的质疑。为增进理解，犯罪预防支援小组安排专门人员会见缓刑

---

① Moore, C. and Brown, J., *Community versus Crime*, NCVO, London, 1981, ch. 4.
② Alderson, 1980, op. cit., p. 7, p. 39.

和更生保护部门①以及社会服务部门的工作人员。随着犯罪预防支援小组搜集到的信息越来越多，其他机构与公众建立紧密联系的重要性就越发凸显出来，青少年和社区服务组织也开始使用这些信息。②

刚开始，各方对于犯罪预防支援小组的看法很复杂：不参与该小组工作的警察认为这个工作是骗人的噱头，对人力要求还很高；社会工作者担心警察强行进入他们的工作领域；不过，政客和公众似乎对此十分欢迎。因此犯罪预防支援小组认为有必要进一步加强各方的协调与合作，并列出一份可能影响犯罪的人员与机构名单，其中包括就业中心负责人、郡议员、社会服务人员、地方法官、记者等。这些人被邀请参加会议，组建一个顾问小组。经过说明和讨论，会议提出设立警务顾问小组的建议，并在犯罪预防支援小组下设立一个"指导委员会"，小组成员是青少年服务机构、住房部门、缓刑与更生保护部门、教育部门、社会服务部门、休闲娱乐机构、志愿者服务机构以及健康部门的代表。该指导委员会要协调各种关系、克服各种困难，让来自不同领域的人们一起工作以增进相互理解。虽然指导委员会在实现其雄心勃勃的目标的过程中存在许多问题，但是来自不同领域的工作者还是定期开会以增进了解。指导委员会开始越来越多地参与到本地政务工作和城市设计工作中，如就住房计划寻求意见。③ 警察也占有一席之地，比如近几年一个建设 500 户市政住房区的计划被取消，因为警方批评该项目缺乏便民设施；还有一例是，在警方的建议下，用小型单元房取代普利茅斯式大型住宅区计划。在区域全面管理问题上，顾问小组成员开始思考如何更好地影响当地政客。

摩尔和布朗注意到，一年后顾问小组的成员对其职责有了全新认识：警

---

① 缓刑与更生保护，更生保护是一项社区内矫正的保护制度，是指对于出狱犯人、曾受过某种刑事司法处分的罪犯以及有其他不良行为的人，在社会上给予适当保护与辅导，帮助他自力更生、克服困难，顺利适应社会生活的制度。更生保护是一种社会福利措施，起源于对出狱犯人的保护事业。更生保护的方法主要有：提供住宿场所，提供医疗和保健，生活咨询，就业、就学辅导，金钱资助等。1776 年，美国宾夕法尼亚州费城的理查德·威斯特发起组织费城出狱犯人保护协会，扶助出狱犯人的生活与就业，被看作世界更生保护组织的开端，威斯特因此被尊称为更生保护之父。从目前各国的情况看，更生保护的对象主要包括：从监狱释放的犯人、被假释的人、被宣告缓刑的人、免予刑罚的人、根据少年法被宣告实行保护观察的人等。——译者注

② Moore and Brown, op. cit., p. 53.

③ Ibid., p. 61.

方认为小组强化了"盎格鲁－撒克逊式警务理念"（即全民皆警，如全民对警务工作的责任）；缓刑服务小组被看作一个讨论相关问题的论坛；青少年及社区服务组织将其视作分享资源的地方；城市规划者将其看作顾问机构。还有两个领域的人们仍然感到疑虑：社会服务部门担心警察入侵他们的领地，因而不愿与他们一起工作；政务会议员对警察代表持保留意见，认为警察代表影响其在顾问小组中的民主地位。

尽管存在这么多困难，顾问小组在脱离指导委员会后还是坚持了下来。每三个星期召开一次会议，警官鉴定犯罪问题或违法行为，一个工作组提出相应的行动计划。在指导委员会的帮助下，警察和社会工作者的关系变得紧密了。举个例子，警察与他们工作区域附近的缓刑监督官建立了常态化联系。社会服务部门最初不情愿，后来逐渐接受4人巡警小组对诸如老年人之家、门诊咨询建议机构和精神病院等机构的巡查工作，并相应进行了人员调配。摩尔和布朗对该经历总结道：

> 一般来说，经过职位调整的员工都成了该单位的"大使"。他们会在食堂、员工培训课以及其他工作场合把自己的经历告诉别人，这些话又通过其他人不断地转述下去。这样不仅改变了同事们根深蒂固的偏见，还能释放或宣泄在别的单位工作时的沮丧情绪和挫败感。①

从政治层面来说，德文郡和康沃尔郡的警察变成了观察者，而不是行动者，这可以从当地的各个层面看出来。由犯罪预防支援小组组织的社区会议不仅能向警方传达民众的意见，还能告知民众将要在他们的社区里实施的警务措施。警察参加社区会议，不仅能了解民众的意见，还能将意见反馈给犯罪预防支援小组和警察局局长。

对犯罪预防支援小组调查资料的使用，存在不同态度。② 有些人担心它会使城市的某些地方蒙受污名。不过，信息搜集使德文郡和康沃尔郡各机构间的合作更为紧密，还能将警方的观点传达给城市规划者和议员。至于更长远的规划，奥尔德森指出（1981年告知斯卡曼），在地方政府层面上，警务

---

① Ibid., p. 75.

② E.g., ibid., p. 23.

督察局有责任在城市地区设立区域社区警察委员会和邻里社区警察委员会（乡村地区则由教区委员会履行相应职责）。这些机构能够在警务工作中代表公众利益，能够同警察当局交涉，旁听警务督察局的会议（与伦敦类似，安排在区的层面上进行。）此外，他们对本地警察长官的任命事宜也有发言权。

从国家层面来讲，奥尔德森的社区警务要求警方不只是在社会政策、经济政策出台后为其收拾残局，而且还希望建立一个论坛，使警察能为政府各部门指出不同政策产生的影响。有人不禁要问：谁对"共同利益"的定义能用来描述这些影响？他建议，四个部门——内政部、环境部、就业部、健康和社会保障部——应共同设立预防警务常设咨询机构以协调社区政策；并提出在地方政府层面也设立一个类似机构。奥尔德森还指出："政府必须明白，公共秩序和犯罪问题不能仅由内政部处理，也应该在更广泛的跨部门基础上进行处理。"[1]

奥尔德森社区警务框架的独创性主要体现在综合性警务模式上，而不是事后补救措施或公关措施。在政治方面，其显著特点体现在警察在指导社会行为中发挥的重要作用以及采取能为社会接受的方式。如果罗伯特·马克认为警察正引领"迷茫的社会"走向救赎，那么同样地，奥尔德森所指何人就非常明白了：

> 有社区，相互关心就会加强社区关系；没有社区，相互关心就会创造社区。关键在于领导班子，领导班子如金子般重要。（《社区警政》，第 35 页）

8.4 推行社区警务理念

尽管社区参与的警务方式是现任大都会警察局局长大卫·麦克尼于 1970 年代中期为斯特拉思克莱德警察局引进的，但他同警察局局长协会的大多数人一样，一直反对奥尔德森提出的"综合式社区警务工作"理念。不过警察局局长协会领导重视奥尔德森提出的各部门合作的策略，并确实调整了非共

---

[1] *Sunday Telegraph*, 12 July 1981.

识性警务工作方式（第 2、第 3 章提及）。这一点在《斯卡曼报告》对奥尔德森证据的答复中有所体现。1981 年 9 月，即将卸任的警察局局长协会会长、苏塞克斯郡警察局局长乔治·特里说：

> 奥尔德森先生管理着英格兰一块令人愉悦的地方……那里的工作理念与伦敦内城地区很不一样……在那里，英国警察能应对任何充满挑战的状况。①

这两种警务理念常常不能相容。摩尔和布朗②描述了 1976 年警察联合会精心安排的强硬"法律和秩序"运动是如何影响艾克斯特郡的社区警务的。他们说，高级警官对"不切实际的社会改良家"和"矫揉造作的社会工作者"的批评受到鼓励，这使偏见被加强，社会工作者和警察的工作都受到阻碍。对逮捕的宣传也不利于共识性警务的推行。

这就是高级官员对社区警务的抵制，社区警务的著名支持者也被诱导并放弃了社区警务主张。1981 年 10 月初，大卫·韦伯警司宣布他将提前 12 年退休。他曾花了 4 年半的时间把西米德兰兹郡的汉兹沃思地区变成社区警务示范区。他说，尽管高级警官对他的想法表示了礼貌性的兴趣，可是到头来还是拒绝并嘲笑他的想法：

> 我所做的事情没法让我往上爬……他们称赞我们的工作做得很好，可是转过身就不想参与到我们的工作中。可你还不得不保持 24 小时随时待命，甚至放弃自己的双休日。（《观察家报》，1981 年 10 月 18 日）

激进的高层领导似乎更容易成功。奥尔德森到艾克塞特郡不久，警察联合会代表团就赶到，抱怨他把本该用于街道工作的警力用到了社区工作上。然而 18 个月后，由基层的普通警察组成的代表团到奥尔德森那里，表示全力支持他的政策。奥尔德森说："警察说他们的问题都与高级警官有关，他们与高级警官意见不合，却认同我的想法……所以我的想法在基层那里得到

---

① *Sunday Times*, 6 Sept. 1981.

② Moore and Brown, op. cit., p.66.

的认可，比在管理层那里得到的认可更多。"我们将在后面讨论在基层推广社区警务的问题；至于向政府、警察局局长和公众推广社区警务，就不得不提到 1981 年布里克斯顿骚乱后的《斯卡曼报告》。

8.5 布里克斯顿骚乱与斯卡曼的调查报告

毫无疑问，1981 年是动荡不安的一年。1980 年，在英国西部港口城市布里斯托尔市的圣保罗，一个非法饮酒俱乐部遭到警方突袭后，100 人被捕、49 名警察受伤。随后布里克斯顿于 1981 年 4 月 9 日发生暴乱，持续至13 日，导致 279 名警察和不计其数的民众受伤。7 月情况更糟，7 月 3 日"白人光头仔"（暴虐、好斗的青年种族主义者）和亚裔青年在绍索尔发生对峙，随后演变成亚洲人和警察的战斗，结果 105 名警察、30 名平民受伤，23 人被捕。在北部，利物浦的托克斯特斯，警察在抓捕一群摩托车少年时引爆了社区和警察之间潜在的敌意，一场大规模骚乱爆发，致使 250 名警察受伤，200 多人被捕。在其他贫困落后地区，如曼彻斯特的莫斯赛德，伦敦的伍德格林，中西部地区的汉兹沃思、伍尔弗汉普顿、斯梅西克，类似的暴乱不断发生，造成更多人员伤亡，致使更多人被捕。

对于大批青年上街游行，当局颇为震惊并决定采取行动。7 月 8 日，撒切尔夫人修改了其政治广播稿，删掉了有关失业问题的内容，转而呼吁家长阻止孩子违反法律。很显然，由于她最初讲话的主题和这类事件没有联系，她说："我希望今晚能好好谈谈失业问题，不过利物浦的事件使其有所改变。"①

政府考虑了镇压骚乱的各种提议：通过法律让家长对孩子负责；设立暴乱即决法庭；把军营作为临时拘留中心；限制陪审团的陪审权力；出台新的反暴乱的法律；使用乌尔斯特式水枪和"特种搜捕队"；使用催泪瓦斯、装甲车、塑料子弹。7 月 15 日，《卫报》一名主编对撒切尔夫人不愿彻查骚乱原因表示失望，并如此评价内政大臣：

> 怀特洛先生的评论令人担忧，原因有二。其一，政府并不准备从源

---

① *Guardian*, 9 July 1981.

头上处理此事；其二，政府正在考虑改变大不列颠警务工作的本质。目前，我们的警务模式是共识性的；若改用攻击性警务模式，对我们的社会可能造成不可估量的损害。

有报道称，肯尼斯·奥克斯福德主管的默西塞德郡警察局用雪貂枪向人群发射催泪弹，这种枪的威力足以穿透门和钢化玻璃，于是警方内部出现了分歧。递交给斯卡曼的证据使该事件公开，4月怀特洛要求斯卡曼对布里克斯顿骚乱事件进行调查，不过斯卡曼同时也在思考后续的其他事件。奥尔德森批评政府和警方对骚乱事件反应过度，他对斯卡曼爵士说：

仅因为街上几个小时的骚乱，有些人似乎就权力要牺牲我们受世人美慕的警务模式。①

他呼吁保留与人民为友的警务传统，不要与人民为敌，称塑料子弹、催泪弹、新的拘留中心是"不人性的"，他警告说：

一旦我们向公众宣战，警察就成了暴力的受害者。②

其他警察所走的路线完全不同，肯尼斯·奥克斯福德为自己在托克斯特斯使用催泪弹辩护，警察联合会的吉姆·贾丁也指责奥尔德森没有责任感、脱离现实。苏塞克斯郡警察局局长、警长协会会长乔治·特里强调，奥尔德森没有站在警长协会的立场上说话。可是在两天后的警长协会年会上，高级警官都说相较于单一的反应式警务，他们更倾向于让警察巡逻。警长协会新任副会长肯尼斯·奥克斯福德说，由于默西塞德郡缺少警力，不得不采用"消防队式"警务模式。而乔治·特里预先警告，如果要恢复多年前的警务标准，那就需要两倍多的警力。③

1981年11月，斯卡曼在报告中详细分析了布里克斯顿地区的社会治安现状和4月10日到12日发生的事件。他说，布里克斯顿的住房条件很糟

---

① Ibid., 3 Sept. 1981.

② Ibid.

③ Ibid., 5 Sept. 1981.

糕，人们在政治上和经济上有种被排斥感和不安全感。他强调，这种不断累积的沮丧情绪不能作为骚乱发生的借口，但是只有通过了解该地区政治、社会和经济的大环境，才能理解骚乱发生的原因。他总结认为，布里克斯顿的"社会状况导致了暴力抗议"。①

斯卡曼发现，布里克斯顿骚乱与其他骚乱都是由小事引起的。1981 年 4 月 10 日，一个温暖的星期五傍晚，制服警察拦下了一辆出租车，想帮助一个受伤的年轻人。很快，30~50 人（主要是黑人青年）聚拢过来叫嚣着让警察离那个年轻人远点儿。有人向警察求助，年轻人被送到了医院，却有人向警察扔砖头、瓶子。更多警察前来支援，发现一群黑人少年在瑞尔顿路（即"前线"）向他们的同事扔东西。之后 3 人被抓，6 名警察受伤。在警车到达之前骚乱平息了一会儿。在一阵"砖林瓶雨"之后，骚乱于晚上 7 点 30 分结束，共有 6 人被捕，6 名警察受伤，4 辆警车受损。

当天晚上，20 名警察留下巡视该地区，警方还做出了"重要决定"（斯卡曼的叫法）。支援警力也继续派驻布里克斯顿，减少了流动巡警。步行巡逻队增至 28 人，每两人一组进行巡逻。最重要的是，总警司们讨论是否在周五晚上和周六继续执行"81 沼泽行动"，该行动旨在打击街头犯罪，警察在行动中拥有极大的拦截搜查权。最终总警司决定继续实施该行动。

警方担心会有谣言说警察对受伤年轻人及人群采取暴力行为，因此召集社区领导开会，要求社区代表们帮助消除谣言，社区代表们也表示对警方采取的策略和该地区的警察人数感到担忧。但是警方完全没有提及"81 沼泽行动"的事。

对于星期五事件，斯卡曼是这样认为的：人们的反应并不是有事先预谋的，且这种反应对有关警察来说也毫不奇怪。他说：

> 在布里克斯顿，人们对警察街头行为的不信任情绪是非常普遍的……正是因为年轻人觉得自己被充满敌意的警察追捕，才会不由自主地对警方采取挑衅行为。②

---

① Lord Scarman, The Brixton Disorders, 10 - 12 April 1981, Cmnd. 8427, HMSO, 1981（Scarman Report）, para. 2. 38.

② Ibid. , para. 3. 25.

在斯卡曼看来，考虑到民众的敌对情绪，继续执行"81沼泽行动"是"不明智的"，应该停止该行动。

4月11号星期六这天，天气晴朗，一切照旧，只不过除了平时在布里克斯顿的8名步行巡警外，瑞尔顿路又增加了28名警察。瑞尔顿路还残留着头天晚上事件留下的紧张氛围。下午早些时候，48名参与"81沼泽行动"的警察到布里克斯顿执勤。不一会儿，两名年轻警察（一人20岁，另一人24岁）看到在S&M租车行门口的一辆车里，有个人正把一些纸片塞到自己袜子里。警察怀疑此人涉嫌藏毒，就上前询问，此人说自己是出租车司机，为安全起见常把钱放在袜子里。警察对他进行搜身时，找到了纸币。此时一群人围过来，大概30人左右，主要是黑人青年。这伙有敌意的人围观着，司机拒绝警察搜查，但警察仍对该车进行了搜查。这伙人叫嚷着说警察是在滥用职权并要指控警察骚扰。随即警察和这群黑人扭打起来，警察带走了一个不断挣扎反抗的黑人。这时警方要求增援警力，人群也已增至150人左右。

几辆警方面包车和一辆载有警犬的警车到达事发地，人们开始朝警察扔东西，一辆警车的车窗被砸碎。大约下午5点，高级警官到达事发地，他们面对着一群愤怒的人，人们抱怨警察骚扰普通民众，宣称看到有警察戴着民族阵线（National Front）的徽章。

一名黑人警告在场的一名警司，说如果不从这里撤走警察，骚乱仍将继续。此时有五六十名警察前来支援，民众也增至200多人。

在还未做出决定前，接二连三有投掷物砸向警车。一辆警车和一辆面包车被点燃。总警司贝灵请求大都会所有警署紧急支援，并让警察们用警棍抵抗人群。通过这种方式，大西洋路被清理干净，但是布里克斯顿路上的窗户都被打破了，抢劫者也开始趁乱行动。李森路又有约150人聚集，向靠近的警察不断扔砖头和瓶子（警察没有带任何防护物）。一辆车子被点着，人们首次将汽油弹扔向警察，警方再一次请求支援。

这时，人群中走出一名当地白人妇女，警告警察说正是他们的大量出现导致了人们的愤怒和恐慌，她提议警方与民众进行交涉。负责指挥的总警司拒绝了这个提议。很快防护物运来了，大量特勤巡逻队员也赶到了。随着事态的发展，更多车辆被点燃，投掷物也使越来越多的警察受伤。接下来的一个小时，该地区的战斗接连不断，民众弄来了一辆公交车，并使用了更多汽油弹。双方都开始组织作战队列，不断增加后援。

晚上 7 点左右，一个 4 人调停小组又建议警方撤离该区域，让人们自行解散。警方担心骚乱会持续扩大，拒绝了该提议。民众告诉调解员他们解散的条件：警方撤离，警察不再骚扰民众，释放被捕人员。可局面仍僵持不下，人群不断攻击警戒线后的警察，有些警察也开始向人群抛掷物品。

这时混乱状况已波及整个布里克斯顿市中心，趁乱抢劫也不断发生。赶赴现场的消防车和救护车也遭到袭击，造成人员伤亡。破坏性袭击也波及瑞尔顿路的建筑物，许多楼房着火，两个酒吧也被烧个精光。在瑞尔顿路上着火的地方，充满敌意的人们阻止消防员救火，六七十名警察组成了警戒线并试图清理道路。警察带着防护物在瑞尔顿路上遭到三四百人的投掷物攻击；激烈的战斗仍在继续，越来越多的警力赶来支援。

晚上 8：30 至 9：00，警方开始聚集警力疏散人群，为了到达瑞尔顿路失火的地方，警方清除路面。最后，在警察的钳形攻势下，人群向小路散去，在 10：00 至 10：15 时，骚乱已基本结束。此次骚乱中，共计 82 人被捕，279 名警察受伤，45 名（或更多）百姓受伤，61 辆私家车和 56 辆警车损坏或损毁，145 座建筑遭到损坏（其中 28 座被火烧毁）。

然而这一切并未结束。星期天暴力冲突继续爆发，虽然没有星期六那么紧张，但是范围扩大了。星期天下午警方与社区领导会面，一群年轻人向警察扔东西，还有趁乱抢劫的。下午 5 时警察准备逮捕捣乱的年轻人，这使得冲突进一步升级，双方又开始呼叫后援部队，扔投掷物和抢劫又开始上演。最后人群聚集在布里克斯顿警察局（由 70 多名警察护卫）外。随后抢劫和骚乱终于慢慢减少，布里克斯顿又逐渐归于平静。

8.6　斯卡曼的调查发现

关于骚乱的原因，斯卡曼排除了阴谋策划或预先组织的可能性，不过他说骚乱一旦爆发就自然会产生领导者。[①] 他认为真正的骚乱已经发生了，但是：

---

① John Lea and Jock Young, "Urban Violence and Political Marginalization: the Riots in Britain: Summer 1981", *Critical Social Policy*, vol. I, no. 3, Spring 1982, pp. 59-69.

　　我了解的情况表明，骚乱源于公众对警察行为的不满，人们认为黑人受到警方的骚扰，无论这是否属实。[①]

　　斯卡曼说，布里克斯顿骚乱发生于"复杂的政治、社会、经济环境之中"，但这种环境并不是布里克斯顿独有的；此次骚乱具有明显的种族因素，但不是"种族主义冲突"；骚乱是布里克斯顿警察在街头一贯的行为触发的，但骚乱本身是"黑人青年对警察的愤怒和不满最终爆发的结果"。

　　斯卡曼在研究警察与社区的关系时发现，黑人的敌对情绪主要是因为布里克斯顿大部分地区的民众对警察没有信任。失去信任的原因包括：1979年警察联络委员会解体；布里克斯顿实行强硬式警务（尤其是特勤巡逻队在街上巡逻，实施"嫌疑人法"，以及使用拦截搜查权）；民众对警务工作缺乏了解；民众不信任调查警察的投诉程序；某些警察在工作中的非法行为，尤其是带有种族偏见的行为。

　　斯卡曼在处理对警方的批评之前，提出了两点原则，这两点原则对管理一个自由社会意义重大。第一个原则是"赞同与平衡"原则，来自皮尔的观点，该原则认为在执法之前，应该保持社会的和平与安定：

　　　　公众利益不可避免地会要求警察，通过观察实施法律对公共秩序的影响来评价执法效果。法律的实施必然包括使用警力，但这可能在社区中引起严重摩擦和分歧……导致警察使用一些对社会基本结构造成破坏的方法。

　　第二个原则是"独立性与责任感"，斯卡曼强调该原则：

　　　　警察的独立性不仅要确保警察在法律范围内执法，还要确保得到社区民众的支持。

　　他逐一分析了批评警方的观点，并总结为6点。

---

① Scarman Report，para. 3. 101.

8.6.1　种族偏见

大都会警察局的方针政策不存在种族偏见，但批评其存在种族偏见也并非无根无据，因为"有些警察在街头对待黑人青年的行为有失妥当、极不成熟、带有种族偏见"。斯卡曼将这种行为归咎于个人而不是集体（见第 1 章），并指出高级警官并没有种族偏见，只是"有一些"初级警察在公共场所表现出偏见。

8.6.2　骚扰

斯卡曼说：

> 　　我认为确实存在骚扰的情况。警察进行拦截和搜查时，对被搜查者一定要礼貌而谨慎，而我认为很多时候警察没有做到这一点。在布里克斯顿，即便只有一个警察行为不当，都会加快谣言的传播，进而迅速成为整个社区认定的事实。布里克斯顿的许多人都认为警察一贯滥用职权，虐待他们认为涉嫌犯罪的人，虽然这种看法不一定符合事实，但是公众的看法与事实一样具有重要性，不可忽视。

斯卡曼认为，警察也许会说投诉程序是补救措施，但是很多人认为投诉程序缺乏公正性和高效性，很多人对投诉系统完全不信任，因此根本不会自找麻烦去进行正式投诉。

8.6.3　缺乏想象力又呆板的警务工作

大都会警察局意识到与社区保持良好关系的重要性，不过兰贝斯警长没有获得足够的社区支持与尊重，致使他们无法有效地行使职责，警方没能很好地解决管理多种族社区所面对的问题。造成警民关系破裂的两个主要原因是，警察没有同民众商量警务工作问题，并且使用了强硬式警务模式。在进行"81 沼泽行动"前，兰贝斯警长没有与社区领导交换意见（或者通知社区巡警），因为他们认为交换意见侵犯了他们的独立决定权。斯卡曼说，这是"错误的观点"。而强硬式警务模式包括警察在街头随意行使拦截搜查权，"饱和"警务模式一般用于处理"街头抢劫"这类情况。但当整个社区都变得愤怒与不安时，就应该反思警察的工作方式，"在警民关系紧张的情况下，进行'81沼泽行动'是严重的错误"。值得一提的是，在进行"81沼泽行动"前并未征求居住在社区的驻区巡逻警官的看法，这意味着警方一直没有认识到社区关系在警务工作中的重要性。斯卡曼强调说，这种关系"对警察履行职能极其重要"。

8.6.4　对骚乱反应过度

斯卡曼再一次将警方所犯的错误看作个别情况。他说，尽管有些警察采取了不当措施，但警方整体上并没有反应过度。在他看来，警方在星期六没有撤离是完全正确的。

8.6.5　应对骚乱时拖延

警方对街头暴力事件完全没有准备，也没有做出坚决回应，警方在这两方面的能力存在许多不足。警方装备不足，尤其是防护物和头盔。

8.6.6　对趁乱抢劫无计可施

警方迟迟没有阻止趁乱抢劫行为，因为他们缺少人手而且不知道如何同时应对骚乱和抢劫。不过斯卡曼认为，他们重点应对骚乱是正确的。

8.7　斯卡曼的警务改革建议

斯卡曼认为形式共识和维护秩序比执法更重要。从这一点以及他的两点原则可以看出，他认为确实需要改进警务工作方式。他建议，第一步是增加警察中黑人警察的人数，要做到这一点需要对黑人申请者进行更多培训。内政部要想办法防止带有种族偏见的人进入警察系统。进入警察系统后，人员培训时间至少要增加至6个月，而且要注重对预防犯罪和应对骚乱的培训。人员培训要增进对社会种族多样化地区的了解，要指导实习警察在街上执勤时如何应对少数族裔。不过实习警察不能单独去市中心或种族问题敏感的地区。最重要的是，培训的宗旨是让警察明白必须获得大众的认同感。

对于监管年轻警察的问题，斯卡曼爵士认为，除了让他们远离敏感地区外，还要对警督和警长（监督年轻警察）进行培训，对年轻警察执行拦截搜查进行密切监督尤为重要。他提议成立一个"种族平等委员会",将种族偏见或种族歧视相关内容列入《警察纪律规定》中。

在警务模式上,斯卡曼显然被社区理论说服了。调查期间他三次拜访汉兹沃思的大卫·韦伯,[①] 对那里印象深刻。他的两点原则得益于埃文郡和萨摩赛特郡警察局局长提供的资料,并清楚地反映了奥尔德森对平衡执法和维护治安的看法:

> 如果执法方法会引起广泛骚乱甚至极大破坏社会和谐,那么警察必须在不给社会造成极大损失的前提下执法。实际上,警察需要通过预防和主动采取行动来执法,而不仅仅靠反应式警务去执法。[②]

斯卡曼认为,警务工作必须在各个方面都与民众达成一致意见,而且不能把民众的好意见放在"社区关系意见箱"里不闻不问。斯卡曼接下来的话令人吃惊:

> 在我看来,目前的环境适合——甚至有必要——让高级警官继续使用拦截搜查权,或设立像"特勤巡逻队"这样的特别行动小组。[③]

斯卡曼后面的话更让人吃惊:

> 已有的证据表明街头的饱和执法行动不能减少街头犯罪,只是让犯罪转移到别处。当这种执勤结束,街头犯罪又回来了。因此,这种做法如果是短期内对付街头犯罪的唯一方法和直接方法,那么它的作用就值得怀疑。长远来看,警务工作只有获得公众的赞成与支持,才能变得更有效。

如果"81 沼泽行动"既没效率又令人讨厌,为什么斯卡曼不直接谴责该行动呢?

---

① *Observer*, 18 Oct. 1981.

② Alderson, J. C., "The Case for Community Policing", Submission to Scarman, 1981, p. viii.

③ Scarman Report, para. 5. 16.

为建立大家一致同意的警务模式，斯卡曼提议重新审视社区巡警的角色。他说，社区巡警被"排除在行动警务工作主流之外"，他们既没有接到"81沼泽行动"的通知，也没有参与平息骚乱的行动，"兼职警察"这个绰号也表明了他们在同行眼中的地位。斯卡曼认为，社区巡警不应该处于警察队伍的最底层，而应该处于顶端。民众对熟悉的巡警在街上巡逻没有敌意，但突然涌来很多不认识的警察，民众就会产生敌意。

斯卡曼没有排除使用拦截搜查权，同时也认为不该废除特勤巡逻队，保留一个机动小组是必要的。不过他强调，警方内部经常进行人事变动对于防止警察只关注内部情况和形成具有自我意识的团体十分重要。他补充说，使用特勤巡逻队应慎之又慎，并应提前和社区进行适当交流。

关于社区领袖的角色，斯卡曼有很高的标准。近年来，布里克斯顿的警察/公共关系史一直是一个"失败的故事"，但警察并不是唯一应受指责的"罪魁祸首"。他表示，地方领导人放弃联络委员会的做法是错误的，尽管警方过去声称，只有他们才能决定在该地区开展何种警务活动；尽管具有进攻性的特勤巡逻队对该委员会保密；尽管委员会成员受到逮捕和讯问，其理由仅仅是怀疑他们是"披着羊皮的狼"；尽管警方拒绝向兰贝斯委员会的警察/公共关系工作组提交有关证据；尽管工作小组的结论是，兰贝斯警方的行为就像占领区的一支军队。尽管发生了这些事情，但当地领导的确不应该废除联络委员会。斯卡曼认为，一个想要改善警民关系的团体，即使对警方有根深蒂固的不信任，也应该继续保持运作。斯卡曼认为应该做出改变。很多警署都有社区关系部，但这些部门多数只是一种公关手段。他认为，整个警察体系都应与公众和社区合作，"只要不影响警方自身的独立性，不影响针对犯罪活动的秘密行动"，让社区也参与社区警务政策和社区警务行动绝对可行。

今后的方向是通过协商和明确责任解决存在的问题，因此新颁布的法律必须对此做出规定。斯卡曼解释说：

> 现行法律下，协商的主要是行政问题，因此必须通过法律规定责任范围。毫无疑问，责任是协商和反应式警务成功的关键。正如布里克斯顿骚乱所显示的那样，仅靠"自愿"协商机制是无法解决问题的，它必须由法律提供支撑。

解决办法不是改变现有警察当局的权力，而是让其建立一个当地协商机制。他说要通过法律强制警察当局和高级警官设立协商机构，伦敦则在自治区和警察管辖区的层面上设立协商小组。在谈及法律责任时，斯卡曼不赞成颁布新《反暴乱法》的提议，但是建议改革投诉系统以恢复公众的信任，并且建议在调查过程中引入独立机构。在新提议中，他提议建立独立的法定体系（其成员可能来自皇家警察委员会），随机检查在警察局内对嫌疑犯进行审讯、拘留的环节。

8.8 客观评价斯卡曼的改革建议

《斯卡曼报告》论述清晰，其谨慎有时近乎对事实的轻描淡写。然而该报告的论证具有局限性。报告对警方批评甚多，虽就今后工作提出了建议，但在分析过程中忽略了很重要的内容，即未将骚乱和警察的失败与 1981 年布里克斯顿警方的组织形式和警务模式联系起来。读完报告会发现，报告未提及该地区所实施的警务模式。我们不知道该地区使用的是"消防队式"警务、先发制人式警务还是计算机化命令与控制系统。第 3 章已经提到情报搜集技术对警民关系尤为重要，但是斯卡曼并没有审视"81 沼泽行动"与警方对搜集情报的看法的关系。

因为斯卡曼没有分析警务模式，所以他不得不脱离组织环境，抽象地处理警务问题。他批评强硬式警务模式使警民关系疏远，建议警方与社区紧密联系，却未表明他是否支持用别的警务模式取代时下流行的模式，也未解释社区参与如何能与布里克斯顿的警务模式相匹配。

斯卡曼没有关注警务工作的一般方式，忽略了集体负责制的概念，并像皇家刑事诉讼委员会那样，只强调个别人的错误。同样，这也减轻了任何将组织问题与一般警务理念联系起来的压力，而这些问题又反过来将其归结为特殊情况。由此得出的结论是，布里克斯顿的种族偏见问题和骚乱不是当地采用的警务模式造成的，而是个别年轻警察不成熟、缺乏经验造成的。"81 沼泽行动"既不是反应式警务的产物也不是"先发制人式"警务的产物，而是"由'某些警察'而非警方的一次性错误和过度反应造成的"。也许是过于谨慎，这种轻描淡写的说法使斯卡曼爵士误入歧途，在谈到共识性警务方式时，他没有把政策决策者考虑在内。他说："大都会警察局使用的警务模式是得到大众认可和支持的。"但他认为布里克斯顿骚乱是例外情况，是"缺少灵活性"导致的特殊情况。斯卡曼没有思考布里克斯顿以及大都会地区广泛出现的对抗事件是否表明某种警务模式的失败。

报告既赞成又反对类似"81沼泽行动"的强硬行动，这点最让人疑惑。斯卡曼未能将该行动与"先发制人式"警务联系起来，因此也无法判断采取该行动是否达到了目的。他可以解释采取该行动是形势所需，或认为不该采取该行动，因其结果适得其反，但他回避了这个问题，反而解释警方使用饱和警务策略"是因为实际情况需要专业人士做决定"。

布里克斯顿骚动反映的问题是，专业决定在某些组织与警务理念中会导致令人极不满意的结果。从斯卡曼的共识性警务方式的"两点原则"来看，他不赞成波伊斯阵线（Powis line）的观点——通过经常拦截、搜查制造所谓的"犯罪热点"地区，就能维护治安、减少犯罪，但是他并没有坚持到底，提出改革的政策措施以拒绝这种形式的警务，也没有研究如何在实践中改革布里克斯顿警务的组织和政策，以便用其他方式取代强硬式警务。

只要涉及改革问题，报告就忽略集体问题，突出个人问题。针对这种问题，应该加强对警察的训练、监督和指导，让更有经验的警察上街巡逻。然而涉及警务政策的总体改革，这个问题又凸显出来而且未得到解决。一方面，斯卡曼赞成奥尔德森/韦伯的社区警务理论，提倡建立地方协商机制，巡警不应该处于警察组织的最底层。另一方面，他将社区工作视作反应式警务的辅助手段，继续保留特勤巡逻队这种强硬式警务策略，且没有提及警务文化应从反应式警务、"先发制人式"警务和注重逮捕的观念上转移（如规定一定比例的警察在社区工作）。斯卡曼的这种模棱两可的观点和建议，正是因为没有抓住警察组织和警务模式这个本质问题。斯卡曼忽略了很重要的一点：一定程度的社区参与不能简单地"附加"在占主导地位的反应式警务、先发制人式警务和非共识性警务上——整个警务策略和组织如果不进行改革，那么他的提议就没有什么价值。

无论斯卡曼提出的宽泛建议是否支持社区参与和社区警务模式，它们都表明政治对于"共识性警务"这个发展方向的信任。朝这个方向能走多远取决于其他警务模式代替反应式警务或"消防队式"警务的可行性。因为社区联络和社区参与没有带来巨大变化，所以有必要思考社区警务在实际中是否能被接受。到这里，读者可能认为奥尔德森的警务模式是乌托邦式的，因此最好将奥尔德森的警务模式看作社区警务的一种模型。

为此，有必要总结一下以上提到的社区警务模式和反应式警务模式。当然，现实生活中不存在单一的警务模式，不同的社区警务模式之间存在极大差异，如采用区域警长制、警察与其他机构的协调合作、小组警务工作或区域警务工作、情景警务模式以及其他各种各样的警务模式。[①] 表 8-1 列示了两种基本警务模式的特征，它们在现实中有许多变种与组合。

表 8-1 两种基本警务模式的特征

社区警务	反应式/"先发制人式"警务
1. 参与社区警务工作的警察相当多（在警察中地位高）	1. 参与社区工作和社区联络的警察少（在警察中地位低）
2. 警方从社区角度出发看问题	2. 专门的社区关系部门
3. 强调预防	3. 强调反应、"反应时间"以及搜集犯罪情报
4. 多层面的协商和责任	4. 强调警察的独立性、专业性，能够"独立工作"
5. 参与政治，了解政治决策	5. 无政治立场，只"执行法律"
6. 通过合作与共识来开展警务工作	6. 装备恰当以"打击犯罪"，对"职业罪犯"有概念
7. 鼓励"善行"以推进自我管理	7. 运用有效的刑事制裁达到威慑效果
8. 限制权力，在公众可接受的范围内使用权力；保护法律明确规定的个人权利	8. 主张扩大警察权；主张扩大基于信任的自由裁量权

8.9 批判的观点

对社区警务的批评主要有三个方面：一是社区警务在城市行不通；二是社区警务很难适应警察系统；三是社区警务威胁自由。

8.9.1 社区警务在城市行不通？

警察局局长协会和警察联合会的代表们认为，奥尔德森向斯卡曼描述的

---

① Pauline Morris and Kevin Heal, *Crime Control and the Police*, Home Office Research Study, no. 67, HMSO, 1981.

"'乡村'警务模式能走向城市"是个美梦。代表们反驳说，城市犯罪率更高、种族混杂、人口流动大、社会凝聚力不强，警察很少能在社会中发挥领导作用。迈克尔·班顿（Michael Banton）还辩驳："城市街道、工厂、市场等场所的隐蔽性使犯罪率成倍增加——社会流动性和地理流动性产生的关系无法通过非正式手段进行控制。"① 对此，奥尔德森回应说，城市里的情况确实更复杂，警察不得不更努力地工作，但是埃克塞特和普利茅斯的事实证明，"城中村"（village in the city）是可以建设出来的。商业区遇到的困难比居民区更多，但是应该承认，地方机构和媒体能够扩大社会认同感。正如奥尔德森所说②，在认同感上"最有力的振荡"来自警方的犯罪调查和他们在公众会议上的讨论（警方"对罪犯的了解无人可比"，这意味着城市管理部门获得来自警方的信息具有重要意义）。调查能够确定现存的社区和没有规划的无序开发导致正在瓦解的社区。调查还有助于建设新的社区，并通过会议创造或加强认同感。奥尔德森赞成通过小型指导委员会建立社区警务协商组以推进新社区的建设。他进一步指出："这一社会进程一旦开始……其发展前景不可限量。"③

评论家们再次指出警察在促进公共利益方面存在的领导问题，因为不同社区对公共利益的理解不同。然而奥尔德森和韦伯指出，强硬式警务在类似托克斯特斯和布里克斯顿这样的地方行不通。他们辩驳称，"乡村"警务即使只能在城市里以有限的方式实行，仍会比现行警务措施更有效。即使他们忽略犯罪预防，认为定罪过程是主要的震慑方式，他们也会说只要存在一定程度的警民合作，"乡村"警务就能比现行警务措施更高效。奥尔德森警告说：

> 如果民众讨厌、不信任甚至憎恨警察，就不会去法院为警方指控作证……陪审员不会相信他们的证据，人们也不愿意参加列队辨认帮助警察辨识嫌疑人，非专职治安法官也不会相信警方，那么整个刑事司法体系就会崩溃。④

---

① Banton, M., "Crime Prevention in the Context of Criminal Policy", *Police Studies*, 1, pp. 3-9.

② Alderson, J. C., *Policing Freedom*, Macdonald and Evans, Plymouth, 1979, p. 191.

③ Ibid., p. 195.

④ Alderson, J. C., Interview with Authors, 14 Aug. 1981.

考虑到警察只知道 10%的犯罪案件[①]，公众的反应时间是决定事件结果的主要因素[②]，侦查和定罪也非常需要公众合作[③]，那么以上观点就具有重要性。最近对莱斯特郡和盖恩斯伯勒高地进行的社区调查进一步表明，在警方看来，更深入的社区参与有利于公众向警方提供有用信息。[④]

根据前面提及的两种警务模式的差别，斯卡曼支持的警务模式就值得商榷。斯卡曼建议在该模式下，向种族混居且问题频发的市中心派出更多巡警，并让巡警更好地融入主流警务中，限制警方新权力（如新《反暴乱法》），加强社区咨询。具有讽刺意味的是，正是在托克斯特斯、圣保罗和布里克斯顿这样的地方，创建"乡村"警务或社区认同反倒没有什么困难。有人说托克斯特斯和布里克斯顿的警察已经表现出促进社会凝聚力的能力，但不幸的是，这种促进来自民众对警察的敌对情绪而非同情。后文将讨论几种社区警务能否在所有情况下改善实际情况。

8.9.2 社区警务很难适应警察系统？

几乎所有社区巡警面临的第一个问题都是其他警察的态度。苏格兰事务部 1980 年的研究将其称作"主要问题"：

> 这些年来，有证据表明确实存在冷漠、怀疑和敌意的态度，显然这种情况仍将继续存在；总的来说……（社区巡警的）地位已有所提高……但是冷漠、嘲弄或误解仍广泛存在。[⑤]

该研究指出了社区计划遭到抵制的可能原因。有些警察认为社区警察是新的"噱头"，有的认为社区警察是独立组织，有的认为社区警察对他们的工作将造成威胁（他们没有为社区考虑吗？），还有的则认为与"真正的警

---

① Sparks, R.F., Genn, H.G. and Dodd, D.J., *Surveying Victims*, Wiley, New York, 1977, p. 152.

② Bieck, W., *Response Time Analysis*, Kansas City Police Department, Kansas City, 1977.

③ Royal Commission Research Study, no. 7, by David Steer, HMSO, London, 1980; Mawby, R., *Policing the City*, Saxon House, Farnborough, 1979.

④ Morris and Heal, op. cit., pp. 44-45.

⑤ Shanks, op. cit., p. 24.

察工作"（主要是指逮捕罪犯）[1] 相比，社区警察是更轻松的选择（意即计划生育部门），斯卡曼还提到布里克斯顿使用"业余警察"这个说法。通过比较苏格兰社区警务与德文郡和康沃尔郡的社区警务可以发现，社区警务模式在不同地区有不同的定位。在埃克塞特郡，警察联合会的官员们一开始反对奥尔德森的警务模式，但不久他们就完全支持。在那儿社区警察的地位更高，这除了社会因素外还有三个主要原因：社区警察将全部时间都放在该项工作上，且警察数量足以影响其他人的看法；社区警务被看作整体警察工作的一部分，而不是某些人的工作；警察局局长特别关心此事。

最后一个原因很重要，不仅因其关系到社区警察的士气，还因其关系到其他因素。人们通常认为巡逻工作难以在实际中开展、难以合理安排警力，工作无聊、地位低，不像做"真正警察工作"那样有升职机会（正如警督大卫·韦伯所说的）和"存在感"。奥尔德森认为"警方内部有办法解决"这个问题，他认为做社区警察并不无聊：

> 他们在社区中受到尊重，他们有地位，他们热爱这个岗位……他们不会因为一点小事就把你送去刑事犯罪侦查局。[2]

就地位问题，奥尔德森试图反对去技术化进程（第 3 章中已提过），强调社区警务需要专门技能：

> 现在刑事犯罪侦查局不再参与社区工作，因为他们原本是精英……可他们知道我完全不把他们看作精英。我一直认为优秀的人……是那些在街头工作的警察。我们之所以能做到这一点，是因为我让他们在这个体制内能够生存下去，他们能直接接触到我。[3]

特别是奥尔德森刚到埃克塞特郡的那段时间，这种高级警官直接接触普通警察的方式比通过管理体系接触更能获得一致认同。奥尔德森常常通过媒体而

---

[1] Reiner, R., *The Blue-Coated Worker*, CUP, Cambridge, 1978; Scarman Report, para. 5. 48.

[2] Alderson, Interview with Authors, 14 Aug. 1981.

[3] Ibid.

非正式的组织机制与他的巡警交流，这样能够保证其理念得到大家的支持。

埃克塞特巡警的地位与苏格兰其他许多地区的巡警很不一样。埃克塞特的巡警工作存在于综合社区警务中，警察局局长是该工作的保护神，而其他地区的巡警常被认为是日渐衰微的巡逻系统的残余，巡逻系统无法适应现代反应式警务，是被人遗忘的一潭死水。奥尔德森明确规定了郡警察局局长的工作内容，他必须与街上巡警保持密切联系。于是出现了该体系能否在城市大范围实施的问题，因为个人监督工作会变得更加困难（在命令和控制系统下尤为困难）。如果没有奥尔德森的鼓励和决心，社区巡警能否积极坚持下去？其他地区的巡警工作并非没有意义。社区巡警在工作上有很大的自由选择权（在埃克塞特他们甚至能选择自己的工作时间），因此很难监管他们，除了让他们为理想奋斗外没有更好的办法对其进行监管。因此对社区巡警进行监管需要有魄力的领导，如果没有这样的领导，很难想象每天工作繁忙的高级警官在普通的管理体制或官僚体制下，能够轻而易举地时刻关注社区巡警的情况。如果不受约束，社区巡警在社区几乎起不到什么积极作用，甚至什么都不做。与约束有关的还有社区巡警的地位。除非他们地位很高，否则很难保证街头巡警的质量。于是，对该工作感兴趣的局长所起的作用就十分重要，因为警察组织内部巨大的压力导致优秀警察不愿做巡逻工作，留下的都是——用约翰·布朗的话说是——"生手和老油条"。我们不能指望那些缺乏判断力的年轻警察能够胜任巡逻这份需要经验和判断力的工作。[①]

在审视警察组织时，资源是极其重要的因素。许多城市局局长都说奥尔德森的警务模式需要增加相当多的警力。他们指出，警车是唯一能满足公众对反应式警务要求的可用资源，而社区警务的成本太高。

有一点很清楚，失败的或不尽心的社区警务系统不仅被自由主义者排斥（见下文），也使社区巡警远离了从事主流工作的警察。这种分离将孤立街头巡警，削弱其士气，真正的社区警务就难以实现，取而代之的则会是强硬式警务。

8.9.3　社区警务威胁自由？

在任何关系中，亲密到一定程度就会变成压迫。当约翰·奥尔德森提到

---

① Scarman Report, paras. 5. 34, 5. 48.

"深入"社会、"无所不在的"警务模式时，社区警务的批评者们就开始担心了。他们说，这种警务模式意味着控制的触角正在向深层的社会结构延伸。更多人则对该警务模式的家长式作风感到担忧。传统观念认为警方应该中立地执法，他们不立法，不扮演政治家的角色，也不领导社会——这都是民主制度的工作。无论是否实行传统模式，警方都朝着一个完全不同的方向在发展，正如奥尔德森所言："警方推动着社会的进步……从某种意义上说他们一直发挥着这个作用。"①

新的社区警务理念承认警方必须做出政治选择。需要指出，关注犯罪的不同方面或起诉活动就使警方在一定程度上涉及政治。因此，要求对警方进行密切监督是为了确保警方实施法律是在促进公共利益，而不是在控制社会。

由上文可以看出，奥尔德森反复强调在警察的鼓励和带动下，社区进行自我管理可以增进公共利益。他说："公共利益是一种共识……是大家的共同需要。"② 有人认为这是对某种子虚乌有的"田园生活的回归"③，但奥尔德森并不是陈腐的理论家，他认识到：

> 在崇尚个人主义和放浪形骸生活方式的英国社会，共同利益是一个很难说清的概念。在具有文化多样性的社区中，很难想象共同利益这个概念，更别说去实现它。④

除此以外，奥尔德森认为警方的作用是定义公共利益；不仅如此，警方是所有社会组织中最适合领导社会实现公共利益的组织。⑤ 如同其他警察也曾认为警方代表着"常识"或"公共意愿"⑥，奥尔德森也认为警方应该促进社会理想的实现。当然很多人强烈反对，认为这个多元化的社会存在各种利益纷争，根本没有"共同利益"可言。他们说，实际上警方所想的根本不是颁布法律或发表任何公认的观点，而是把社会引向他们认为正确的发展

---

① Alderson, Interview, 14 Aug. 1981.

② Ibid.

③ Croft, J., *Crime and the Community*, Home Office Research Study, no. 50, HMSO, London, 1979.

④ Alderson, op. cit., 1980, p. 46.

⑤ Alderson, op. cit., 1980, p. 8.

⑥ Robert Mark, *Policing a Perplexed Society*, Allen & Unwin, London, 1977, p. 12.

方向。人们指出这种未经授权的警察"十字军东征"是危险的。

如果把这种观点带到奥尔德森面前，他会说，警察局局长不得不采取务实的方法来定义社会利益，但是警长和警员会在民主协商和民主责任的情况下进行定义。不过新闻记者吉恩·斯特德认为奥尔德森的系统在实际中完全是另外一个样子：

> 警方在整个地区仁慈地进行独裁统治……比如，特鲁罗等地的家长感到，他们没有工作的青少年子女受到警方密切监视。[1]

公众听证会本应监督警方的家长式行为，但存在一个障碍：警方在公众听证会上也表现得像领导。安·布莱贝尔（Ann Blaber）对埃克塞特社区警务协商组第一年会议做了研究，各机构"基本同意"由警方组织协商组。虽然有人说警察只是充当"催化剂"，但他们退居到次要角色的速度一直很慢，这很大程度上是因为人们认为警察处于政治中立的有利地位。[2] 正如穆尔和布朗指出的[3]，从党派政治来看可能存在这种中立，但这并不意味着警方不积极参与地方政治。批评人士可能会再次质疑，警察的这种参与在多大程度上才可以真正地称为中立，以及这种行为在损害警察作为公正执法人员的声誉方面，究竟会产生什么样的作用。

"家长式统治"这一标签也许会一直跟随警察。不过还有一种观点认为，社区警务是更为危险的社会控制方式。此观点强调，社区警务模式能够轻易进行监视并成为"先发制人式"警务的基础。首先，人们认为，用于识别处于危险中的人并确定其地理位置而进行的调查是容易被滥用的；其次，参与各种社会活动的巡警，会用令人眼花缭乱的法律探照灯扫射人们的一举一动。

先来看第一点。调查表明，"犯罪高发区"和青少年喜欢"冒险"的城市区域既可疑又吸引人。埃克塞特新成立的犯罪预防支援小组向其他部门（城市规划部门、社会服务部门、教育部门等）展示他们的调查结果时就表明了这一点。穆尔和布朗说：

---

① *Guardian*, 22 Sept. 1981.

② Blaber, A., *The Exeter Community Policing Consultative Group*, NACRO, 1979.

③ Moore and Brown, op. cit., p. 24.

有些人质疑警察的动机，质问我们调查的目的。他们担心调查结果会给城市的某个区域蒙上污名。有些人担心这会暴露其他部门不善利用资源的缺点，还有人认为应该确保信息的保密性，也有人认为这是对本地政客做出的某些决议提出的质疑。不过慢慢地，越来越多的人开始对这些数据感兴趣了。①

无论是利他的自由主义者还是职业化的防卫部门，所有社会部门都不可遏制地被这些数据吸引。这里有两个关注点。第一，这些信息具有政治用途（与埃克塞特的房地产业有关）②；第二，警察和像社会服务部门这样的部门交换信息时，很容易破坏信息的保密性，对某人形成偏见。布莱贝尔辩称③，社区调查没有涉及个人信息，颁布的关于信息收集的指导方针也能够减轻公众的忧虑，但问题比她了解的更复杂。社区参与警务模式不仅需要警民合作，还需要警察和各部门（包括社会工作者）进行人员交流。不管借调警察在社会工作中是否能看出信息对警方具有利用价值，民众都会担忧个人或官僚组织在这个位置上不可避免地——就组织机制来看——沉浸在非正式的讨价还价和信息交换中。无论个人和部门多么讲究原则，也难以让公众相信不存在这种危险现象。其严重后果是，如果人们如果害怕自己随意谈及的信息涉及非法活动并最终被警方知晓，那么还能指望他们对社会工作者随意讲述自己的家庭、婚姻或谈论社会问题吗？

这又引出一个重要问题：社区警务审查太细致，会令人感到不愉快。现行法律太过宽泛，若严格执行，那么"我们每个人都有罪"。正如之前提到的特鲁罗地区的失业问题，持续关注让人们觉得不舒服，甚至认为无论自己守法还是不守法都容易被攻击。这种焦虑也许无法减轻，如一群年轻人认为警察已经把他们在城里的活动范围作为"犯罪地区"标出来了，甚至给他们贴上了"危险少年"的标签。这类探究性调查有积极的一面，然而需要强调的是，调查如果不受约束、不谨慎进行，就会使那些感觉被警方"揪出来"或在没犯罪之前就已被"定罪"的人与社区疏远。目前警察活动已延伸到其他机构，不安全感仍将继续扩大。

---

① Ibid. , p. 23.

② Ibid. , p. 24.

③ Blaber, op. cit. , p. 48.

这些看法不是表明社区警务不能用于实际，也不是表明已取得的成果不如反应式警务模式，而是想表明实行这种警务模式风险太大。尽管该模式能使我们取得显著成绩，但付出的努力太过巨大，一旦失败后果不堪设想。

为解释清楚，需要研究一下失败的可能性和失败的代价。同其他人一样，我们已经提到德文郡和康沃尔郡的警务模式，在很大程度上取决于高层的领导能力以及拥有尽责的社区巡警的警察组织。在这样的模式中，社区希望巡警保卫社区，而不是监视社区。正如之前提到的，这就是赋予社区巡警自由权，除了让他们产生使命感以外，很难把某种模式或方法强加给他们。由于缺少接受社区警务的各种前提条件，该问题很难解决。可以举几个例子来说明这一点。

1. 缺乏高层领导

如果没有人对警管区的巡逻警察负领导责任，他们不仅会因为没有升职前景而感到绝望，还会对从事任何工作失去兴趣。他们可能会恢复到一种以定罪为导向的警务方式，或者保持低调，纯粹为了"拿份工资"而尸位素餐。

2. 资源分配不足

如果社区警察人数很少，那么他们在警察内部以及社区内都会受到歧视。如果社区警察只局限于公众关系，那么不仅对其工作不利，而且对其他从事主流业务工作的警察和公众之间的关系也不利。因为强行阻碍更为广泛的沟通，会使警民关系更加恶化。所以，正如1981年布里克斯顿骚乱那样，社区巡警被迫起到消极"缓冲器"的作用，这既有利于促进警民关系，又阻碍警民之间良好关系的发展（《斯卡曼报告》，第4.37段）。

3. 经济支持不足

在极度贫困地区努力开展社区警务时，警察局局长就面临一个艰难抉择。他们必须具备机动反应能力，也许还需要一小波社区警力，否则就必须投入大量资源保障足够的社区警力以减少对专业性的反应式警力的需要。在经济大萧条时期，做到后者很难。全国很多城市的市中心都需要平时三倍或四倍的警力以维持正常的社区治安。如果采取折中办法，那么少得可怜的社区巡警极有可能要顶着警察文化制造的巨大压力工作，这种文化轻视社区犯罪预防工作，重视基于有效反应和定罪的预防式警务模式和震慑式警务模式。这种情况下，社区警察无法履行保卫社区的责任，反而成为秘密监视的特工。① 人们认为他们不再为社区安全而巡逻，不再鼓励合法行为，而成为"罪证的收集者"，随时准备以不确信的证据逮捕犯罪嫌疑人。人们不再视社区警察为社区的朋友，而是"间谍"。

让社区巡警变成社区工作者而不是社区监视者，需要对几个因素进行微妙的平衡，领导、人力、资源都是已提及的因素，还有一个因素就是一个社区的社会经济状况。因此，适用于条件较差的混合住房区的警务模式，在一些条件更差的廉价住房区域就不起作用，如利物浦和格拉斯哥的政府供给住房区。必须重申，实际中并未对社区警务和反应式／"先发制人式"警务进行区分。这两种警务模式可能会混合使用，并且根据具体情况，预防式警务或反应式／"先发制人式"警务可能采取同样的警务工作方法。

这里已经探究了社区警务的一些问题，在这些问题中，资源还没有短缺到导致危机的程度。本章有两个结论。第一，社区警务模式经过调整后不适用于极端贫困、资源匮乏地区的"危机型"警务。此时如果将社区警务和反应式警务相结合，巡逻警察就要被迫采取隐伏反应式工作方法。这种情况下，包括警察机构在内的所有部门真正要做的是给政客施压，让政客们明白除非对社会经济状况进行实质性改善，否则无法实现人性化警务管理。

第二个也是最后一个结论是，尽管社区警务能够良好运作，但难以控制，其失败或被滥用的风险非常大。对于皇家刑事诉讼委员会强调的保护机制，必须牢记某些责任扩散、自我管理盛行的警务制度并未做好受到法律约束或组织约束的准备（随着民主监督的加强，也许我们能够更加乐观）。埃克塞特的试验富有创新性，令人印象深刻，但要明白，该试验是由一两个以强硬风格著称的警察局局长实行的奥尔德森式的"仁慈的独裁专制"制度。在有魄力的自由主义领导者手中，社区警务能够运作良好，但如果领导者不具备相应的素质，该模式极有可能让警察组织成为可怕的监视机器。

延展阅读资料

Alderson, J. C. , *Policing Freedom*, Macdonald & Evans, Plymouth, 1979.

---

① Frank Kitson, *Low Intensity Operations*, Faber & Faber, London, 1971.

Banton, M. , *The Police and the Community*, Tavistock, London, 1964.

Belson, W. A. , *The Public and the Police*, Harper & Row, New York, 1975.

Blaber, A. , *The Exeter Community Consultative Group*, National Association for Care and Rehabilitation of Offenders, 1979.

Demuth, C. , *Sus: A Report on Section* 4 *of the Vagrancy Act* 1824, Runnymede Trust, London, 1978.

Humphry, D. , *Police Power and Black People*, Granada, London, 1972.

Institute of Race Relations, *Police Against Black People*, Institute of Race Relations, London, 1979.

Lambeth Borough, *Working Party on Community/Police Relations in Lambeth*, *Report*, Lambeth, 1981.

Lea, J. and Young, J. , "Urban Violence and Political Marginalisation: The Riots in Britain: Summer 1981", *Critical Social Policy*, vol. I, no. 3, Spring 1982, pp. 59-69.

Moore, C. and Brown, J. , *Community versus Crime*, National Council for Voluntary Organizations, London, 1981.

National Council for Civil Liberties, *Civil Disorder and Civil Liberties*, London, 1981.

Police Federation, *The Police in Society*, Police Federation, London, 1971.

Scarman, Lord, *The Brixton Disorders*, 10-12 *April* 1981: *Report of an Inquiry*, Cmnd. 8427, HMSO, London, 1981.

Schaffer, E. B. , *Community Policing*, Croom Helm, London, 1980.

第9章 其他可选方案与结论

建设性的警察改革措施必须关注过去曾经被忽视的社会、政治和组织等方面的因素。因此，我们将从探讨对警察权的法律规制的具体建议开始，但不仅仅限于对这些问题的探讨。在本书的最后，我们还必须探讨最本质的问题，即有关英国的社会和政治能够接受何种类型的警务风格和警务组织的这个基础问题。

9.1 法律对警察权力的规定

尽管皇家刑事诉讼委员会（RCCP）因过于拘泥于法律机械主义信条而受到批评，但须指出，法律在警察行为和警察管理方面能够起到一定作用。要使警察权力存在，且不是宽泛的自由裁量权，就必须对权力进行法律限制。因此，本书这一部分将关注警察拥有的主要权力及各方对法律改革的提议，并讨论相关批评意见和其他改革办法。

9.1.1 拦截搜查权

第5章提到，目前只有少数法规赋予警察拦截搜查特别物品（毒品、鸟蛋、枪支等）的权力；大城市的地方法规规定，该权力只能在调查盗窃物品时使用。因此，警察不能随意行使拦截搜查权。皇家刑事诉讼委员会建议，为确保"更加公开透明"，警察只能在有合理理由怀疑某人携带盗窃物品或公共场所禁止携带的物品时，才能在公共场所拦截搜查此人，但不能逮捕此人。[1] 不仅制服警察可行使该权力，所有警察都可行使。不过，委员会

---

① Royal Commission on Criminal Procedure, *The Investigation and Prosecution of Criminal Offences in England and Wales*: *The Law and Procedure*, Cmnd. 8092-1, HMSO, London, 1979, para. 3. 20.

对保护措施十分重视：警察的"怀疑理由"必须"合理"，搜查前必须告知搜查原因，必须进行记录，且督察警官需对记录进行监督。

委员会认为，私藏非法物品者"不能完全享受不被搜查的保护措施"。这充分说明，委员会完全忽视了无辜者的权益。无辜者不想被搜查，而被强行搜查所产生的愤怒会影响警民关系。委员会认为，警察"知道谁有罪"，但由于法律规定而不能轻举妄动。然而有证据表明实际情况并非如此。伦敦大都会警察局把按照《1971 年滥用药品（毒品）法》规定进行搜查的情况报告给委员会。报告表明，1978 年在伦敦市外因合理怀疑进行的一万多次"拦截搜查"中，只有 22.4% 的搜查发现了非法物品。[①] 1970 年药品依赖性咨询委员会（Advisory Committee on Drug Dependence）的少数成员表示，一旦允许警察因怀疑而进行搜查（但不逮捕），就可能导致警方"随意搜查"。[②] 两名委员会研究员也表示，"尽管皇家刑事诉讼委员会绝对不允许警察随意进行搜查，但其提议必定会导致这种后果"。[③]

如果警察被赋予以上权力，我们就会遇到棘手的问题。不是所有警察都有预防式警务的概念，而预防式警务行为与骚扰社区的行为是截然不同的。那些怀疑是否存在骚扰的人和将骚扰视作政策问题的高级警官都受到了苏格兰场助理局长大卫·波伊斯（David Powis）撰写的培训手册《犯罪迹象》（The Signs of Crime）的影响，该手册并非官方发布。手册告诉年轻警察，不要因为在街头拦截无辜人员但最终不能逮捕而感到失望：

> 谁能说不成功的拦截搜查就不是预防犯罪呢？警察的努力会让公众觉得该管辖区是犯罪高发区，因此制服警察对游荡者和可疑人员采取行动能够降低重大犯罪的发生率。[④]

---

① *Law and Procedure*, Appendix 2.

② *Powers of Arrest and Search in Relation to Drug Offences*, HMSO, 1970, para. 113.

③ McConville, M. and Baldwin, J., Recent Developments in English Criminal Justice and the Royal Commission on Criminal Procedure, *International Journal of the Sociology of Law*, Winter, 1982.

④ Powis, D., *The Signs of Crime*, McGraw-Hill, New York, 1977, p. 104; Blake, N., "The Police, the Law and the People", *Haldane Society*, 1980.

无论这类警务活动是否会影响犯罪率，或者只是将犯罪活动从一个地方驱赶到另一个地方，从在布里克斯顿实施的强硬式警务和"81沼泽行动"的经验中可以清楚地看出，旨在创造"犯罪高发热点地区"的警务理念可能会极大地使辖区内的民众与警察疏远。

就法律而言，对采取潜在的地毯式拦截和搜查行动的法律限制是很难执行的。皇家刑事诉讼委员会的保护措施也不到位。众所周知，"合理怀疑"只是一个宽泛的概念，委员会也承认这一点[1]，因此委员会将关重注点转向其关于记录程序的提议上。基于以下几个原因，人们对记录程序这种附加保护措施也必然存在疑虑。第一，记录的责任落在了警察身上，他们将用自己的笔记本做记录；第二，这种记录程序已在多数警察局（包括大都会警察局）成为常规做法，但实际上未能提供任何保护；第三，有证据表明低职位警察一直帮助他们的上司"免受"不想看到的信息或令人尴尬的信息的困扰。所以由督察警察进行监管的制度也不可靠。[2]

我们反对将随意拦截搜查行为合法化。因为该权力太过宽泛，无法得到有效监管。尽管斯卡曼认为某些情况下有必要扩大拦截搜查的范围[3]，但我们还是坚持自己的观点，并且质疑扩大其范围的做法是否具有某种特殊的警务价值。尽管现行相关法律模棱两可，但对某些物品（如毒品和攻击性武器）进行拦截搜查仍然是必要的。警察局局长约翰·奥尔德森（John Alderson）已表达过将拦截搜查的对象明确化的观点[4]，而这也是明确化"合理怀疑"的有效途径，至少警察必须说明他为何怀疑某人携带毒品或攻击性武器。如果无法判断这种怀疑是否合理，那么这似乎就是"不合理"的，如果警察继续采取行动，必将引起公愤，从而使民众对警察的价值产生怀疑。

具体的拦截逮捕尚不合法，更不用提一般的拦截逮捕，况且后者的行为理由更缺乏说服力。如果进行拦截搜查和进行逮捕都是基于"合理怀疑"，

---

[1] Royal Commission on Criminal Procedure, para. 3. 25.

[2] See Chapter 4 and Chatterton, M., "Practical Coppers, Oarsmen and Administrators: Front-line Supervisory Styles in Police Organisations", ISA Conference, Oxford, 1981.

[3] Lord Scarman, *The Brixton Disorders, 10-12 April 1981*, Cmnd. 8427, HMSO, 1981 (Scarman Report), para. 4. 75 and 5. 46.

[4] Alderson, J. C., "The Scope of Police Powers", Leicester Conference, 1981.

那么在逮捕权以外另设拦截搜查权"只会使随意拦截搜查合法化",正如霍尔丹协会①所辩称的那样②。这在情报收集方面具有特别重要的意义。

有关记录程序的规定不能作为制衡宽泛权力的有效方式,但仍能起到一定作用。我们建议,应当给被拦截搜查者一份书面通知,告知其被拦截搜查的原因。该建议是对皇家刑事诉讼委员会仅要求警察在自己的工作笔记本上做记录的一种改进。通知应在非紧急情况下当场交给被搜查者,而不能像委员会提议的"在要求的合理期间内"③送达被搜查者。委员会还认为,须保留警察的记录以作为起诉非法搜查时警察自我辩护的证据。

9.1.2 逮捕拘留权

目前的法律规定,在犯罪行为可判五年有期徒刑的情况下才能逮捕嫌疑人。而委员会提议,扩大无逮捕令逮捕的范围,即使嫌疑人的行为不构成犯罪,也可将其逮捕。尽管目前仅为了讯问而进行拘留是非法的,但委员会根据"必要原则",在"限制"逮捕拘留的提议中提到赋予警察讯问拘留权(第3.83段)。这些提议在涉及"必要原则"能否提供拘留合理性这个问题上漏洞百出,存在严重瑕疵。其一,"不愿证明身份",而身份证明是否令人满意由警察决定。其二,确保获得证据或"通过讯问嫌疑人获得证据",该条款体现的警务工作观点背离了在查默斯案件中确立的苏格兰调查理念,库珀是不会同意通过讯问嫌疑人使其"自认有罪"这种程序的。为什么?因为强行逼供的风险太大,获得的供述的可靠性也值得质疑。皇家刑事诉讼委员会的标准显然较低,尽管其研究表明,只要某人进入警察局,其随后陈述的自愿性就大大降低④,但委员会还是建议,警方基于合理怀疑,仍然拥有进行拘留讯问的权力。

这种立法建议一旦成为法律,将为警察提供一种极其宽泛且几乎不受控制的自由裁量权。对这种自由裁量权无法进行管控,因为它基于这样一种主

---

① 霍尔丹协会(Haldane Society, 全名 Haldane Society of Socialist Lawyers),英国的法律组织,成立于1930年。成立之初是为当时的工党政府提供法律支持的机构。——译者注

② Blake, op. cit., p. 24.

③ Royal Commission on Criminal Procedure, Report, para. 3. 26.

④ Royal Commission Research Study, no. 1, by Irving, B. and Hilgendorf, L., HMSO, London, 1980.

观性质的考虑：法官将发现，在不可能对行使这种权力提出质疑的情况下，除了警官在特殊情况下提出的业务需要之外，很难采取何其他行动。此外，司法机构将发现，几乎不可能通过判例法制定任何标准，这些标准除了适用于手头正处理的案件外，无法应用于其他案件。[①]

若该立法建议得到采纳，警察将拥有更加宽泛的权力。"合理怀疑"将作为行动的理由，但其标准会非常低，那么对嫌疑人权利的保护措施将不复存在。合理怀疑原则的标准之所以会非常低，是因为皇家刑事诉讼委员会认为拘留不是用来核实或整理证据的，而是用来发现和搜集证据的。审判的场所将通过另一步骤从法院转移到警察局。[②] 尽管委员会强调沉默权的重要性，但其提议实际上是在破坏沉默权；尽管委员会引用了欧文的调查结论，但实际上是在提倡使用拘留讯问权：

> 想在警察局讯问室保持沉默，被讯问者需要对自己的意志有超常的控制力。因为在讯问室里，有合法权利进行讯问的警察一定会进行讯问。一个人在被讯问时保持沉默是罕见的，因此，当这种行为发生时，任何观察员都会做出错误的假设，认为这种异常行为一定与某些重大原因有关（在这种情况下，是有罪而不是无罪）。不过产生这种荒唐的想法是情有可原的。[③]

我们反对只为讯问而拘留嫌疑人的权力，因为这种权力的边界过于模糊且极不易对其进行监督审查。现行的法律规定纵容警察行使拘留讯问权，但这与改革建议全力支持该行为是存在差异的，意识到此差异极其重要。对公众而言，他们对待警察行为的态度会视情况而定。一种情况下，警察因行使拘留讯问权对嫌疑人成功提出"起诉"而"侥幸过关"；另一种情况下，警察随意逮捕讯问嫌疑人而存在虚拟有罪不罚（Vitual impunity）现象。公众在这两种情况下对警察的看法是完全不同的。警察应尽可能获得公众支持，

---

① McBarnet, D. J., *Conviction: Law, the State and the Construction of Justice*, Macmillan, London, 1981, ch. 3.

② Lord Devlin, *The Judge*, OUP, Oxford, 1979, p. 74.

③ Royal Commission Research Study, no. I, op. cit., p. 153; Royal Commission on Criminal Procedure, Report, para. 4. 43.

而强行讯问则会牺牲公众的信任。警察必须冒这个风险的原因则是问题的关键。全国公民自由理事会（NCCL）哈里特·哈曼（Harriet Harman）在提到委员会的报告时强调：

> 赋予警察更大的逮捕拘留权有利于提高拘留和起诉工作的准确性和效率，然而没有人试图证明这一点。[①]

据称，约 80% 案件的侦破都得益于嫌疑人招供。[②] 如果确实如此，那么加强对警察讯问的监管将使 80% 的罪犯逃之夭夭，从而保护自由的代价就会更大。不过有证据表明，供述的价值被过分夸大了。麦康维尔和鲍德温近期的研究表明，嫌疑人的供述在案件的调查过程中所起的作用一般不大，因为嫌疑人供述时，根据其他证据已经足够判罪了。只有 20% 的诉讼案在排除所有供述后会受到严重影响。[③] 索夫特莱（Softley）为皇家刑事诉讼委员会所做的研究也表明，讯问在起诉中的作用不大，只在 8% 的案件中，警察是因嫌疑人拒绝回答问题而中止诉讼程序。[④]

尽管有以上发现，欧文为委员会所做的研究表明，警察很重视讯问在调查中所起的作用。[⑤] 麦康维尔和鲍德温认为，警察对讯问的重视源于对定罪量刑所附带的目的（如搜集有关其他人或其他案件的信息）的重视。欧文的研究和其他研究都表明，这些附带利益的价值被夸大，因为警方在侦查（与只通过向大众搜集信息来重塑案件正相反）中所起的作用不大，大部分被起诉的嫌疑人要么当场被抓，要么被受害者认出，要么被搜出藏匿赃物，要么与其他嫌疑人一起时被人辨认出来。[⑥] 麦康维尔和鲍德温总结道：

> 综合所有已公布的研究结果和已侦破的案件（根据警方文件、案

---

① *New Statesman*, 2 Jan. 1981.

② McConville, M. and Baldwin, J., *Courts, Prosecution and Conviction*, OUP, Oxford, 1981, p. 127.

③ Ibid., chs. 7 and 8.

④ Royal Commission Research Study, no. 4, by Paul Softley et al., HMSO, London, 1980.

⑤ Irving and Hilgendorf, op. cit.

⑥ McConville and Baldwin, op. cit., ch. 8; Mawby, R., *Policing the City*, Saxon House, 1979, pp. 109–132; Softley, P. et al., *Police Interrogation*, HORU Study, no. 61, HMSO, 1980.

情文件和观察到的实际情况）来看，在可起诉犯罪中，警方实际上只是做出反应的组织，讯问在整个法律实施过程中只是微不足道的一部分。

通过供述搜集证据，并以此为中心安排警务工作的做法是错上加错。这种做法扭曲了警察自身在侦查和定罪方面所发挥的独特作用，为了追求警察组织所界定的目的（例如"好的判决结果"），损害了整个社会所期望的目的（即更有效地预防和侦查犯罪）。这些错误观念导致警方更加注重逮捕、讯问和拘留，而不是寻求公众合作。这种对抗式行为最终导致警务制度效率低下。[①]

除非有证据明确表明警方在牺牲其最宝贵的财富——公众信任后，能够使整体结案率提高，否则扩大逮捕权是不明智的。对于逮捕权和拘留讯问权，有人认为，除非现有证据足够起诉某人，否则就不应有行使逮捕权的情况。这就是苏格兰场的立场（至少从 20 世纪 50 年代开始），且至今苏格兰场的证据查验标准仍须同时满足逮捕和起诉的条件。证据不足以起诉却进行逮捕，以及为"补强"现有证据进行讯问的做法都是危险的，这类做法在近些年的许多案件中屡见不鲜，被捕者在警方的引导下承认自己从未犯过的罪行（如康菲特案）或子虚乌有的罪行［如埃罗尔·马登（Erroll Madden）案[②]］。有人认为应该对强制拘留讯问的情况做出详细规定（如在嫌犯即将逃离本国这种紧急情况下），因此就不能空谈，而应指出具体情况。

9.1.3　人身和房屋搜查权

皇家刑事诉讼委员会除了提议修改拦截搜查权外，还对许多有关搜查权的法律提出了修改意见：

---

① Monitoring the the Criminal Justice（Scotland）Act 1980 by the Scottish Home and Health Department，此材料表明，每 250 人中就有 1 人仅因被怀疑而受到拘留讯问。

② 马登在审讯中承认偷窃了"小玩具"，而这些玩具是已经买下来并开有收据的（*Guardian*，9 March 1981）。

9.1.3.1 逮捕前的搜房权

正如斯卡曼所言，建立授权令制度是为了保护"最根本的隐私权"。[①]该制度规定，调查过程中须进行独立的司法审查。但是正如其他规范警察行为的规定常不奏效一样，这种审查也受到阻碍。皇家刑事诉讼委员会的研究表明，大多数搜查都是在没有逮捕令、只得到房主或嫌疑人的"同意"的情况下进行的。[②] 皇家刑事诉讼委员会认为治安法官应下达搜查令，并提议建立相应的记录程序，即向法庭提交申请搜查令的纸质材料并说明搜查物品。该提议受到欢迎，但皇家刑事诉讼委员会对于"钓鱼执法"问题的回应则引起了不同反应。近年来，法律和判例法允许警察在使用搜查令时，不仅搜查指定物品，还可搜查疑似被盗物品（可在法庭上作为证据），甚至搜查与搜查令指定物品无关的犯罪证据。[③] 委员会的回应表明，警察在对搜查令指定物品进行合理搜查时，不仅应搜查指定物品，还可在搜查"重大案件"证据时，搜查违禁物品和任何与搜查令指定物品有关的物证。但是在其他方面（如违反行事原则，通过非法拦截搜查得到的证据），委员会又拒绝使用排除原则，这就很不寻常了。对此，皇家刑事诉讼委员会认为，警察在执行搜查令时，发现并扣押的搜查令规定以外的物品，是不能在法庭上作为证据使用的。有些人欢迎该提议，认为这是对法律的具体说明，推动了证据排除原则在该范围内的应用。有些人则认为根本不存在排除问题，因为"钓鱼执法"有结果后，很难证明搜查指定物品时是否使用了不当的搜查方式。那些想使皇家刑事诉讼委员会的这一提议成为法律的人，如果想要使证据排除原则有效实行并终止"钓鱼执法"行为，就必须尝试进一步区分以下两种情况：一是执行搜查令时"附带"发现其他犯罪的案件，二是故意利用搜查令搜寻任何有偏见的证据的案件。

皇家刑事诉讼委员会承认，有关拦截搜查权，治安法官"除了满足警察的要求外，什么也做不了"[④]。因此，今后的授权令制度应赋予治安法官

---

① *Morris v. Beardmore*，［1980］WLR 283，p. 296；Lidstone，K. W.，*Criminal Law Review*，July 1981，p. 458.

② *Law and Procedure*，Appendix 5.

③ s. 26（2）Theft Act 1968；*Ghani v. Jones*，［1970］1 QB；Lidstone，K. W.，loc. cit.，July 1981，p. 460.

④ Royal Commission on Criminal Procedure，Report，para. 3. 33.

一项权力，即仔细审查申请搜查令的原因是否合理。

我们认为，关于逮捕，应记录下"经过户主同意"这一搜查环节，这样才能说明搜查情况。皇家刑事诉讼委员会建议警察对搜查情况进行如实记录，以避免不必要的麻烦。户主也应收到一份纸质记录以避免不必要的麻烦。

9.1.3.2 搜查证据权

虽然皇家刑事诉讼委员会提议，没有搜查令就不能进入住宅搜查，但同时提出，警察可以进入除被逮捕者外其他人的房间以搜集证据（第3.40至3.52段）。这适用于"严重犯罪"案件没有起诉前的情况，且需要巡回法官签发搜查令。法官必须确认情况，如其他调查方法没有成功，且某件证物已十分明确，才能重新签发搜查令。为了防止"钓鱼执法"，需要在法庭上递交搜查执法过程的证词，证词中需要有对搜查对象即搜查扣押的物品的详细描述。根据委员会的提议，这是获得搜查令所必须具备的条件。如果证据符合搜查令中指定的搜查物品，或在合法搜查中发现与严重罪行相关的证据，则可在法庭上使用该证据，但是同时，皇家刑事诉讼委员会也会排除不符合这些条件的证据。

鉴于这些保护措施，这一建议似乎是有用的，并确立了权力与保护之间的合理平衡——假设法官遵循这些建议的精神，并执行以某种精确方式具体规定的物品搜查规则。然而，不应轻率地做出这样的假设或推论。因此，至关重要的是，在签发此类搜查令之前必须达成必要的条件，这些条件必须由法律做出详细的规定，并且巡回法官应当对实际情况必须满足这些条件的理由做出指示，并记录在案。

9.1.3.3 逮捕后的人身与住宅搜查

目前警方逮捕某人后，无权搜身或搜查其房屋。除非警方有充足理由怀疑此人持有武器，且已将此人逮捕（没有其他充足的逮捕理由），才能搜查此人及其住所的附近区域。皇家刑事诉讼委员会建议加大警察权力。众所周知，即使没有法定搜身权（第3.116段），出于行政管理的目的，被带到警察局的人也会被搜身。尽管人们觉得搜身"羞辱人、让人不安"，但是皇家刑事诉讼委员会建议设立法律，只要负责案件的警察认为逮捕原因合理，就可以在逮捕某人后进行搜身（如果因"严重犯罪"案件被起诉，那么就允许搜身）。为保险起见，皇家刑事诉讼委员会拒绝设定任何指导意见并申明：

（警察局）局长将不得不明智地使用他们的自由裁量权。但如果他们确实明智地行使该权力，那么即使出现什么差错，他们也不应该受到指责，不应该对诉讼行为承担责任。

对被捕人的房屋也可采取类似办法。现行法律只允许搜查被捕者住宅"周边区域"。但皇家刑事诉讼委员会认为，逮捕时警方有权搜查被捕者的房屋和汽车，这"有助于案件调查"（第3.120段）。皇家刑事诉讼委员会没有提到的问题是，有助于案件调查是否能证明使用该项权力所导致的过错行为也是正当的（除非人们接受这样的观点，即这种权衡是不合理的，否则我们最好授予警方不受限制地搜查证据的权力）。

然而，正是在关于谁有权在实施逮捕时签发搜查令的问题上，皇家刑事诉讼委员会的观点最不让人信服。委员会争辩说，应当由警察自己签发搜查令（第3.121段），因为从其他部门获得搜查令可能会延长嫌疑人被拘留的时间，会给嫌疑人造成压力，使其同意警方进行搜查；且委员会认为治安法官的实际作用就是批准警察的决定，因此不必进行审查（第3.33段）。但是，这些建议将使被捕者与那些自由的个人相比，其享有的基本权利受到损害，因为根据法律的规定，任何人在被判处有罪之前都应当被视为无罪。一位评论员这样评价道："这样做无异于将被捕者的住宅当作'公共水域'任人垂钓，这简直令人震惊且愚不可及。"他总结道：

> 申请搜查令可能会延长嫌疑人被拘留的时间，但这样做无疑会提高诉讼工作的质量，不能因为这么做会给嫌疑人带来不便而随便剥夺嫌疑人的权利。[1]

话虽如此，我们仍然认为基于搜查令的搜查行为应当置于治安法官监督之下，[2] 但是，在警察实施逮捕行动时，将治安法官的无能为力视为警察自我监督的理由，则显得非常牵强。如果放弃治安法官的监督仅仅是因为工作的紧急性，那么委员会就不会讨论该问题了。设立警察逮捕令制度的效果，

---

[1] Lidstone, loc. cit., p. 460.

[2] Royal Commission on Criminal Procedure, Report, para. 3. 45.

不仅损害了被捕嫌疑人的权利，而且也对警察施加了不适当的压力，即要求他们将逮捕作为一种有利于实施搜查的便利手段。

9.1.3.4 拘留讯问及"协助调查"

嫌疑人在被捕后被带到警察局，随后他们可能被无罪释放，或被释放并等待进一步调查，或被起诉，或者在出席治安法庭听审后被保释，或是在起诉后继续被拘留，以便尽快移送至地方法庭受审。但即使没有被正式逮捕，人们还是可能被带至警察局"协助调查"，并在事实上受到与被正式逮捕的人同样的对待。鉴于警方越来越多地依靠供述来搜集可采性证据（如同在康菲特案和马登案中所发生的那样），近年来对拘留期间嫌疑人待遇的法律引起了人们的关注，这是可以理解的。[①] 我们应该记得，费舍尔的《关于康菲特案件的调查报告》是促使皇家刑事诉讼委员会成立的一个主要原因：当时令人尴尬的是，大都会警察局并未遵守《法官规则》的有关规定，甚至不知道这类规则的存在。

皇家刑事诉讼委员会对拘留讯问的条件给出了宽泛定义。然而，就像实施逮捕权一样，如果扩张警察的逮捕权，那么对嫌疑人权利的保护也就应该加强：为了限制拘留时间，在拘留六小时后如果还没有提出指控，那么就应当由一名与调查无关的警察对是否有必要继续拘留进行审查；如果认为确有必要继续拘留，必须以书面报告的形式说明继续拘留的理由。拘留后释放或出庭听审后释放，都应在嫌疑人到达警察局后 24 小时内而不是被捕后 24 小时内完成。不过，对于"严重"犯罪行为的起诉，在向治安法官陈情并获得治安法官的批准后，还可以将拘留时间再延长 24 小时。

从上面的讨论中可以看出，长时间强行拘留以及借此搜集证据的做法是不合理的，这是另一种用警察调查代替陪审团审判的做法。[②] 至于诉讼时限制度，这对任何涉嫌犯罪的人来说都不太舒服。六个小时的拘留时间（例如从晚上 11 点到次日凌晨 4 点）是一段相当长的时间——在 3/4 的案件中，警察有足够长的时间来处理嫌疑犯[③]，几乎与《1980 年苏格兰刑事司法法案》所允许的最长拘留时间相当,而该法案受到人们的强烈抵制。在拘留六小时后，案件不是由一名独立的官员进行审查，而是由另外一名警察进行审

---

① See Chapter 3.

② Ibid. , pp. 124–125；Lord Devlin, op. cit. , p. 74.

③ Royal Commission Research Study, no. 4, op. cit. Table 2. 2.

查。在而苏格兰的辩论中，两大党派（包括保守党政府的大臣）都将"反复进行的拘留"（怀疑论者会说这种拘留得到"顺从"的治安法官的允许）比作南非白人种族主义政府实施的歧视性拘留。

就在押嫌疑人的待遇而言，现行的保护制度主要体现在《法官规则》中，即证据可采性原则要求嫌疑人在法庭上的陈述必须出于自愿，而且法官拥有司法裁量权，排除了通过不正当或不公正方式获得的任何证据。人们不会忘记，皇家刑事诉讼委员会的使命是用《警察行为准则》代替《法官规则》，而《行为准则》的落实取决于警察的内部纪律和监督。[①] 正如我们在第 7 章中所看到的那样，自愿原则和证据排除原则都遭到排斥，这些都是论证不足和扭曲研究成果的结果。

就像许多其他皇家刑事诉讼委员会的批评者一样，我们也赞成保留供述自愿性测试和证据排除原则。尽管自愿性测试的模糊性和难度很大，但它至少给了法官自由裁量权，以便在个别极其特殊的案件中进行干预。至于证据排除原则，有些人认为，以违反《法官规则》和《警察行为准则》规定的方式所获得的任何证据，都应在法庭上自动被排除掉。他们认为，只有严格执行证据排除原则，才能阻止警察随意地"挥舞手臂"[②]，避免他们用可疑的手段获得证据，而且也只有这项规则才能够为嫌疑人的权利提供某种保障。这是一项不易获得人们认同和支持的建议，因为人们很容易联想到社会中广泛存在的一些轻微的违反法律的行为，也很容易嘲笑在这样的社会基础上排除重要证据的做法。如何才能克服这种困难呢？他们提出的解决之道是，将嫌疑人在拘留时拥有的权利分成两部分，第一部分权利涉及纪律问题，损害这些权利将受到纪律惩戒，但不一定涉及证据排除原则；第二部分权利涉及合法待遇的基本权利，嫌疑人享有的这些基本权力受到侵犯，会导致随后获得的证据在法庭上被自动排除。通过侵犯嫌疑人基本权利获得的任何证据，如果被同意在法庭上予以呈现，那么任何这样的自由裁量权都应当以最狭义的措辞加以界定（例如，由于警察无法控制的因素所造成的错误，而对被告的合法权利构成不利影响是不合理的）。如果在拘留期间发生侵犯非基本权利的情况，那么就应该实施费舍尔在康菲特案件的报告中所提出的建议：任何

---

① Royal Commission on Criminal Procedure, Report, paras. 4. 117–135.

② Hewitt, P. , *The Abuse of Power*, Martin Robertson, Oxford, 1982; Gordon, G.H., in Glazebrook, P. R. (ed.), *Reshaping the Criminal Law*, Stevens & Sons, London, 1978.

人都不应当因违反《法官规则》和《警察行为准则》获得证据（此处为第一部分权利）而被定罪，除非有其他合法途径获得确凿的证据。这将为被冤枉的嫌疑人提供一定程度的保护，而不是像皇家刑事诉讼委员在提议中所说的那样，所有的证据都应当提交给陪审团，陪审团成员应被告知证据的不可靠性，并指示其"主动寻找独立的证据"。我们认为，将"禁果"（由于被禁止而更想得到的东西，这里指非法获得的证据）扔给陪审团，但又警告他们"注意自己的腰围"，是解决不了任何问题的。

因此，对皇家刑事诉讼委员会关于被拘留者待遇的提议的主要批评是，该提议没有给出任何可行的保护措施。作为法律规则，该提议未能改进现有的法律条款。还有一个更为肯綮的观点：所有提议都未能改变"协助调查"这一做法，这才是最招人诟病的。由于"逮捕"没有明确定义，只要认为某人没有被逮捕或被拘留，而是自愿到警察局"协助"警方调查的，那么依旧可以绕过皇家刑事诉讼委员会关于拘留程序、"合理怀疑"和"必要原则"的规定。除非摒弃这种观点，否则任何有关逮捕的监管制度仍将难以执行。

在被逮捕者被带到警察局或当某人自愿到警察局后随即被逮捕的情况下，他们会立即填写一份"拘留表"，在这一点上，似乎可以认为皇家刑事诉讼委员会有关记录程序的提议是一大进步。对某人自愿到警察局后立即被捕的情况下填写"拘留表"的要求，在类似"英伍德案件"① 的案件中（某人请求自由地离开警察局，这种行为是"不受鼓励的"），是能够发挥其作用的。但解决争议的最好办法是在人们到达警察局后，不仅要记录对被捕者的审讯行为，对自愿进入警察局的人员提供的帮助行为也要进行记录。因此，我们建议邀请"自愿者"进入警察局提供帮助时，应该填写一份表格，表明自愿者提供了多少时长的帮助（比如两个小时左右的帮助）。再加上有关"拘留表"的可信性规则和非法拘留时以"自愿进入警察局登记表"为证据,这样一种制度性规定将在某种程度上消除人们对自己在警察局时所处境况的疑虑。② 对于那些认为在这样一个过程中已经浪费了太多时间从事

---

① *R v. Inwood*, [1973] WLR 647.

② In Scotland a system of recording both detention and voluntary help has been introduced administratively following the Criminal Justice (Scotland) Act. In telling suspects of their rights, the value of the detention forms is undermined by their dependence on signature not by the suspect but by the police officer.

文案工作的人来说，在实际工作中，更难指望那些警察能够严格地遵守这些制度规定（参见第2章的相关论述），应当承认，警察会经常忽略填写各类表格这样的程序性规定。他们不会把"五分钟的友好谈话"和短时间的讯问正式地记录下来。可行的做法是，如果要进行长时间的或严厉的讯问，或者在可能产生争议的情况下，才要求使用表格系统。正是在这种少数情况下才会引起麻烦，只有这种情况下记录系统才能发挥作用。其他批评者则认为，人们将被迫签署"自愿进入警察局登记表"，但是谁也不能就这种可能性进行立法：一旦人们对警方的不信任达到这种程度，我们就可以放弃在这一领域进行法律控制的所有建议了。

斯卡曼还进一步提出了一个提议，该提议有助于消除人们对警务工作的不信任感。他提议建立一个法定的独立检查体系以监管发生在警察局的讯问程序和拘留行为：

> 我认为，伦敦以外的警察委员会成员和法定联络（或咨询）委员会成员（我在伦敦和其他地方都提议过设立这种委员会），有权在任何时候拜访警察局并有责任报告其所见所闻。如果这类报告能公之于众，那将发挥非常重要的作用。①

这项建议连同经选举产生警察咨询委员会的法律规定，将是非常重要的内容，使讯问活动被限定在人们可以接受的范围内。这意味着，在任何违背被拘留人意愿的行动或没有充足理由的逮捕发生时，警察的讯问行为或逮捕行为都可能面临检查和随之而来的纪律处分（如果有合理的怀疑理由，有"拘留表"或"自愿进入警察局登记表"，那么就不会有什么问题需要回答了）。自由主义者如果希望对警察行为加以更为广泛的控制，这样就必须承担警察可能采取更为多样的规避行为的风险。如果警察认为自己不得不在停靠在背街小巷的警车里讯问嫌疑人，那么对警察在警察局进行讯问实施控制的所有努力也就白费了。

当然，另一种规范警察讯问的方法是对审讯过程进行录音。正如我们在第6章所看到的那样，对审讯过程进行录音是汤姆森委员会关于苏格兰拘留

---

① Scarman Report，para. 7. 9.

权的建议的前提条件，很多人认为这是判断讯问是否过于严苛的重要方法，能够确保事实上进行了陈述（而不是字面意义上的陈述），同时确保陈述内容的准确性和自愿性。① 长期以来，人们对嫌疑人在拘留期间主动陈述的口头或者文字描述存在疑虑，关于"逼供"的起诉十分频繁。② 皇家刑事诉讼委员会对该问题的回应缺乏说服力，认为对讯问过程进行录音"不可行"，并认为录音应主要用于记录警察在讯问中的主要观点。麦康维尔和鲍德温这样评价委员会的回应："委员会认为，问题似乎不在于逐字记录的内容可能是虚假的，而在于他们的录音记录可能不完全准确。"③

皇家刑事诉讼委员会建议的制度规定，在讯问结束以后将要求嫌疑人就他们的待遇以及警察对他们陈述的总结进行评价④，但无论嫌疑人如何评价甚至不做评价，警察的总结都会作为可采性证据。有关录音的提议对嫌疑人的保护作用实在太小，并且给警察造成了极大不便。

关于审讯问题的结论，警察不应拥有只为讯问而拘留嫌疑人的权力（或其他类似权力）。相反，讯问应基于公众的合作，拘留应取决于是否有充分的证据证明逮捕是正当合理的，除非是在狭义的紧急情况之下。在警察局，应当建立上述两张表的填报制度以消除人们对前往警察局的疑虑。因此，为使嫌疑人获得律师辩护的权利得到有效行使，应当要求嫌疑人填写"拘留表"或"自愿进入警察局登记表"，并在相关权利条款处签字，表明警方向嫌疑人提供了请律师的选择，以及记录律师被接受或拒绝的情况。请律师的权利不能因其受制于警察权而受到影响，如果在某一案件中有充分的理由担心嫌疑人的律师可能会对证人或证据构成干扰，就必须提供拒绝律师意见的权利，那么就应该按照皇家刑事诉讼委员会的建议，由一名高级警官（如分局警长，委员会建议的是片区警长及以上级别的警官）行使拒绝权。

这一制度设计将使律师在警察局停留的时间比现在更长，而且每年要花

---

① 在麦克法登（McFaden）一案中，贾芸尼大法官（Lord Jayuney）在听完录音记录材料后，将其裁定为不可采性证据，并认为讯问的严重程度与交叉盘问（cross-examination）的严厉程度相当（Perth High Court, 12 Aug. 1980, unreported）。

② McConville and Baldwin, loc. cit. , 1982.

③ Ibid.

④ Royal Commission on Criminal Procedure, Report, para. 4. 27.

费大约三千万英镑，这是值得付出的代价。① 我们建议，嫌疑人有权让律师在讯问过程中一直在场。如果该项权利对于嫌疑人很重要，一旦法律代表（律师）被错误地拒绝时，由此获得的嫌疑人的陈述就不应在法庭上作为可采性证据（这是我们与委员会建议的又一不同之处）。② 因此，除非把放弃律师的情况记录下来，否则所有讯问都应在有律师在场的情况下进行，这样的陈述在法庭上才具有可采性。不过，在以下两种情况下获得的证据也具有可采性：高级警官基于拘留表上的记录，拒绝给嫌疑人提供律师；嫌疑人在律师未在场的情况下做出陈述，但律师不在场不是由警察可控因素所造成的（如嫌疑人在律师到达警察局前就已经自愿做出了陈述）。

因为相关试验结果尚未公布，很难对关于录音记录的提议进行评价。原则上，我们提倡使用录音记录，但是研究和经验表明，时间、费用和操作上的困难导致讯问一般在警察局以外的地方进行（委员会成员是无法拜访的）。即使从自由主义者的观点看，这也难以令人满意。

我们认为，保障在押嫌疑犯待遇的《警察行为准则》应该具有法律效力，而不应作为纪律处分这种行政实践惯例。应该继续保留自愿原则，嫌疑人在拘留期间的某些权利受到侵犯时，就应当自动适用证据排除原则；如果侵犯了嫌疑人的其他权利，那么就应当行使自由裁量权进行排除或（如果不行使自由裁量权）提出进一步证实的要求。因此，对嫌疑人的某些权利的保护是绝对的，但是对拘留期间应当享有的一些"次要"权利，行使自由裁量权进行排除的依据，可能就不仅仅是为了规范警察的行为或确保证据的可信度。对此应该以安德鲁·阿什沃思博士（Dr. Andrew Ashworth）提出的"保护原则"为基础：

> 如果法律制度对刑事犯罪案件的调查行为进行了某些规范，那么也可以说公众相应地也应当拥有符合某些要求的权利，而不应被随意地对待。如果法律制度要保护嫌疑人的这些权利，那么有争议的是，权利受到侵犯的嫌疑人不应因此而处于任何不利地位。所谓"不利"是

---

① 关于律师是否应在场的各种政治观点，see Evidence to the Royal Commission and McConville and Baldwin, op. cit. , 1981, p. 175.

② Royal Commission on Criminal Procedure, Report, para 4. 92.

指……调查人员从侵犯嫌疑人权利的行为中获得的证据被用作指控嫌疑人犯罪的证据。[①]

9.1.3.5 **起诉**

在英格兰和威尔士，诉讼大多由警察发起。但苏格兰的做法不同，苏格兰的诉讼大多由总检察长（由政府任命）和皇家检察官在地方检察官或（在重大案件中由）助理检察官（从出庭律师中提拔）的协助下发起。

在南部边境地区，有两种起诉方式：逮捕和指控；通过通知和传票传唤。在采取逮捕措施时，负责起诉的警官将报告递交给警察局长官（一般是警长或警督），警长或者警督初步决定是否谨慎处理而取消指控，是否接受指控并进行诉讼（对于严重犯罪案件，需要咨询检察部门的多名高级检察官或总检察官）。在提起诉讼后，必须在 24 小时内"在切实可行的情况下尽快"将嫌疑人带至治安法官处听审，或将其保释。

凡采用传票传唤程序启动指控，警察首先要将起诉材料提交给治安法官。起诉材料要列出嫌疑人被指控的具体罪行，确定出庭日期和时间，并要求发出送达被告的传票。在审查对嫌疑人不利的犯罪证据时，传票传唤程序使嫌疑人有机会在控告开始前寻求法律咨询。关于逮捕和起诉的问题是，负责诉讼的警长必须决定是否在诉讼程序的早期阶段（例如目击证人做出陈述之前）接受指控，这决定了警方能否在听取律师意见或充分评估证据之前就做出自己的指控承诺。[②]

当需要获得法律意见时，警察可以向警察局自身的检控律师，特别是专业私人律师或地方警务督察局的专业律师寻求咨询。在各个不同的警察局内，有着各种各样的检控部门，其检控程序没有单一的立法基础，但律师的职责大同小异：向警察提供起诉意见，在治安法庭上进行起诉，向庭审律师提供诉讼要点。[③] 律师不对调查负责，最终是否起诉取决于警方。警察可以不寻求法律意见，因为他们是律师的客户，不必对所有意见言听计从。结果就是，警方对检控程序的控制程度，使检控律师有时没有机会继续负责案件的处理，只有极

---

① ［1977］Crim LR 725.

② McConville and Baldwin, op. cit., 1981, p. 86.

③ 详细的必要程序，See Royal Commission Research Study, no. 11, by Mollie Weatheritt, *Law and Procedure*, HMSO, London, 1980, ch. 5.

少数案件在判决前会根据律师意见放弃起诉。英格兰和威尔士的检控部门的地位与苏格兰形成鲜明对比，在苏格兰是否起诉最终由地方检察官决定。

在英格兰和威尔士，警察局局长对是否起诉有最终决定权，但是他们的权力有限，因为公诉署署长（Director of Public Prosecutions）可以在起诉的任何阶段接手相关事宜。公诉署署长甚至可以终止诉讼程序，既有权监管自诉，又有权调取某些类别的案件。因此，公认署长至少对某些重大案件的起诉有政策控制权。另一项规则规定，对于某些案件起诉的进一步的监督，需要得到公诉署署长或总检察长的同意。

鉴于现行的检控制度使得大量案件在证据不充足的情况下就进入诉讼程序，近年来的最大争论就是，是否应将检控权从警方手中剥离出来，交由一个独立机构负责。研究表明，在相当多的案件中，指控都是在缺乏充分证据支持和不可能定罪的情况下提出的。1972 年，麦凯布和珀维斯发现，在一些案件中存在"政策性起诉"现象，即在明知达不到定罪要求的情况下仍然提出指控。[1] 费舍尔在 1977 年《关于康菲特案件的调查报告》中写道，"交付审讯程序（检察官首先向原讼法庭提出预审请求）可以用来检验控方准备提起控告的案件的证据"，但他还说"除非提起检控的检察官、律师或警官对证据进行了认真细致和冷静的调查和审查"，否则就不会发生案件移送审查起诉这种情况。他认为，无论证据对被告有利还是不利，都应该对证据进行审查。然而现行体制和组织方式下，交付审讯程序不能起到检验控方证据的作用，因为警方对案件指控程序的控制意味着一旦提出指控，就有足够的动力将案件提交至刑事法庭、将案件的诉讼程序进行到底。[2]

麦康维尔和鲍德温最近的研究表明，现行的检控制度无法撤销那些证据不足、不能证明起诉合理的案件。[3] 他们对伯明翰和伦敦刑事法庭的 800 多例有争议的案件进行了研究。研究表明，两名有经验的陪审员、一名退休的警察局局长和一名退休的司法部职员共同审阅了交付审讯文件中的陈述和供词，以判断哪些案件需要引起关注。他们发现在交付审讯的案件中，有 6.2% ~ 8.3% 的案件在审判时证据严重不足，完全没有任何定罪判刑的可能性。除 8 例向法庭提

---

[1] McCabe, S. and Purves, R., *The Jury at Work*, Oxford University Penal Research Unit, Blackwell, Oxford, 1972.

[2] McConville and Baldwin, op. cit., 1981, ch. 5.

[3] Ibid., ch. 4.

供的指控信息不足的案件外，其他所有证据不足的案件在审讯时，被告或者以司法命令或法官指导的方式被宣判无罪，或者由陪审团宣告无罪而被释放。这反而强化了陪审法官裁决的准确性。即使在被告认罪服判的案件中，陪审法官发现还是有 2.2% 的案件缺乏充足的证据证明起诉的合理性。

我们回到这个问题上：怎样才能最好地甄别出那些证据没有说服力的案件，使人们不必因为不必要的起诉而担惊受怕？改革措施之一就是降低警察在对抗式诉讼制度中日益增强的作用，因为警察不仅负责调查工作和提起诉讼，而且正如我们在前几章中所看到的那样，他们的工作方式也越来越倾向于通过嫌疑人的供述来获取证据。[1] 德夫林这样说：

> 现在发生的情况是，调查程序是由警察进行的，搜集证据事实上也是由警方执行的……在其他国家这些工作都是由地方检察官或者在法官的指导下由检察官进行的，而我们却让警察来做这样的事情。因此，在某种程度上讲，正是我们使警察成为了检察官或审判官。[2]

麦康维尔和鲍德温还补充说，在其他调查结果中，只有二十分之一的被告最终选择陪审团审判，他们说：

> 警察搜集证据，控制证据内容，选择、鉴定和验证证据的法律效力。他们在警察局自己的领地内根据自己的规定讯问嫌疑人，他们的讯问记录几乎是无可置辩也不容置疑的，大部分也是无可争议的。[3]

皇家刑事诉讼委员会在审查这一问题时承认，在大约五分之一的案件中，嫌疑人是通过司法命令或者法官指导宣告无罪而被释放的。这些案件中，在做出起诉决定时，是否有充分的证据证明检控起诉的决定是合理的，这一点存在疑问。委员会提出：

---

[1] Royal Commission Research Studies, nos. 2 and 4, by Irving, B. and Softley, P. et al., respectively, HMSO, London, 1980.

[2] Lord Devlin, "The Practice of Judging", *The Listener*, vol. 101, 1979, pp. 441-442, quoted in McConville and Baldwin, op. cit., 1981, p. 97.

[3] McConville and Baldwin, op. cit., 1981, pp. 189-190.

有人认为，对起诉决定负有责任的人应该是进行调查或与调查有关的人员，这种说法是不能令人信服的。一名进行调查的警察，会不可避免地形成嫌疑人有罪的看法。在没有任何不当动机的情况下，警察更可能会倾向于把他自己对犯罪嫌疑人的看法落实到搜寻其他能够指控嫌疑人有罪的证据上，或者对他已经搜集到的证据的证明力做出了过高的评价。[①]

这种观点显然赞成将调查职能与起诉职能分开，但是皇家刑事诉讼委员会警告说，提供法律咨询意见并不一定能够提高案件结果的公正性，因为几乎在所有案件中，都很难将调查与起诉分开，而警察往往会做出有效的决定。从苏格兰等北部地区的情况看，在进行交付审讯时，警方会向地方检察官提交一份案情信息摘要，由检察官决定是否向法庭提起诉讼。对此，皇家刑事诉讼委员会提出：

> 我们采访了很多苏格兰的地方检察官，给我们的印象是，对于检察官来说，支持警察的起诉决定是一项正式的例行工作。最近苏格兰家庭和健康部的调查也证实了我们的看法。实际上，对于大多数案件来说，警察决定向检察官提交起诉报告，是检察官决定诉讼进程的主要因素。[②]

正是由于这些原因，皇家刑事诉讼委员会拒绝接受将警方决定起诉程序的职能交给一个具有法律专业资格的独立机构的建议。同时，皇家刑事诉讼委员会也拒绝采用苏格兰和美国的检控程序，即在警察完成案件调查之后和法庭开庭审理之前，律师完全介入的程序规定。委员会主张保留现有的诉讼程序，并由警方负责这样的程序，但同时建议为每个警察局设置一个皇家检察署，负责传唤和起诉阶段的相关事宜。之所以不建立全国性的皇家检察署，是因为地方检察署相当于地方监管机构。但为了加强全国性合作，司法部部长或内政大臣也应对起诉负责，同时公诉署署长应就起诉事宜公布国家

---

① Royal Commission on Criminal Procedure, Report, para. 6. 24.

② Ibid., paras. 6. 36, 6. 37.

标准的指导方针。

我们认为，应该像苏格兰那样让皇家检察官承担更大的责任，应当由检察官担负最初向法庭提起诉讼的工作责任，而不是让警察直接向法庭提起诉讼。尽管这无法解决所有问题，但是这是对证据进行更加客观评价的鼓励。皇家刑事诉讼委员会声称，苏格兰家庭与健康部的研究证实了他们的观点，地方检察官只是毫无主见照常规办事的"橡皮图章"，但未解释原因。例如，研究表明，警方移送检察官的案件中，92%的案件由地方检察官接手后续检控工作[①]，而事实表明，检察官既没有时间也没有机会对警察报告中的证据进行有效审查。皇家刑事诉讼委员会没有做出解释的是，检察机关的独立性是否足以采取行动阻止警方提交证据不足的案件。目前的统计数据显示，自相矛盾的是，检察署对警方提交的起诉证据不充分的案件的过滤效果并不理想。公诉署检察官接收到的警方移送起诉的案件质量要比其他案件高，很少需要将证据不足的案件"过滤掉"。

然而这一争议是微不足道的。皇家刑事诉讼委员会指出，警察在控制证据搜集方面，确实采取了许多重要的工作步骤，这是非常正确的。我们倾向于借鉴苏格兰的诉讼制度，但并不认为地方检察官与检控律师的作用存在根本差异，因为检察官的独立性在很大程度上取决于警方做出的决定。比独立性更重要的是，获取控告信息的机会以及检控律师从警方手中接过案件后对诉讼程序的控制权。然而我们确实认为，只有在时间允许的情况下，并且在检察官能够介入案件调查（例如谋杀等严重犯罪案件）时，地方检察官的独立性才有意义。

除了试图建立起检控方与警方的关系外，还有其他办法能够阻止对证据不足的案件提起诉讼。这些方法涉及司法劝阻。第一个办法是在交付审讯时改变控告态度。如果法官在这一阶段鼓励检察官采取更客观的态度，如果他们在审判时或宣告无罪释放时对检控律师提出更严厉的批评，那么这将大大减少不必要的起诉。第二个办法是扩大司法自由裁量权，在法官的指示或根据司法命令宣告某人无罪释放的情况下（如果检控方的证据达不到将案件提交陪审团审理的标准）或在可以证明在这种情况下做出的起诉决定是不

---

① Moodie, S. and Tombs, J., "The Scottish Prosecution System", Paper to Oxford Centre for *Criminological Studies*, 22 Oct. 1981.

合理的情况下，降低诉讼费用或者由控方承担诉讼费用。在评估这些诉讼费用时，不妨鼓励法官不仅考虑律师费问题，还要考虑收入损失等诸多因素。这将是比提出设立独立机构的建议更为激进的解决方案，并且可能能够解释近期首席大法官公布的"司法统计"中非同寻常的数据，该数据显示超过40％的案件的嫌疑人都是根据法官的司法命令或宣告无罪而被释放的，而不是由陪审团做出的无罪裁决而被释放的。[①]

9.2　警务模式及其组织

与抵制赋予警察不受限制的权力的诱惑同样重要的是，需要鼓励警方采取共识性警务模式。非共识性警务模式的失败不仅仅表现在警民关系的疏远方面，还表现在这种警务模式的低效率上。虽然成功没有固定的模式，但是在提出任何可行的警务模式之前，我们应当谨记以下两点。

第一，警务工作问题与社会问题、经济问题紧密相关。因此，警务工作能实现的目标是有限的。过于雄心勃勃地试图极力减少犯罪，就会面临采取过度警务措施和警民关系疏远的风险。最近，罗伯特·马克就说过这样一段非常贴切的话：

> 很多案件的发生确实无法阻止……认为警方和法院能够消除或抑制社会中普遍存在的不一致，是对问题的过分简单化。[②]

第二，同样的警务模式不可能简单地普遍适用于全国各地。城市、自治区、乡村、大规模住宅区和郊区面临的问题各不相同。不仅如此，不同地区对警务模式的要求也不同：富裕地区的人们可能首先希望警察能够最快做出反应，以保护他们的财产；而由地方政府提供廉价房的经济困难地区的居民则对"消防队式"警务模式感到愤怒，他们更愿意接受以社区为基础的警务模式。

在考虑到这些条件的情况下，我们提议采取共识性警务模式。但是，这

---

① McConville and Baldwin, op. cit., 1981, p. 31.

② *Guardian*, 15 March 1982.

种警务模式并不否定警察的反应能力——总会有人需要能立即提供帮助的紧急电话呼叫。共识性警务模式能够增进公众对警方的信任，从而提高社区居民报告犯罪事件的频率。目前，很多人即使看到可疑事项也不愿报告给警方，因为他们"不想被卷入麻烦事件"。他们可能不信任警察，或者觉得可能什么也没发生，或者担心成为目击者而被卷入刑事诉讼程序等。公众的这些不情愿态度，都是源于公众与警方的缺乏交流接触，以及对警察需求和能力的不了解。因此，实施共识性警务模式，其目的不仅是在街头巷尾进行预防性巡逻和提高见警率，而且是通过缩短报告犯罪时间来增强警察反应的能力（无论是步行还是开车），公众向警察报告犯罪的时间通常会大大超过警察对报警电话做出反应的时间。①

警察应该让民众了解他们的工作能力，这对提高警务工作效率十分重要。当人们得知警察在能力范围内能做些什么事情后，就能够把对警察不切实际的要求转为符合现实的要求。这就使警察能将时间花在真正紧急的案件上，而不是浪费在琐碎的事情上。正如第 4 章所述，这是咨询委员会和改革后的警务督察局的一个重要职能。

我们认为，应该以社区警务模式开展警务工作，而不是"社区参与"的警务模式。这要求在警务工作模式方面进行彻底的改革，在警察部门中形成以共识性警务模式为主流的警察工作方式，而不是以反应式或"先发制人式"警务模式为主。因为警方独立发现的案件只占总案件十分之一左右，其中只有很少一部分案件是在没有公众帮助的情况下侦破的。因此，警方所能完成的工作任务受到公众态度的极大影响。正如约翰·奥尔德森强调的那样，寻求公众的赞同不仅是专业警察部门关心的问题，更是所有警察共同关心的问题。

在共识性警务中建立信任的过程，部分取决于警方对公众倡议或要求做出反应的能力。警察代表公众利益对社区进行守护，而不是看管社区。这是社区警务工作的重中之重，也是我们的建议与约翰·奥尔德森的社区警务理念的不同之处。我们反对他提出的警察应在领导和倡议社区活动中发挥核心作用的观点。同样，我们也反对任何认为警察作为社会正义的定义者具有某种特殊地位的观点。警察必须执法，但他们必须在公开的政治环境下执法。

---

① Chapter 2，n. 14.

如果警方想要定义社会正义，那么政治进程就会被回避。不仅如此，假定的政治优势也会削弱甚至破坏警察中立性的主要基础："我们执行的是法律，而不是政治"。显然，一切法律都是政治决策的产物，因此，在某种程度上，法律的适用不可避免地会涉及政治选择。但是在一个民主社会，政治选择必须在合法的政治舞台上进行，而不是将选择权授予一群拥有特权的专家。

关于警察在政治进程中的作用，我们在第 4 章中就已经指出，应当在包括大都会区在内的全国所有地区实行双层地方责任制，强化警察委员会在地方警务督察中的作用，并在地区和片区警署内引进法定咨询委员会制度。

在国家政治层面，我们反对奥尔德森建立多部门联合委员会以监管警务政策的提议。该提议不仅在可行性上存在争议，而且在理论原则上也不受人欢迎。增加中央政府的权力，会把诸如教育、福利以及警务工作等敏感问题混在一起，同时还会削弱或破坏地方建立的社区警察委员会和警务督察局的根基。通过让内政大臣和内政部继续对全国各地的每一支警察力量产生的不容置疑的影响承担责任，的确可以取得更多的成就。但是想要做到这一点，最好的办法是建立一个下议院特别委员会，以监管警察和负责协调国家政策。就地方而言，如果颁布相关法律，赋予警务督察局充分的职权，使其有权查阅并审查那些能够呈现中央政府和地方各个警察局之间关系的所有材料（例如内政部发布的通知、政策指南、预算建议和规划咨询意见），那么内政部与各个警察局之间的关系才能更加公开、更有利于监督。

如果不注重警察组织结构问题，仅仅关注警务模式和警察理念的改变将是毫无价值的。共识性警务模式要求缩减警察机构的规模。实际上，这意味着在警察系统内进行实质性的权力下放，以提高部门和分局一级警察部门的自主性和责任感。这些层级的负责人有权通过前述协商程序参与地方一级的警务政策协商，并执行达成共识的政策。通过这种方式，地方警察局将负责在其管辖区域内准确地制定和执行各项主动性工作倡议和警务战略。

对警察机构进行重组，是为了实施我们所提倡的社区警务模式。为此，还必须重新评估和恢复警管区巡逻工作。这不是简单地让更多警察回到警管区进行街头巡逻的问题，而是要求制止那些令地方警务变得无法接受的官僚作风（特别是日益增强的专业化警务部门）。

对警务工作的评价不能再简单地依赖抓捕罪犯的数量或者所搜集的情报

信息数量。对警务工作是否适当以及警察履职表现情况的评价，必须以社区公众对警察的反应为基础。这个问题应当被认为是一个实有判断或质量评价，而不是一个数值分析问题。在这种评价方法中，社区警察委员会显然具有重要作用。

为确保警管区巡警的地位，各警署都应投入足够比例的警察参与社区巡逻，使社区警务工作成为警务文化的主流，而不是以抓捕多少嫌疑犯来论英雄。在警察培训方面，应更强调由经验丰富的警管区巡警带新人进行街头巡逻，同时辅以更具针对性和更广泛的警察培训课程。

小规模的警务管理方式降低了信息化工作的价值。在未来，警务工作的信息化显然会发挥重要的作用，这一趋势将势不可当。我们不会废除警察诸如检查嫌疑人车辆的权力，但也不能忽略信息化在极其复杂的犯罪调查中所起到的重要作用，比如约克郡屠夫案件中对电脑的使用证明了，警务权力下放的减少，需要信息化的地方情报。警管区的巡警不仅要搜集信息，而且还要评估鉴别他们所获得的信息。因此，通过警探记录每一小片信息和搜集流言蜚语就没有什么意义了。减少对地方情报的依赖，也是为了减少警察所受的通过未经认可的方式搜集信息的诱惑，例如通过间谍、监视、"沼泽行动"或施压逼供等方式。以上改革措施虽然不能消除所提及的所有非法行为，但这是朝着正确方向迈出的重要一步。

9.3 结论

我们主张建立一个更为人们所接受且更为有效的警务制度。然而，如果社会环境和经济条件妨碍了共识性警务模式的实施，那么在这里讨论该警务模式就没有什么意义了。相反可以说，应该重视的是英国的经济体制、贫困、失业和糟糕的住房制度。与进行警务模式的任何改革所想要达到的目标相比，创造就业机会更有利于减少各种形式的犯罪。

我们认为，除非在更广泛的经济和社会改革中实施警务改革，否则我们提议的各项具体改革措施将不会有效果。现行政策导致的最不富裕的人生活水平降低、失业加剧以及对歧视产生恐惧，都会使共识性警务模式无法实现。实现的非共识性警务模式，不可避免地只会使它想要解决的问题更加复杂。

变革迫在眉睫。问题是什么样的警务模式才能被这个社会所接受。从本质上来说，这是一个政治性问题，是关于人们想要建立何种社会的问题。那些支持实行强硬式警务模式的人，必须为面对一个对抗性的社会做好准备。

延展阅读资料

Devlin, Lord, *The Judge*, Oxford University Press, Oxford, 1979.

Hewitt, P. , *The Abuse of Power*, Martin Robertson, Oxford, 1982.

Holdaway, S. (ed.), *The British Police*, Edward Arnold, London, 1979.

McConville, M. and Baldwin, J. , *Courts, Prosecution and Conviction*, Oxford University Press, Oxford, 1981.

Morris, P. and Heal, K. , *Crime Control and the Police*, Home Office Research Unit, Study 67, HMSO, London, 1981.

Taylor, I. , *Law and Order: Arguments for Socialism*, Macmillan, London, 1981.

Wilcox, A. F. , *The Decision to Prosecute*, Butterworths, London, 1972.

附录　警管区警官工作细则
（1982 年警察研究）

规定的职责在警察的义务范围内，即维持治安、保护生命及财产安全、预防和侦查犯罪。

岗位名称：地区警官

直接上司：行动部警长

责任与义务

1. 地区警官（下文简称"片警"）要履行行动部警长分配的任务，有效巡逻其管理区域，并处理由此产生的问题。

2. 通常情况下工作时要身着制服，但在情势需要的时候或经负责区域警督的同意后，可以着便装。

3. 每名片警都要配备一台个人无线电通信设备，步行巡逻其负责区域。

4. 片警的作用是保持与社区公众的联系，尽管其主要作用是应对犯罪活动和罪犯，但是也应随时履行其他各种各样的职责。绝不能长时间待在办公室，并且尽量不要离开其管辖区域太久。

5. 需要特别关注购物中心附近区域和繁忙交通路口的情况，片警获得的任何信息都要告知分局片区情报警官。

6. 职责

（1）确保每条街道至少有一名观察者，不能雇用职业线人，必须更多结识那些了解周围邻居情况、爱打听家长里短的人，掌握哪些人愿意将他们知道的信息告诉警方；

（2）了解其管辖区域内犯罪行为的特点以及其他所有与犯罪活动有关的信息（包括罪犯的个人爱好）；

（3）与店主、商人、修车行老板等建立良好关系，他们是信息的重要来源；

（4）留心孩子们常常聚集的地方，如公园、游乐场、学校等。

7. 必须确保公众的投诉得到及时处理。这不仅适用于犯罪报告或其他重要事件，也适用于轻微事件的投诉及随后警察采取的相关行动。许多投诉没有得到重视和关注是因为缺乏依据和没有正当理由。在许多情况下，这些情况是由投诉者不知道警察所采取的行动或警察所面临的问题引起的。片警对投诉的跟进能够改善警民关系，可以更好地增进警察与公众之间的相互了解和理解。

8. 从某种程度上来说，警察的工作效率取决于其向地方犯罪情报记录部门提供的信息量，以及他们所在辖区的一般犯罪情况。

9. 片警必须充分了解其管辖区域内的所有青年俱乐部和类似组织及其举办的活动，并能够与这些组织的领导者有一定的交往。

10. 在开始履行职责时，片警应当查阅警署内保存的所在警管区的值班日志，认真了解自己不在警管区期间该片区发生的所有案件、投诉等的最新情况。

11. 负责在指定区域内提供投诉副本的送达服务和证人传讯工作。

12. 休息日是周六和周日，次周则是周日和下周一，如此依序轮换。

13. 在每个轮值周开始前的 14 个工作日，填写好 43-3 表格并交给警督审批，详述一周工作时间安排。

14. 由于需要记录该片区警员所进行的调查和执行职务的情况，因此，他/她将每两周提交一份工作日的情况报告，主要包括以下内容：

（1）前两周的调查询问及其他相关工作的简单摘要；

（2）人员接触和其他信息源是如何建立的；

（3）公众寻求的建议的性质；

（4）其他相关信息。

索　引

致 谢

对我们来说，不可能提到每一位帮助和鼓励我们写这本书的人，但是没有英国的警察局局长和研究部领导的帮助及通力合作，本书的许多内容完全无法完成。也许他们不同意本书的某些结论，但是我们真诚地希望他们能从本书的字里行间发现一些有价值的东西，并以此回馈他们允许我们分享其经验。对那些阅读本书初稿或被我们打扰的人，我们更多想表达的是歉意，但是我们仍然要特别感谢以下各位：约翰·奥尔德森（John Alderson）、鲍勃·阿尔斯顿（Bob Alston）、斯图尔特·安德森（Stuart Anderson）、安德鲁·阿什沃思（Andrew Ashworth）、弗朗西斯·贝尔（Francis Bell）、德里克·布莱思（Derek Blyth）、邓肯·坎贝尔（Duncan Campbell）、克里斯·库珀（Chris Cooper）、伊恩·考登（Ian Cowden）、大卫·考埃尔（David Cowell）、黑兹尔·盖恩（Hazel Genn）、汤姆·哈里斯（Tom Harris）、斯图尔特·海伊（Stuart Hay）、费利西蒂·琼斯（Felicity Jones）、莫琳·金西（Maureen Kinsey）、尼尔·麦考密克（Neil MacCormick）、格斯·麦克唐纳（Gus Macdonald）、彼得·麦金托什（Peter Macintosh）、肯·麦金农（Ken Mackinnon）、尤安·麦克莱恩（Euan MacLean）、大卫·麦克卢基（David McLuckie）、桑迪·尼尔逊（Sandy Neilson）、伊恩·尼斯比特（Ian Nisbet）、科林·雷特尔（Colin Rintoul）、阿利斯泰尔·罗伯逊（Alistair Robertson）、安德鲁·罗斯（Andrew Ross）、乔安娜·沙普兰（Joanna Shapland）、威利·斯蒂芬（Willie Stephen）、罗宾·特顿（Robin Turton）、彼得·威尔逊（Peter Wilson），最后还要感谢乔克·杨（Jock Young）。尤其还要特别感谢诺埃尔·哈里斯（Noel Harris）、珍妮特·劳（Janet Law）、希拉·麦克米兰（Sheila Macmillan）、科南·尼古拉斯（Conan Nicholas）、克莉丝·帕克

（Chris Parker）、伊莎贝尔·罗伯茨（Isabel Roberts）、贝弗利·罗杰（Beverly Roger）和罗斯玛丽·斯托兰（Rosemary Stallan）等人对本书初稿耐心细致的阅读与提出的意见。

图书在版编目（CIP）数据

英国警察：权力与政治／（英）罗伯特·鲍德温
（Robert Baldwin），（英）理查德·金西
（Richard Kinsey）著；杨小虎，杨媚译.--北京：社
会科学文献出版社，2022.1
　（安全治理丛书）
　书名原文：Police Powers and Politics
　ISBN 978-7-5201-8032-0

　Ⅰ.①英…　Ⅱ.①罗…　②理…　③杨…　④杨…　Ⅲ.
①警察-权利-研究-英国　Ⅳ.①D756.135

　中国版本图书馆 CIP 数据核字（2021）第 038621 号

·安全治理丛书·

英国警察：权力与政治

著　　者／〔英〕罗伯特·鲍德温（Robert Baldwin）
　　　　　〔英〕理查德·金西（Richard Kinsey）
译　　者／杨小虎　杨　媚
校　　译／但彦铮

出 版 人／王利民
责任编辑／恽　薇　李真巧　武广汉
责任印制／王京美

出　　版／社会科学文献出版社·经济与管理分社（010）59367226
　　　　　地址：北京市北三环中路甲 29 号院华龙大厦　邮编：100029
　　　　　网址：www.ssap.com.cn
发　　行／社会科学文献出版社（010）59367028
印　　装／三河市龙林印务有限公司

规　　格／开　本：787mm×1092mm　1/16
　　　　　印　张：18　字　数：302 千字
版　　次／2022 年 1 月第 1 版　2022 年 1 月第 1 次印刷
书　　号／ISBN 978-7-5201-8032-0
著作权合同
登 记 号／图字 01-2015-8061 号
定　　价／98.00 元

读者服务电话：4008918866